人民法院案例选

CHINA LAW REPORT

2024年 第6辑 总第196辑

最高人民法院中国应用法学研究所 / 编

人民法院出版社

图书在版编目（CIP）数据

人民法院案例选. 总第196辑 / 最高人民法院中国应用法学研究所编. -- 北京 : 人民法院出版社, 2024.12. -- ISBN 978-7-5109-4348-5

Ⅰ. D920.5

中国国家版本馆CIP数据核字第2024AH7377号

人民法院案例选　2024 年第 6 辑（总第 196 辑）

最高人民法院中国应用法学研究所　编

责任编辑　杨佳瑞
出版发行　人民法院出版社
地　　址　北京市东城区东交民巷 27 号（100745）
电　　话　（010）67550638（责任编辑）　67550558（发行部查询）
65223677（读者服务部）
客 服 QQ　2092078039
网　　址　http://www.courtbook.com.cn
E - mail　courtpress@sohu.com
印　　刷　河北鑫兆源印刷有限公司
经　　销　新华书店

开　　本　787 毫米×1092 毫米　1/16
字　　数　305 千字
印　　张　16.75
版　　次　2024 年 12 月第 1 版　2024 年 12 月第 1 次印刷
书　　号　ISBN 978 - 7 - 5109 - 4348 - 5
定　　价　66.00 元

《人民法院案例选》
编审委员会

《人民法院案例选》
编辑委员会

出版说明

“一个案例胜过一打文件。”案例是司法状况的真实反映，是法官智慧和经验的凝结，是法学研究和法治宣传的生动教材。《人民法院案例选》创办于1991年，以新近裁判生效案例为主要刊载对象，是最高人民法院最早的案例研究连续出版物，也是我国改革开放以后出版时间最早、延续时间最长、出版册数最多的案例研究书籍。自创办以来，《人民法院案例选》始终坚持“反映审判面貌，交流司法经验，启发办案思考，促进理论提升”的编选方针，从一个侧面真实记载了人民法院审判工作的发展轨迹，展示了不同时期人民法院审判工作的特点和取得的巨大成就，受到了学术界与实务界的普遍关注和喜爱，在全国法院、社会各界乃至国际上都产生了广泛影响，取得了良好声誉，得到了广泛认可，成为中国应用法学研究所乃至最高人民法院的品牌性连续出版物。

《人民法院案例选》包括“案例精析”和“专题策划”两大版块，以“案例精析”为主要部分。主要特点有二：一是以最新司法实务中的前沿、典型、疑难案件为主要刊载对象，及时反映司法实践中出现的前沿、热点、疑难问题，集中体现人民法院对上述案件在证据采信、事实认定、裁判形成以及说理论证、矛盾纠纷源头预防多元化解等方面的最新探索成果。与人民法院案例库、指导性案例相比，案例选更多关注一线法官们对前沿、典型、疑难乃至争议性案件的司法探索和理论思考，不仅是各级法院法官展现司法智慧、交流探索司法经验的良好平台，也是人民法院案例库、指导性案例的重要来源，可为人民法院案例库及时发现、提供并积累更多鲜活的案例素材。二是内容相对齐全，重点相对突出。每个案例包括正副标题、关键词、裁判要旨、相关法条、案件索引、基本案情、裁判结果、裁判理由、案例注解九个部分，与案件相关的内容较为齐全，其中案例注解部分为重点和核心。案例注解一般由案件承办法官亲自撰写，或聚焦案件中争议的法律问题，或专注于裁判方法和理念的阐释，是办案法官对裁判结果的理论证成和内心确信的逻辑展示，是对裁判要旨、裁判理由或者裁判背景的理论解析和政策说明，是法官办案时深刻思考、灵光闪现抑或困惑纠结、反复权衡的真切记载，对于启发读者思考，特别是类案办理者的思考，具有重要的参考、启发、借鉴作用。

《人民法院案例选》三十多年的发展和影响力的不断扩大，得益于广大读者和法官的大力支持和厚爱，我们表示衷心的感谢。由于水平有限，刊物在编辑过程中存在的不当之处，敬祈批评指正。

编　者

二〇二四年十月

目录 / CONTENTS

一、专题策划·《反家庭暴力法》中人身安全保护令的适用

二、案例精析

刑 事

民 事

商 事

知识产权

行政与国家赔偿

一、专题策划·《反家庭暴力法》中人身安全保护令的适用

【编者按】 2016年制定实施的《反家庭暴力法》，表明了国家禁止任何形式的家庭暴力的鲜明态度。其中，人身安全保护令是《反家庭暴力法》创设的一项重要制度和举措，也是该法的核心内容之一。《反家庭暴力法》实施以来，人身安全保护令的作出数量逐年上升，有效预防和制止了家庭暴力的发生或者再次发生，依法保护了家庭暴力受害人的人身安全和人格尊严。但是，人身安全保护令在作出和执行等环节还存在一定的问题和障碍。如何充分发挥人身安全保护令制度的作用，最大限度保护家庭暴力受害人的合法权益，仍是《反家庭暴力法》实施中需要解决的重要问题。

本辑共收录4篇关于人身安全保护令的案例。王某甲拒不执行裁定案，是广东省珠海市香洲区人民法院审理的全国首例家暴施暴人无视人身安全保护令被追究刑事责任的案件，该案例再次宣示人身安全保护令绝不是一纸空文，家庭暴力从来都不是家务事，也不仅是家庭纠纷，只要有违反法律的行为，就必须要受到严惩，绝不姑息；谌某某违反人身安全保护令案，就宣扬受害人

隐私亦构成家庭暴力进行理论分析，探寻建立公安、社区各方共同参与的人身安全保护令回访制度；冯某某申请人身安全保护令案，从人身安全保护令的时效性出发，展示数据集成系统在人身安全保护令案件中的应用；叶某申请人身安全保护令案，详述同居男女朋友分手后暴力行为的性质以及发出人身安全保护令的标准。期望上述案例能为人身安全保护令的法律适用提供启示与参考。

王某甲拒不执行裁定案

——违反人身安全保护令可构成拒不执行裁定罪

关键词：刑事　拒不执行裁定　人身安全保护令　暴力　威胁

【裁判要旨】

1. 人身安全保护令（本文中亦称人身保护令）作为由人民法院依据非诉程序作出的民事裁定书，一经生效即具有强制执行力。违反人身安全保护令的行为，属于“对人民法院的裁定有能力执行而拒不执行”。

2. 被申请人在人身安全保护裁定的有效期内，因殴打申请人被公安机关行政拘留且被司法机关训诫后，仍然继续发送威胁信息，已达到“情节严重”的标准，符合《刑法》第三百一十三条规定的，应当以拒不执行裁定罪处罚。

【相关法条】

《中华人民共和国刑法》

第三百一十三条　对人民法院的判决、裁定有能力执行而拒不执行，情节严重的，处三年以下有期徒刑、拘役或者罚金；情节特别严重的，处三年以上七年以下有期徒刑，并处罚金。

单位犯前款罪的，对单位判处罚金，并对其直接负责的主管人员和其他直接责任人员，依照前款的规定处罚。

《中华人民共和国反家庭暴力法》

第三十四条　被申请人违反人身安全保护令，构成犯罪的，依法追究刑事责任；尚不构成犯罪的，人民法院应当给予训诫，可以根据情节轻重处以一千元以下罚款、十五日以下拘留。

《最高人民法院关于办理人身安全保护令案件适用法律若干问题的规定》

第十二条　被申请人违反人身安全保护令，符合《中华人民共和国刑法》第三百一十三条规定的，以拒不执行判决、裁定罪定罪处罚；同时构成其他犯罪的，依照刑法有关规定处理。

【案件索引】

一审：广东省珠海市香洲区人民法院（2024）粤0402刑初223号（2024年3月19日）

【基本案情】

2023年10月13日，广东省珠海市香洲区人民法院（以下简称珠海市香洲区人民法院）作出（2023）粤0402民保令22号民事裁定书，该裁定禁止被告人王某甲对其前妻王某乙实施殴打、威胁等家庭暴力行为；禁止被告人王某甲骚扰、跟踪、接触王某乙及其女儿王某丙。该裁定于2023年10月13日生效，有效期为生效之日起6个月。

2023年11月28日，被告人王某甲到王某乙单位威胁恐吓，王某乙乘坐同事陈某某的小汽车离开躲避。王某甲驾车追逐并逼停王某乙所乘车辆，在珠海市香洲区某路段持棒球棍殴打王某乙及其同事陈某某，致王某乙的两边小腿皮外伤及陈某某的左小臂红肿。2023年11月29日，珠海市公安局香洲分局决定对被告人王某甲的上述殴打行为给予其行政拘留10日并处罚款人民币500元的行政处罚。考虑到被告人王某甲因本次行为已被行政处罚，珠海市香洲区人民法院未对其再采取司法拘留措施，由办案人员对被告人王某甲进行了训诫及劝导，警告其在行政拘留结束后不得再违反保护令。被告人王某甲书面保证不再犯。

2023年12月9日至12日期间，被告人王某甲通过微信、短信等方式多次向王某乙发送刀具照片、农药物流信息截图及多条人身威胁信息。2023年12月15日，珠海市香洲区人民法院对被告人王某甲作出司法拘留15日的决定，后移送公安机关立案侦查。

【裁判结果】

广东省珠海市香洲区人民法院于2024年3月19日作出（2024）粤0402刑初223号刑事判决：被告人王某甲犯拒不执行裁定罪，判处有期徒刑八个月。宣判后，被告人王某甲未提出上诉，判决已发生法律效力。

【裁判理由】

法院生效裁判认为：被告人王某甲对人民法院的裁定有能力执行而拒不执行的，情节严重，其行为已经触犯刑律，构成拒不执行裁定罪。综合被告人王某甲坦白、认罪认罚、取得被害人谅解、有前科等量刑情节，以拒不执行裁定罪判处其有期徒刑八个月。

【案例注解】

一、发出人身安全保护令构筑法律屏障

（一）人身安全保护令的适用概述

我国的人身安全保护令制度，经《反家庭暴力法》第二十三条第一款（当事人因遭受家庭暴力或者面临家庭暴力的现实危险，向人民法院申请人身安全保护令的，人民法院应当受理）的明确规定而具有其独立性，为受害人提供了在保护令和其他司法程序之间“交互适用、选择适用”的权利，① 加大了对家庭暴力受害群体的保护力度。

具体规定于《反家庭暴力法》中的人身保护令制度，依文义解释，其主要的适用对象限于“家庭成员”之间，然而顾及现实生活的复杂性，该法对人身安全保护令的保护范围予以扩张，于第三十七条补充规定：“家庭成员以外共同生活的人之间实施的暴力行为，参照本法规定执行。”将同居关系中的暴力行为亦包含其中。正因如此，本案中的被害人王某乙虽已与被告人王某甲离婚，基于其二者离婚后的共同生活关系，以及被告人王某甲对王某乙的恶劣行径，法院正式发出人身保护令，对王某甲的一系列暴力侵扰行为予以禁止。

（二）人身保护令的法律性质

《反家庭暴力法》第二十六条明确规定：“人身安全保护令由人民法院以裁定形式作出。”申请保护令作为人身权请求权的特殊方式，其程序性质是实现人身权请求权的法定方式和行为过程，具有当然的独立性，既非对妨害民事诉讼的人采取的强制手段，也不以保障其他诉讼的顺利进行为目的，② 而专为

---

① 参见夏吟兰主编：《家庭暴力防治法制度性建构研究》，中国社会科学出版社 2011 年版，第 182 页。

② 参见李瀚琰：《人身安全保护令独立性的制度价值及其实现》，载《安徽大学学报（哲学社会科学版）》2017 年第 2 期。

保障受害人的人身权益而存在。

故而，作为一种具有独立效力价值的民事裁定书，人身安全保护令一经生效即对被执行人产生法律拘束力。

（三）人身安全保护令的现实价值

自2022年7月15日最高人民法院发布《关于办理人身安全保护令案件适用法律若干问题的规定》以来，我国人身安全保护令的签发数量呈现明显上升趋势。2024年两会期间，最高人民法院工作报告显示，2023年各级法院发出各类人身安全保护令5695份，同比增长41.5%，旨在最大限度地发挥司法机关的作用，为家庭暴力受害者提供法律保护。

人身安全保护令作为对家庭暴力救济途径的补充，与刑事处罚共同构成了家庭成员保护自身权益的主要途径。而相比于适用条件更为严苛的刑罚手段，人身安全保护令具有事前预防、事前救济的重要价值，为受害者筑起了一道法律保护屏障。故有学者表示：人身安全保护令最大的价值在于，通过法律平衡施暴人与受害人的地位，使受害人重新获得对自己的控制权。[①]

同时，家庭暴力作为一种社会危害性较大的违法行为，无疑对社会公益和受害者人权产生了一定的侵害，由此为以公益保护和人权保障为主要目的的刑事处罚奠定了理论基础。作为民间救济手段与刑事处罚程序的“折中途径”，人身安全保护令的发出在保护个人利益的同时，也有利于实现社会公益的最大化，同时与刑事救济形成了过渡衔接。

二、人身安全保护令的执行由国家强制力保障实施

（一）人身保护令的执行困境

根据《反家庭暴力法》第三十二条规定：“人民法院作出人身安全保护令后，应当送达申请人、被申请人、公安机关以及居民委员会、村民委员会等有关组织。人身安全保护令由人民法院执行，公安机关以及居民委员会、村民委员会等应当协助执行。”法院成了人身安全保护令的主要执行机关，但人民法院受限于不具备执行涉及人身权利类民事裁定的职能、没有可用于监督被申请人的机制，同时法警不具备公安警察的职能等现实障碍，实际难以履行人身安全保护令的执行义务。[②] 本案中，法院曾对违反人身安全保护令的王某甲予以训诫，然其威慑效力极其有限。

---

① 参见夏吟兰主编：《家庭暴力防治法制度性建构研究》，中国社会科学出版社2011年版，第182页。

② 陈敏：《人身安全保护令实施现状、挑战及其解决》，载《预防青少年犯罪研究》2016年第3期。

多数学者认为，以《反家庭暴力法》及相关法律规定为基础，结合美国等国的立法及实践经验，应当将人身安全保护令的具体执行机关确定为公安机关，采取相应的强制手段充分发挥人身安全保护令的法律拘束力，让公安机关在制止和惩治家庭暴力行为之外，实际承担起预防家庭暴力的法律职责。①

然而，碍于人民法院有限的执行力，以及公安机关有限的执法权，现实中有些人身安全保护令确实难以发挥实际效用。纵使司法机关作出人身安全保护令的数量逐年递增，只要执行不到位的问题未得到解决，人身安全保护令就仍难以落到实处。

（二）人身安全保护令的刑法保障

《最高人民法院关于办理人身安全保护令案件适用法律若干问题的规定》第十二条明确指出："被申请人违反人身安全保护令，符合《中华人民共和国刑法》第三百一十三条规定的，以拒不执行判决、裁定罪定罪处罚；同时构成其他犯罪的，依照刑法有关规定处理。"以刑罚威慑力敦促人身安全保护令的实际执行，完成了对家庭暴力行为在民事预防与刑事惩戒上的有效衔接，使得人身安全保护令"由国家强制力保障实施"不再是一句空话。

究其本质，该司法解释条文仅仅是对《反家庭暴力法》第三十四条第一句"被申请人违反人身安全保护令，构成犯罪的，依法追究刑事责任"之适用的重申，人身安全保护令本身作为民事裁定书，即具有当然的强制执行力，因而拒不执行裁定内容、无视法律禁令的违法行为，无疑应当落入刑法的管制范畴。

因此，人身安全保护令的执行本身受到刑法保障，对于被执行人而言，人身安全保护令不是"一纸空文"，而是极具威慑力的"法律警告"；对于受害者而言，人身安全保护令绝非"徒有其表"，而是切实发挥着法律强制效用。

三、人身安全保护令的违反或致刑事处罚

（一）拒不执行判决、裁定罪（拒执罪）的适用要旨

根据《刑法》第三百一十三条第一款之规定："对人民法院的判决、裁定有能力执行而拒不执行，情节严重的，处三年以下有期徒刑、拘役或者罚金；情节特别严重的，处三年以上七年以下有期徒刑，并处罚金。"就拒执罪本身的成立而言，该款规定赋予了司法机关极大的裁量空间，为进一步明确该罪的具体适用，全国人大常委会出台的《关于〈中华人民共和国刑法〉第三百一十三条的解释》，以及最高人民法院出台的《关于审理拒不执行判决、裁定刑事案件适用法律若干问题的解释》均对该款所述"情节严重"作出了细化规

① 季凤建：《刍议人身安全保护令的执行》，载《人民司法·应用》2016年第10期。

定，具体列举出12种情形。

然而，现实中行为人拒不执行判决、裁定的形式较为多样，具有鲜明的个案特征，难以仅借法律规范完全列举。因此，在拒执罪的适用上，应当给予法官结合实际情况进行具体分析，并作出符合比例原则的裁判的权限。

就人身安全保护令的执行而言，刑法作为最后的保护屏障，应当保持一定的谦抑性，即在穷尽训诫、司法拘留等前置措施仍无法达到保护效力时，方可动用刑罚手段对被执行人加以惩戒。

本案中，被告人王某甲在法院发出明令禁止其暴力行为的民事裁定书后，仍拒不悔改，持续殴打、骚扰被害人王某乙，公安局和法院先后给予行政拘留和训诫，以期能够对其起到威慑作用，促使其正视人身安全保护令的法律效力，进而自觉执行裁定。然而，公安机关与司法机关所采取的一系列执行保障措施，均未对王某甲起到警示作用，其仍屡教不改，继续发出威胁信息，行为恶劣，不仅严重损害了受害人的人身权益，亦严重侵蚀了人身安全保护令的司法权威。对诸如此类以作为屡次违反保护禁令之不作为义务的违法行为，无疑已经达到非处刑罚无以震慑的严重程度，此时动用刑罚手段对行为人加以惩戒，符合相关法律及司法解释的适用意旨，得以切实发挥《反家庭暴力法》第三十四条及《刑法》第三百一十三条的规范目的。

同时应当注意，拒执罪在适用上具有一定程度的补充性质，具体表现在其行为方式的多样性，若拒不执行的行为本身触犯了其他犯罪，则能够根据想象竞合原理择一重罪进行处罚。具体到本案，若被告人拒不执行人身保护令的家暴行为已经造成轻伤以上的伤害结果，则得以故意伤害罪论处。

（二）定罪量刑的考量因素

《刑法》第三百一十三条将拒不执行判决、裁定的行为依严重程度划分为两个层次——“情节严重”及“情节特别严重”，并设定了不同的量刑幅度。然而，与拒执罪本身的成立条件相类似，此处对具体情节严重程度的判定亦未有明确标准，应由法官结合个案作出裁量。单就拒不执行人身安全保护令的行为而言，若尚未构成其他犯罪，就其法益侵害性而言，或难以被认定为“情节特别严重”，因而将量刑幅度确定在三年以下较为合适，重于借助刑事责任敦促行为人认识到人身安全保护令的法律强制效力，同时发挥一定的社会威慑力。

本案中的被告人王某甲在收到公诉机关的犯罪指控后，如实供述所犯罪行，认罪态度较为良好，对其漠视人身安全保护令的恶劣行径表现出悔改态度，并取得了被害人王某乙的谅解，可以酌情从轻处罚。最终对王某甲判处八个月的有期徒刑，旨在以适宜的量刑，对王某甲起到强有力的警示作用，切实维护受害人的合法权益，在科处刑罚、惩戒犯罪的同时，充分发挥刑法保护法益、保障人权的基本功能。

因此，在对违反人身安全保护令的行为科处刑罚的时候，应当综合考察行为人的法益侵害性、归案后的认罪认罚态度以及被害人的谅解程度等因素，最终确定量刑。

(三) 科处刑罚的现实意义

在穷尽一切救济手段仍无法有效制止家暴行为的情况下，对施暴者科处刑罚，无疑是对受害人最有力的保护，从而切实筑牢人身保护令的法律屏障。

同时，家庭暴力行为的危害性已不仅仅在于个人，其已然上升为一个社会现象，受到社会公众的广泛关注。施暴者对其家庭成员违反人伦道德的暴力行为，间接地侵蚀着文明社会的道德情感与公共利益。对拒不执行人身安全保护令的施暴者科处刑罚，有利于维护社会公众的法治信仰。

最后，法律的生命在于实施，裁判的价值在于执行。在符合罪刑相当原则的基础上，对违反人身安全保护令的行为科以刑罚，不仅使得人身保护令不至沦为“一纸空文”，更使得刑法真正成为保障禁令执行的最后救济，避免司法权威被无情施暴者“肆意践踏”，切实维护了法律的强制拘束力。

四、本案处理中值得借鉴的经验、做法

(一) 人民法院主动作为，果断移刑，维护司法权威，具有示范意义

人民法院主动作为，对违反人身安全保护令的行为，根据违反情节的严重程度，不断提高惩罚等级，为人身安全保护令的有效执行保驾护航。在施暴人初次违反人身安全保护令后，因其已被行政处罚，人民法院对其进行训诫、劝导，并严肃告知若他再违反禁令可能导致被追究刑事责任的严重后果，要求施暴人在司法人员面前作出书面保证。在被申请人再次违反人身安全保护令后，人民法院果断对其先行司法拘留，并移送公安机关立案侦查，最终对其判处有期徒刑。根据施暴人行为的恶性和严重程度，不断提高对等的惩罚措施的强度，把维护司法权威、阻断家庭暴力落到实处。

(二) 寻求他力合作，实现案结事了

本案邀请了心理与家暴问题专家，对受暴人及未成年子女开展心理测评及辅导。据此了解和评估施暴人的成长环境、犯罪动因及人身危险性，了解家庭暴力关系中双方的互动模式以及受暴妇女、施暴人特殊的心理、行为模式等。心理专家的参与，有效地帮助法官根据施暴人的心理，有针对性地对施暴人进行心理干预。承办法官通过庭前提审、法庭教育、判后寄语等方式，在不同阶段以多种方式不断强化，让施暴人认识到自己行为的错误，化解心结，降低其再犯罪的风险。

（三）处理方式符合国际准则

从国际标准来看，联合国《消除对妇女一切形式歧视公约》及其一般性建议和联合国大会相关决议要求，“司法部门对针对妇女的暴力（包括家庭暴力）有足够的警觉，一致地把保障妇女的生命权和身心健康放在重要位置”（依据指标3.1-《公约案件5/2005》要求）。对已经存在的违反人身安全保护令的严重行为，法院通过刑事手段对施暴人强硬打击，保护受暴妇女的人身安全，本案做法符合以上国际准则。

（**一审法院合议庭成员** 姚　峰　谢健宇　彭　帅

编写人 广东省珠海市香洲区人民法院　彭　帅

中南财经政法大学　郑　洋

责任编辑 李　晶

审稿人 刘　敏）

罗某申请人身安全保护令案

——“宣扬隐私亦属于家庭暴力”规则的确立及人身安全保护令回访与督促执行的必要性

关键词：民事　人身安全保护令　宣扬隐私　家庭暴力惩戒　回访

【裁判要旨】

1. 本案中，受害人遭受精神上、身体上的家暴时间较长，法院通过本案明确“宣扬隐私也构成家庭暴力”这一观点，开创性地适用《反家庭暴力法》进行制裁。

2. 本案处理过程中，践行了人身安全保护令回访工作和督促执行工作，在目前人身安全保护令回访制度和督促执行工作没有相对系统性规定的情况下，这一举措及时维护了司法公正。但是，为了树立法律权威的长效性，让受暴人得到切实保护，仍需要社区、妇联、公安等各部门积极发挥协同作用。

【相关法条】

《中华人民共和国反家庭暴力法》

第二条　本法所称家庭暴力，是指家庭成员之间以殴打、捆绑、残害、限制人身自由以及经常性谩骂、恐吓等方式实施的身体、精神等侵害行为。

第二十九条　人身安全保护令可以包括下列措施：

（一）禁止被申请人实施家庭暴力；

（二）禁止被申请人骚扰、跟踪、接触申请人及其相关近亲属；

（三）责令被申请人迁出申请人住所；

（四）保护申请人人身安全的其他措施。

第三十四条　被申请人违反人身安全保护令，构成犯罪的，依法追究刑事责任；尚不构成犯罪的，人民法院应当给予训诫，可以根据情节轻重处以一千元以下罚款、十五日以下拘留。

《中华人民共和国妇女权益保障法》

第二十九条 禁止以恋爱、交友为由或者在终止恋爱关系、离婚之后，纠缠、骚扰妇女，泄露、传播妇女隐私和个人信息。

妇女遭受上述侵害或者面临上述侵害现实危险的，可以向人民法院申请人身安全保护令。

《湖南省实施〈中华人民共和国反家庭暴力法〉办法》

第二条 本办法所称家庭暴力，是指家庭成员之间以殴打、捆绑、残害、限制人身自由以及经常性谩骂、恐吓、侮辱、诽谤、宣扬隐私、跟踪、骚扰等方式实施的身体、精神等侵害行为。

【案件索引】

湖南省长沙市天心区人民法院（2018）湘0103民保令第60号（2018年12月18日）

【基本案情】

申请人罗某申请称：罗某（女）与谌某某（男）系夫妻关系。谌某某经常酗酒发酒疯、威胁恐吓罗某及其家人、在罗某单位闹事，故请求法院判令离婚并递交了人身安全保护令申请书。该申请书请求法院裁定被申请人谌某某不得再威胁、恐吓申请人及其家人，并不得在申请人单位闹事。

罗某同时提交了谌某某此前书写的致歉书、微信记录等证据予以证实。法院审核后，于2018年12月18日作出了人身安全保护令裁定并送达给了本案被申请人谌某某。同时，法院向罗某所在街道社区及派出所送达了协助执行通知书及人身安全保护令裁定，要求如谌某某对罗某实施辱骂、殴打、威胁等精神上、身体上的侵害行为时，要立刻对罗某予以保护并及时通知法院。

2019年2月14日，法院按照内部工作机制对罗某进行电话回访，罗某向法院反映谌某某对其实施了精神上的侵害行为，对此，法院工作人员建议罗某面见法官陈述具体事实。

后法官传唤双方当事人到庭并查明：在法院发出的人身安全保护令的有效期内，双方多次发生激烈争执。争执中，谌某某以拟公开罗某在家中所述其单位领导隐私和负面评价相要挟。随后，双方又因琐事发生冲突，谌某某随即找到罗某单位两位主要领导，披露罗某此前在家中提及的对两位领导及同事的隐私和负面评价，导致罗某正常工作环境和社交基础被严重破坏，精神受损，基于羞愤心理意欲辞职。

【裁判结果】

湖南省长沙市天心区人民法院于2018年12月18日作出（2018）湘0103民保令第60号人身安全保护令裁定：禁止被申请人谌某某对申请人罗某实施身体上、精神上的侵害行为。

【裁判理由】

法院生效裁判认为：隐私权作为自然人所享有的一种不愿或不便他人获知或干涉的私人信息的支配和保护的人格权，受法律保护。谌某某前往罗某单位向罗某的领导披露的信息即便是罗某单位内部众所周知的事实或者普遍性评价，但评价主体具有不特定性，而谌某某的披露行为则使得罗某在该评价体系中被特定化，一方面，足以让罗某传播或者评价所指向的当事人感到羞耻、精神受损；另一方面，对于罗某而言，对上述事实的传播以及对所指当事人的评价，也是其不愿意为他人所知悉的。谌某某将罗某在相对封闭和安全的家庭环境中对上述事实和评价的传播予以公开化，属于侵犯了罗某对私密信息等私生活安全利益自主支配和控制的权利，构成了对其隐私的侵犯。

家庭暴力的核心是控制，谌某某以揭露罗某隐私相要挟，意欲对其进行控制，属于《反家庭暴力法》中对家庭暴力定义的“精神上的侵害”。谌某某直接向隐私内容所涉当事人披露罗某在家中对其的评价，该行为破坏了罗某的社交环境，严重影响了罗某的正常生活、工作，进一步造成了对罗某精神上的实际侵害。因此，法院决定对谌某某实施拘留5日的惩罚措施。

【案例注解】

一、宣扬隐私也构成家庭暴力

隐私权是指自然人享有的私人生活安宁与私人信息秘密依法受到保护，不被他人非法侵扰、知悉、收集、利用和公开的一种人格权，而且权利主体对他人在何种程度上可以介入自己的私生活，对自己是否向他人公开隐私以及公开的范围和程度等具有决定权。

本案中，施暴人谌某某意图通过在受害人罗某单位披露罗某的隐私而导致罗某正常工作环境和社交基础被严重破坏，精神受损，罗某基于羞愤心理意欲辞职、客观上可能丧失工作机会，进而促使罗某因威胁行为而增强对谌某某的依赖、达到放弃离婚的目的。家庭暴力的核心是控制，谌某某以揭露罗某隐私相要挟，利用了罗某害怕隐私被曝光的心理，表面上是宣扬隐私，实际是其内心强烈的控制欲，逼迫受暴人因恐惧而屈从，属于《反家庭暴力法》中对家庭暴力定义的“精神上的侵害”。最后，谌某某出于控制需要，将隐私公开，造成了对罗某精神上的实际侵害，同时也违反了此前禁止谌某某对罗某实施精神侵害行为的人身安全保护令。

据此，就谌某某所实施的这些行为，法院依法采取了制裁措施，使其承担了相应的法律责任，与我国《反家庭暴力法》的立法宗旨相符。

本案的处理明确了“宣扬隐私也构成家庭暴力”。在本案的影响下，“宣扬隐私亦构成家庭暴力”的观点，于2019年5月30日经湖南省第十三届人民代表大会常务委员会第十一次会议通过，写入了2019年7月1日起施行的《湖南省实施〈中华人民共和国反家庭暴力法〉办法》第二条。

2022年，“宣扬隐私也构成家庭暴力”的思想进而被修订后的《妇女权益保障法》第二十九条所采纳，对推进我国维护妇女权益保护方面的法律之发展和进步具有重大意义。

二、违反人身安全保护令的惩戒方式

作为一种民事强制措施，人身安全保护令是人民法院以民事裁定书方式作出的一份法律文书，对于双方当事人具有法律约束力。在人身安全保护令生效期间，若被申请人违反禁止性规定，违法接触申请人，破坏申请人的正常生活，言语威胁或以过激行为对申请人造成精神或肉体上的伤害，被申请人应当承担相应的民事责任或行政责任，情节严重的予以追究刑事责任。

实践中，对于违反人身安全保护令行为的惩戒措施主要以人民法院训诫为主，拘留或追究刑事责任的较少。一方面，法院能获知施暴人违反人身安全保护令的途径几乎只有受暴人反映这一种，其执行手段及震慑力也不及公安机关；另一方面，受害人或其子女常因依附于施暴人，强烈拒绝拘留等限制施暴人人身自由的强制措施。这就意味着，施暴者违法成本极低，而受害人的人身安全与人格尊严无法得到现实保护，生效的法律文书也面临一纸空文的风险。

本案人身安全保护令发出后，谌某某无视人身安全保护令，公然违抗法院裁判文书的行为已经触碰司法底线。在此情况下，人民法院积极作为，直接对施暴人下发拘留决定，维护司法公正，维护人身安全保护令的权威和实施，保护受害人的合法权益不受侵犯。

三、人身安全保护令回访制度及其现实意义

“人身安全保护令回访工作”系湖南省长沙市天心区人民法院具有开创性

的工作机制。该工作机制有利于发现家庭暴力行为，在当事人因受到暴力和精神压迫而不敢请求保护或对家庭暴力知识缺失的时候，司法机关主动回访，及时发现并制止可能存在的或已经存在的违反人身安全保护令的行为，既能够维护司法权威，也能更好地保障家庭关系中弱势群体的合法权益，体现司法机关执法的温度。

本案中，虽然受害人罗某遭受了“宣扬隐私”这种精神上的侵害行为，并遭受了巨大的痛苦，但是其本人并未意识到这种行为也是我国《反家庭暴力法》中所规定的“精神上的侵害行为”，从而没有主动向法院报告。在我国公民法律意识有待提高的当前，法院通过明法释理，让家庭暴力受害者拿起法律武器依法维权，无疑加大了对家庭暴力受害群体的保护力度和对施害群体的威慑力。

但是，应当引起注意的是，仅靠法院进行回访并非长久之计。《反家庭暴力法》第三十二条规定：“人民法院作出人身安全保护令后，应当送达申请人、被申请人、公安机关以及居民委员会、村民委员会等有关组织。人身安全保护令由人民法院执行，公安机关以及居民委员会、村民委员会等应当协助执行。”可以看出，人身安全保护令的执行以人民法院为主，公安机关、居委会、村委会等部门协助执行。但鉴于司法资源的有限性与司法权的被动性，在现阶段法律规定的框架内，笔者建议依据《反家庭暴力法》第三十二条对执法主体的规定，相应地扩大回访主体，由居委会、村委会、公安派出所等有效配合，从而多方联动合作，形成规范化、体系化的回访制度，更好地发挥法律的威慑、稳定之作用，进一步织牢、织密反家暴的防护网，建立起完备的人身安全保护令执行监督机制。

（**一审法院独任审判员**　童广峰
编写人　湖南省长沙市天心区人民法院　童广峰
责任编辑　李　晶
审稿人　刘　敏）

冯某某申请人身安全保护令案

——首份全流程在线人身安全保护令的作出和适用

关键词：民事　人身安全保护令　反家暴　多跨协同　全流程在线

【裁判要旨】

1. 申请人遭受家庭暴力或者面临家庭暴力现实危险的事实存在较大可能性的，人民法院即可依法作出人身安全保护令。人民法院受理人身安全保护令申请后，应当在72小时内作出人身安全保护令或者驳回申请；情况紧急的，应当在24小时内作出。

2. 各部门建立反家暴协同工作机制，充分利用信息化建设成果，加强各部门间数据的协同共享，完善人民法院、公安机关、民政部门、司法行政部门、教育部门、卫生部门和妇女联合会等单位共同参与的反家暴工作体系。

【相关法条】

《中华人民共和国反家庭暴力法》

第二十三条第一款　当事人因遭受家庭暴力或者面临家庭暴力的现实危险，向人民法院申请人身安全保护令的，人民法院应当受理。

第二十八条　人民法院受理申请后，应当在七十二小时内作出人身安全保护令或者驳回申请；情况紧急的，应当在二十四小时内作出。

第三十二条　人民法院作出人身安全保护令后，应当送达申请人、被申请人、公安机关以及居民委员会、村民委员会等有关组织。人身安全保护令由人民法院执行，公安机关以及居民委员会、村民委员会等应当协助执行。

《最高人民法院关于办理人身安全保护令案件适用法律若干问题的规定》

第六条第一款　人身安全保护令案件中，人民法院根据相关证据，认为申请人遭受家庭暴力或者面临家庭暴力现实危险的事实存在较大可能性的，可以依法作出人身安全保护令。

【案件索引】

浙江省温州市龙湾区人民法院（2023）浙0303民保令1号（2023年1月20日）

【基本案情】

申请人冯某某称：申请人与被申请人曹某某于2018年1月19日登记结婚。现夫妻感情不和，申请人已于2022年12月22日起诉离婚，经引导进入诉前调解。诉前调解过程中，被申请人于2023年1月13日到申请人住处辱骂、恐吓申请人及近亲属，并使用铁锤毁坏门锁；于同年1月16日至申请人母亲张某某住处辱骂、威胁张某某，并扬言“要在大年初一、十五上门找麻烦”。申请人及申请人母亲现面临家庭暴力的现实危险。为此，申请人特依据《反家庭暴力法》第二十三条之规定，请求浙江省温州市龙湾区人民法院签发人身安全保护令，禁止被申请人对申请人实施威胁、辱骂、殴打等家庭暴力行为，禁止被申请人骚扰、跟踪、接触申请人及申请人的母亲张某某。

被申请人曹某某辩称：其得知冯某某起诉离婚，对隐匿、转移的夫妻共同财产不作处理感到十分生气，所以欲找冯某某理论，并未对冯某某实施家庭暴力。

法院经审查认为：申请人冯某某及其母亲张某某面临家庭暴力的现实危险。

【裁判结果】

浙江省温州市龙湾区人民法院于2023年1月20日作出（2023）浙0303民保令1号民事裁定：一、禁止被申请人曹某某对申请人冯某某实施家庭暴力；二、禁止被申请人曹某某骚扰、跟踪、接触申请人冯某某及其母亲张某某。

【裁判理由】

浙江省温州市龙湾区人民法院通过“法护家安”集成应用反家暴模块建立的反家暴数据库快速获取相关警情数据等证据材料，同时通过关联检索获知被申请人曹某某曾多次因暴力犯罪被追究刑事责任。根据上述证据，申请人冯某某及其母亲张某某面临家庭暴力的现实危险证据充分，且该起民事纠纷极有可能转化为恶性刑事案件，符合签发人身安全保护令的法定条件。

【案例注解】

一、人身安全保护令制度的特征

（一）人身安全保护令的签发时效性

现实中，家暴受害人对人身安全保护令制度缺乏了解，在遭受家暴时往往不知道要申请人身安全保护令，更有甚者认为被家暴是“家丑”不可外扬，不报警也不向妇联、（村）居委会等机构投诉、反映或者求助。正是因为家暴受害人长期隐忍而施暴者的暴力行为不断升级，从而容易变成恶性“民转刑”事件。所以对于家庭暴力的制止和预防，必须是长期的、及时的、有效的。

2016 年 3 月，我国《反家庭暴力法》正式施行，确立了人身安全保护令制度。家庭暴力往往具有隐蔽性、连续性和渐进性，对家庭暴力受害人的人身安全乃至生命都具有较大危害性。人身安全保护令制度之所以独立于如离婚诉讼等其他民事诉讼程序，就是为了可以及时保护家暴受害人，为其筑起保护屏障。因此，《反家庭暴力法》第二十八条规定：“人民法院受理申请后，应当在七十二小时内作出人身安全保护令或者驳回申请；情况紧急的，应当在二十四小时内作出。”这对人民法院受理人身安全保护令申请及签发人身安全保护令的时效性提出了明确要求。本案中，申请人害怕被申请人会在过年期间上门找她一家人的麻烦，故向人民法院申请人身安全保护令；人民法院利用“法护家安”集成应用在 24 小时内完成文书签发、文书送达及协助执行全流程。

（二）人身安全保护令的证据标准盖然性

人身安全保护令制度设计的主要目的在于预防和制止家庭暴力，也就是说，并非家庭暴力发生后才可以签发人身安全保护令。《最高人民法院关于办理人身安全保护令案件适用法律若干问题的规定》第六条第一款规定：“人身安全保护令案件中，人民法院根据相关证据，认为申请人遭受家庭暴力或者面临家庭暴力现实危险的事实存在较大可能性的，可以依法作出人身安全保护令。”可见，人身安全保护令的证据审查标准是“存在较大可能性”，法院签发保护令并不代表一定存在家庭暴力，这与离婚纠纷中认定是否存在家庭暴力是截然不同的。本案被申请人在第一次前往申请人住所时，用随身携带的铁锤砸毁门锁，好在未能破门成功，并未伤害到申请人的人身安全，但基于被申请人的威胁恐吓行为，申请人面临家庭暴力的现实危险存在盖然性，故人民法院认为符合签发人身安全保护令的情形。

(三)人身安全保护令执行的协作性

预防和制止家庭暴力不是人民法院专有的职责,而是全社会共同努力的目标。人身安全保护令签发后,需要公安机关、妇联、街道等各个基层组织共同协作,才能发挥作用。2022 年 3 月,最高人民法院、全国妇联、公安部等七部门联合印发的《关于加强人身安全保护令制度贯彻实施的意见》中明确提出"各部门在临时庇护、法律援助、司法救助等方面要持续加大对家庭暴力受害人的帮扶力度,建立多层次、多样化、立体式的救助体系"。在政务服务数智化迸发的当下,人民法院要充分利用信息化建设成果,加强与各部门间数据的协同共享,建立和完善相关部门间有关反家暴工作协作机制。

二、人身安全保护令制度存在的问题

(一)证据调取困难

家暴受害人往往是妇女、儿童、老人等弱势群体,诉讼能力较弱,没有证据固定意识。当事人向法院申请保护令时,可能需提供报警记录等证据,但因法院与公安机关间缺乏数据共享渠道,当事人需要自行或通过律师向法院申请开具调查令至公安机关调取证据,不仅流程烦琐,且耗时较长,以至于人民法院无法及时签发人身安全保护令。

(二)签发标准不一

法院审查签发人身安全保护令时,因审查标准不统一,在家庭暴力证据不足时不予签发,而忽视了对面临家庭暴力现实危险的判断。尤其是在申请人缺乏举证能力、家暴警情数据掌握不全的情况下,难以判断申请人是否存在面临受家庭暴力的现实危险,这也使得法官在签发人身安全保护令时产生顾虑。

(三)协助执行反馈渠道不畅通

虽然相关法律规定,公安机关及妇联等相关部门具有协助执行的职责,但现实中,人身安全保护令文书通过线下送达给公安机关、妇联等协助执行单位后,协助执行单位难免响应不够及时,反馈渠道不畅通,难以形成保护闭环。

三、"法护家安"集成应用项目的创新性

为解决上述问题,温州法院针对人身安全保护令的制度特性,紧扣法律、司法解释规定,创新谋划家事审判领域的数字化改革项目——"法护家安"集成应用项目,重点开发建设反家暴人身保护模块,为当事人提供在线申请反家暴人身安全保护令的便捷服务,进行分类指引帮助。

(一)多跨协同,数据共享

反家暴人身保护模块通过多跨协同,建立了由温州市龙湾区政法委牵头,区法院、区检察院、区公安机关、区司法行政机关、区社会治理中心、区妇

联、区大数据管理机构等各部门共同参与、在线协同的反家暴工作机制，实现各部门间信息共享，构建反家暴大数据库，实现信息检索，辅助法官准确把握人身安全保护令的签发标准。例如本案中，因申请人及其母亲曾两次报警称被申请人上门辱骂、威胁二人，通过反家暴大数据检索获知两次报警时间相隔不久，可见双方冲突激烈，极有可能升级。人民法院为防止家庭暴力的发生，故而签发了人身安全保护令。

（二）重塑流程，便捷高效

当事人在遭受家庭暴力或面临家庭暴力的现实危险时，可通过“浙里办”“法护家安”应用在线申请保护令，在线填写必要内容，由应用自动生成申请书模板，并导入立案平台；立案后，承办法官可从反家暴数据库中检索相关信息，判断申请人是否面临家庭暴力的现实危险，作出是否签发人身安全保护令的决策；保护令签发后，通过在线推送电子化保护令至协助执行单位，协助执行单位通过专人反馈保护令协助执行的情况，形成闭环。通过数字赋能，充分利用信息化建设成果，优化人身安全保护令案件审查处理和协助执行流程，全面打通政法委基层智治综合应用平台和法院办公办案平台之间的数据通道，加强各部门间数据的协同共享，各司其职，相互配合，依法监督，推动反家暴工作制度重构、流程再造、系统重塑，加强人身安全保护令制度的贯彻实施。

四、值得借鉴的经验、做法

本案系“法护家安”集成应用上线后首个实际应用的案例，也是全国首份全流程在线的反家暴人身安全保护令。从当事人申请，到法院立案受理、证据调取、审查签发，再到各部门送达响应、协助执行，总用时不到 24 小时，全流程在线运行，充分落实了《反家庭暴力法》第二十八条“情况紧急的，应当在二十四小时内作出”的规定。区公安分局通过辖区派出所多次电话联系双方了解保护令的履行情况，区妇联则通过上门回访、疏导、安抚、稳控，在有效震慑了被申请人的同时，也提升了申请人的安全感，更好地预防和制止了家庭暴力，有效防止“民转刑”恶性事件的发生。此后，双方的离婚纠纷也得以依法调解解决。

相比于传统模式，“法护家安”集成应用反家暴人身保护模块突破了当事人提交申请的时空限制，解决了当事人取证来回跑的难题，打通了各部门的数据共享通道，实现了家庭暴力事件的数据归集与分析预警，极大地缩短了各流程的操作时间，加强了与公安、妇联等部门的多跨协同，充分发挥“法护家安”反家暴人身保护模块“申请的便利性、信息的共享性、取证的快捷性、签发的准确性、响应的及时性、保护的充分性”六大优势，对被申请人及时起到了震慑作用，将司法触角延伸至家庭暴力的萌芽之初，对全时空保障妇女权益、促进和谐家风建设具有重要意义。

（**一审法院独任审判员** 张清清
编写人 浙江省温州市龙湾区人民法院 金 丛 张清清
责任编辑 李 晶
审稿人 刘 敏）

叶某申请人身安全保护令案

——同居结束后受暴妇女申请人身安全保护令的条件分析

关键词：民事　人身安全保护令　同居关系　家庭暴力　证明标准

【裁判要旨】

同居关系结束后一方遭受威胁、恐吓等暴力侵害的，仍可向法院申请人身安全保护令。为防止侵害行为的发生，应适当降低证明标准，即只要申请人能够提供初步证据证明存在家暴发生的现实危险即可，对于侵害可能性的标准应当从宽。

【相关法条】

《中华人民共和国反家庭暴力法》

第二十七条　作出人身安全保护令，应当具备下列条件：

（一）有明确的被申请人；

（二）有具体的请求；

（三）有遭受家庭暴力或者面临家庭暴力现实危险的情形。

第二十八条　人民法院受理申请后，应当在七十二小时内作出人身安全保护令或者驳回申请；情况紧急的，应当在二十四小时内作出。

第三十七条　家庭成员以外共同生活的人之间实施的暴力行为，参照本法规定执行。

《最高人民法院关于办理人身安全保护令案件适用法律若干问题的规定》

第六条　人身安全保护令案件中，人民法院根据相关证据，认为申请人遭受家庭暴力或者面临家庭暴力现实危险的事实存在较大可能性的，可以依法作出人身安全保护令。

前款所称“相关证据”包括：

（一）当事人的陈述；

（二）公安机关出具的家庭暴力告诫书、行政处罚决定书；

（三）公安机关的出警记录、讯问笔录、询问笔录、接警记录、报警回执等；

（四）被申请人曾出具的悔过书或者保证书等；

（五）记录家庭暴力发生或者解决过程等的视听资料；

（六）被申请人与申请人或者其近亲属之间的电话录音、短信、即时通讯信息、电子邮件等；

（七）医疗机构的诊疗记录；

（八）申请人或者被申请人所在单位、民政部门、居民委员会、村民委员会、妇女联合会、残疾人联合会、未成年人保护组织、依法设立的老年人组织、救助管理机构、反家暴社会公益机构等单位收到投诉、反映或者求助的记录；

（九）未成年子女提供的与其年龄、智力相适应的证言或者亲友、邻居等其他证人证言；

（十）伤情鉴定意见；

（十一）其他能够证明申请人遭受家庭暴力或者面临家庭暴力现实危险的证据。

【案件索引】

广东省广州市白云区人民法院（2022）粤0111民保令2号（2022年4月29日）

【基本案情】

申请人叶某申请称：其与被申请人曾是同居男女朋友关系，双方于2021年1月12日生育女儿。后双方分手，申请人叶某起诉被申请人同居关系子女抚养权纠纷一案，目前已由法院受理。申请人在该案起诉前已被被申请人赶出家门，现女儿由申请人自行抚养及照顾。2022年3月9日晚上，被申请人来到申请人的弟弟家中，并使用申请人弟弟的电话向申请人及申请人父母实施威胁，称："如不交回孩子，将采取极端手段。"后申请人及家属立即于次日向申请人所在的辖区公安机关报案，同日晚上被申请人通过网购平台购买了具有攻击性和伤害性的辣椒水等用品。结合被申请人平时暴躁、极端的性格，申请人认为被申请人极有可能作出恐怖、极端的行为，并已危及申请人及家属的安全及生命。现申请法院裁定：禁止被申请人骚扰、跟踪、威胁、殴打申请人及申请人女儿。

被申请人辩称：我与申请人曾是同居关系。但没有跟踪、殴打、辱骂申请人。申请人未经被申请人及被申请人父母的同意，擅自将女儿抱走，随后将被申请人一方拉黑，拒绝与被申请人方沟通。被申请人报警后，警察也不受理。大概一个多月后，被申请人在朋友的帮助下，找到其现居住地址，要求其把女儿带出来见面并返还彩礼，但双方协商未果。一方面，2022 年 1 月底，被申请人的新女友担心被骚扰，所以被申请人才购买了辣椒水；另一方面，申请人把被申请人女儿藏起来，导致被申请人见不到女儿，被申请人很生气，就想买瓶辣椒水。但被申请人购买辣椒水只是为了自己防身。被申请人父母曾去过申请人家，可能他们思念孙女心切，沟通过程中有一些稍微激烈的言行，但申请人的行为实在很过分。被申请人认为自己及父母均没有对申请人造成任何实质性的伤害。

法院经审理查明：叶某（女）与黄某（男）是同居关系，双方于 2021 年生育女儿。后双方分手，女儿随叶某共同生活。叶某向法院起诉黄某同居关系子女抚养纠纷。2022 年 3 月 9 日晚上，黄某到叶某弟弟家中，并使用叶某弟弟的电话向叶某及其父母实施威胁，称：“如不交回孩子，将采取极端手段。”叶某及其家属立即于次日向所在辖区公安机关报警，同日晚上黄某通过网购平台购买了具有攻击性和伤害性的辣椒水用品，其向法院解释是为了自己防身。叶某于 2022 年 4 月向法院申请人身安全保护令，请求法院裁定禁止黄某骚扰、跟踪、威胁、殴打叶某及女儿。

【裁判结果】

广东省广州市白云区人民法院于 2022 年 4 月 29 日作出（2022）粤 0111 民保令 2 号民事裁定：禁止黄某骚扰、跟踪、威胁、殴打叶某及其女儿。本裁定送达后，双方均未申请复议。

【裁判理由】

法院生效裁判认为：黄某辩解因申请人藏匿女儿，导致其无法与女儿见面，心里很生气，于是想买瓶辣椒水。可见，黄某购买辣椒水并非用于防身，而是意图报复叶某。叶某提交的辣椒水购买记录、住所楼道监控录像等证据及黄某自认的事实，足以证实黄某及其亲属因女儿抚养权及探视权争议对叶某进行骚扰、威胁，使叶某面临家庭暴力的现实危险，叶某的申请符合《反家庭暴力法》第二十七条规定的发出人身安全保护令的条件。

【案例注解】

一、同居男女朋友分手后，女方遭受威胁、恐吓等暴力侵害的，可向法院申请人身安全保护令

消除家庭暴力是家庭文明的标志，是社会文明的基石。《反家庭暴力法》第三十七条规定："家庭成员以外共同生活的人之间实施的暴力行为，参照本法规定执行。"这意味着监护、寄养、同居、离异等关系的人员之间发生的暴力也被纳入法律约束。本案中，叶某与前男友黄某之间并非家庭成员关系，叶某的权益受侵害时，双方已结束了同居生活。但同居的结束，并不代表同居关系的结束，还有共同财产、子女等一系列问题需要解决，如机械地要求受害者必须与侵害人同住一所才能获得保护，就与《反家庭暴力法》的立法初衷相违背，也不符合常理。

《反家庭暴力法》的本质，是通过司法干预来禁止家庭成员、准家庭成员间基于控制及特殊身份关系而产生的各种暴力。该法规定了非婚姻的准家庭成员关系也受其调整，那么在离婚妇女受暴后能获得司法干预的同时，同居结束后受暴妇女亦应同样能够获得保护。因此，同居男女朋友结束同居生活后若存在家庭暴力情形的，也应属人身安全保护令的保护对象，可以作为人身安全保护令的申请主体。

值得一提的是，2022 年 10 月 30 日新修订的《妇女权益保障法》第二十九条规定，禁止以恋爱、交友为由或者在终止恋爱关系、离婚之后，纠缠、骚扰妇女，泄露、传播妇女隐私和个人信息。妇女遭受上述侵害或者面临上述侵害现实危险的，可以向人民法院申请人身安全保护令。这一规定进一步扩大了人身安全保护令的保护对象与范围，以法律的形式明确加强了婚恋交友关系结束后的妇女权益保障，为更多潜在的受害妇女提供了更有力的维权武器。

从国际标准来看，这一处理方式符合联合国《消除对妇女一切形式歧视公约》及其一般性建议和联合国大会相关决议的要求，体现了国际标准中国家针对妇女暴力的无差别保护和司法救济，不因是否具有婚姻关系、是否尚处于同居关系等加以划分和有所限制。

二、被申请人未实施实质性人身伤害行为，申请人仅提供了被申请人购买辣椒水的淘宝订单记录，是否符合发出人身安全保护令的条件

家庭暴力具有隐秘性和突发性，对于家庭暴力行为发生可能性的证明，难度相对较高，为防止侵害行为的发生，应适当降低证明标准，即只要申请人能

够提供初步证据证明存在家暴发生的现实危险即可，对于侵害可能性的标准应当从宽。《最高人民法院关于办理人身安全保护令案件适用法律若干问题的规定》（以下简称《人身安全保护令司法解释》）第六条明确了人身安全保护令案件中，人民法院根据相关证据，作出人身安全保护令的证明标准是“申请人遭受家庭暴力或者面临家庭暴力现实危险的事实存在较大可能性”，而非民事诉讼的“高度盖然性”，降低了证明标准，从而减轻了当事人的举证负担。本案中，即使黄某尚未对叶某造成实质性伤害，但结合本案监控录像等证据及黄某自认“因原告藏匿女儿很生气，后购买了辣椒水”的事实，叶某遭受家庭暴力或者将面临家庭暴力现实危险的事实存在较大可能性，因此，法院应当立即发出人身安全保护令，这对于预防及制止家庭暴力、保护家庭成员，具有重要意义，也符合反家庭暴力工作应遵循的预防为主的基本原则。

三、申请人提交的住所楼道监控录像及被申请人的淘宝购买订单可作为证实家暴的证据

在对家暴行为的认定中，证据形式更加多样化，除了报警记录、病历、处罚决定书等，当事人陈述、短信、微信聊天记录、录音、视频、（村）居委会和妇联等单位机构的救助记录等均可纳入证据范围。《人身安全保护令司法解释》第六条第二款第五项规定的“记录家庭暴力发生或者解决过程等的视听资料”、第十一项规定的“其他能够证明申请人遭受家庭暴力或者面临家庭暴力现实危险的证据”，均可以作为证明存在家庭暴力的证据。

（**一审法院独任审判员** 吴彤彤
编写人 广东省广州市白云区人民法院 吴彤彤
责任编辑 李 晶
审稿人 刘 敏）

二、案例精析

【编者按】《人民法院案例选》坚持“反映审判全貌，总结审判经验，服务审判工作”的编辑方针，突出“真实、全面、及时、说理”的编辑特色，从各级人民法院报送的案件中选择编辑了一批具有典型性、新类型、重大疑难复杂的案件，对指导审判业务、宣传国家法制、预防和化解社会矛盾、促进法学教育与理论研究作出了积极努力。《人民法院案例选》将继续坚持这一优良传统，对判决和评析中虽未提及但比较重要的或评析不充分的问题，进行补充评析，以期达到总结经验教训、指导审判业务、促进理论研究的目的。

刑　事

周某某寻衅滋事案

——“强拿硬要型”寻衅滋事罪与抢夺罪的界分

关键词：刑事　寻衅滋事　抢夺　强拿硬要　数罪并罚

【裁判要旨】

行为人对被害人实施暴力后，追逐、恐吓被害人，并趁被害人逃离之际，将被害人财物取走，综合行为人的主观目的、行为的暴力程度、行为的连续性及所侵犯的客体等，可综合评价为“强拿硬要型”寻衅滋事罪一罪，而非抢夺罪，也难以分别评价为寻衅滋事罪与抢夺罪，然后予以数罪并罚。

【相关法条】

《中华人民共和国刑法》

第二百六十七条第一款　抢夺公私财物，数额较大的，或者多次抢夺的，处三年以下有期徒刑、拘役或者管制，并处或者单处罚金；数额巨大或者有其他严重情节的，处三年以上十年以下有期徒刑，并处罚金；数额特别巨大或者有其他特别严重情节的，处十年以上有期徒刑或者无期徒刑，并处罚金或者没收财产。

第二百九十三条　有下列寻衅滋事行为之一，破坏社会秩序的，处五年以下有期徒刑、拘役或者管制：

（一）随意殴打他人，情节恶劣的；

（二）追逐、拦截、辱骂、恐吓他人，情节恶劣的；

（三）强拿硬要或者任意损毁、占用公私财物，情节严重的；

……

【案件索引】

一审：上海市杨浦区人民法院（2022）沪0110刑初161号（2022年7月28日）

【基本案情】

上海市杨浦区人民检察院指控：2021年11月4日23时许，被告人周某某酒后至上海市杨浦区某路口处，无故将骑电动自行车至此的被害人王某推倒，致王某摔倒在地。周某某追逐受到惊吓的王某并扬言要殴打王某，王某试图逃离，周某某遂将王某摔倒时留在原地的1辆依莱达牌TDR858Z型二轮电动自行车（该车车座下放有1部手机）扶起并驶离，王某见状追赶未果。经估价，上述电动自行车、手机共计价值1230元（分别价值700元、530元）。经鉴定，王某体表挫伤，损伤程度为轻微伤。

公诉机关起诉认为：被告人周某某在公共场所随意殴打他人，致一人轻微伤，且追逐、恐吓他人，其行为已触犯《刑法》第二百九十三条第一款第一项、第二项，应以寻衅滋事罪追究其刑事责任。被告人周某某以非法占有为目的，抢夺他人财物，数额较大，其行为已触犯《刑法》第二百六十七条第一款，应以抢夺罪追究其刑事责任。被告人周某某在判决宣告前一人犯数罪，根据《刑法》第六十九条第一款、第三款的规定，应当数罪并罚。

审理过程中，公诉机关变更起诉认为：被告人周某某的行为触犯《刑法》第二百九十三条第一款第一项、第二项、第三项，构成寻衅滋事罪，建议判处周某某有期徒刑一年六个月以上，二年以下。

法院经审理查明：2021年11月5日凌晨3时40分许，被告人周某某酒后至上海市某路口处，无故将骑电动自行车至此的王某推倒在地，受到惊吓的王某质问周某某，周某某扬言殴打王某，王某弃车逃离。周某某追逐王某一段距离后折返，将王某摔倒时留在原地的1辆依莱达牌TDR858Z型二轮电动自行车驶离。该车车座下有王某放置的1部手机。王某追赶未果遂报警。当日10时许，周某某被抓获。

经鉴定，王某体表挫伤，损伤程度评定为轻微伤。经估价，上述电动自行车价值700元、手机价值530元。案发后，涉案电动自行车、手机均已发还王某。

审理期间，被告人周某某的亲属帮助周某某作出赔偿。

【裁判结果】

上海市杨浦区人民法院于2022年7月28日作出（2022）沪0110刑初161号刑事判决：被告人周某某犯寻衅滋事罪，判处有期徒刑一年九个月。宣判后，被告人未提起上诉，检察机关亦未提出抗诉，该判决已发生法律效力。

【裁判理由】

法院生效裁判认为：被告人周某某在公共场所随意殴打他人，对被害人追逐、恐吓，继而将被害人财物拿走，情节严重，其行为构成寻衅滋事罪。公诉机关指控的罪名成立，依法应对周某某予以处罚。周某某在亲属帮助下对被害人作出赔偿，酌情从轻处罚。公诉人当庭提出的量刑建议适当，应予采纳。

【案例注解】

本案审理之初，公诉机关起诉指控被告人周某某犯寻衅滋事罪、抢夺罪二罪，后变更起诉，指控被告人周某某犯寻衅滋事罪。客观而言，被告人周某某是仅构成寻衅滋事罪一罪，还是应以寻衅滋事罪、抢夺罪数罪并罚，存有争议。

第一种意见认为：被告人周某某的行为构成寻衅滋事罪、抢夺罪，应数罪并罚。理由是被告人周某某的前行为，即“被告人周某某在公共场所随意殴打他人，对被害人追逐、恐吓”的行为已构成寻衅滋事罪；被告人周某某的后行为，即“趁被害人王某弃车逃离之际，将被害人电动自行车驶离”的行为系行为人以非法占有为目的，乘人不备，公开夺取数额较大的公私财物，应单独评价为抢夺罪。后行为不能被前行为一体评价，故对被告人周某某前后两个行为分别认定为寻衅滋事罪与抢夺罪，并数罪并罚。

第二种意见认为：被告人周某某的行为仅构成寻衅滋事罪。理由是周某某出于酒后耍威风、发泄情绪、寻求精神刺激等“流氓”动机，实施殴打、恐吓、追逐他人、强拿硬要他人财物的行为可同时评价在《刑法》第二百九十三条的规定中。前行为与后行为均系被告人周某某在无事生非寻衅目的下一体实施的，不应将前后行为割裂开来，总体应评价为刑法上的“一行为”，即适用“强拿硬要型”寻衅滋事罪可以对被告人行为进行一体评价，无须再认定抢夺罪。

笔者同意第二种意见，即被告人周某某的行为仅构成寻衅滋事罪。本文将重点分析“强拿硬要型”寻衅滋事罪与抢夺罪的交叉与界分，结合犯罪构成要件、行为评价、情节等要素，对此罪与彼罪、一罪与数罪的界分进行阐释。

一、“强拿硬要型”寻衅滋事罪与抢夺罪的交叉

（一）主观上均有非法占有目的

《刑法》第二百九十三条规定了寻衅滋事罪的四种典型行为方式，其中第三项规定：“强拿硬要或者任意损毁、占用公私财物，情节严重的”构成寻衅滋事罪，即通常所说的“强拿硬要型”寻衅滋事罪。“强拿硬要”是指行为人违背他人意志强行夺取他人的财物或者迫使他人交付财物的行为。在刑法上应评价为行为人以某种程度的强力打破他人占有财物的状态并建立自己占有的状态，表明了行为人主观上具有非法占有的目的。① 抢夺罪，是指以非法占有为目的，乘人不备，公开夺取数额较大的公私财物的行为。该罪为夺取型财产犯罪，行为人的目的是非法占有公私财物。② 可知，两罪行为人主观上均表现出非法占有目的，只是寻衅滋事罪除了非法占有目的之外，还应具有概括性的寻衅目的。③ 本案中，被告人周某某无故将骑电动自行车至此的被害人推倒在地并扬言殴打被害人，系典型的无事生非，因受到被告人的恐吓，被害人弃车逃离，但此时该电动自行车及手机仍处于被害人的占有状态下，被告人将电动自行车驶离，主观上具有非法占有目的。

（二）客观上均有实施暴力与取财两种行为

在暴力、威胁+取财的行为模式上，“强拿硬要型”寻衅滋事罪与抢夺罪的表现基本一致。强拿硬要行为虽然具有一定的强制性，但不需要达到足以压制被害人反抗的程度。④ 实践中，从“强拿硬要型”寻衅滋事罪的角度讲，“强”与“硬”的刑法评价并不在于其暴力程度，对其打击的出发点系维护安定的社会秩序。本案中，被告人周某某对被害人实施殴打和恐吓、追逐的前行为，已经使被害人产生了心理上的恐惧而逃离，但客观上并不足以压制被害人的反抗，但基于前行为带来的被害人弃车的状态，被告人趁机实施了取财的后行为。

（三）暴力行为与取财之间具有因果关系

行为与危害结果之间具有因果关系，是犯罪构成要件说的重要内容。虽然

---

① 李世阳：《寻衅滋事罪构成要件的分化》，载《法学评论》2021年第2期。

② 章伦：《借由当面骑走他人摩托车的行为如何定性》，载《中国检察官》2017年第22期。

③ 2013年《最高人民法院、最高人民检察院关于办理寻衅滋事刑事案件适用法律若干问题的解释》（以下简称《解释》）第一条第一款规定：“行为人为寻求刺激、发泄情绪、逞强耍横等，无事生非，实施刑法第二百九十三条规定的行为的，应当认定为‘寻衅滋事’。”故寻衅滋事罪行为人主观上还应具有“寻求刺激、发泄情绪、逞强耍横等，无事生非”等概括性寻衅目的。

④ 孙贯杰、姬利亚：《在寻衅滋事过程中拿走被害人手机的行为定性》，载《中国检察官·经典案例》2016年第12期。

“强拿硬要型”寻衅滋事罪中，行为人系针对“人”实施暴力；抢夺罪中，行为人则系针对“物”实施暴力。但是行为人都是基于暴力行为而取得财物，暴力行为与取财之间具有因果关系。如果上述因果关系缺失，如行为人系拾得被害人遗失的财物，或者被害人系出于其他原因给付财物，则应重新评价该行为。① 本案中，被告人周某某先前的暴力、恐吓行为与之后取走电动自行车与手机的行为具有刑法上的因果关系。

二、“强拿硬要型”寻衅滋事罪与抢夺罪的界分

（一）侵犯的客体不同

抢夺罪是侵犯财产类犯罪，侵犯的是公私财产利益。寻衅滋事罪是妨害社会管理秩序类犯罪，侵犯的是社会公共秩序。行为人无论实施随意殴打行为还是强拿硬要行为，虽然直接侵犯的是他人的人身权益和财产权益，但总体上一定破坏了社会公共秩序。本案中，犯罪地点为当地某繁华的闹市路口，人流众多，被告人在此实施的上述行为，显然会对公共社会秩序造成破坏，无法评价为仅仅是对他人财产权益造成损害。

（二）主观动机不同

寻衅滋事罪源自 1979 年《刑法》中的“流氓罪”，要求行为人主观上具有逞强好胜、追求刺激的“流氓”目的。强拿硬要型寻衅滋事罪行为人主观上多出于逞强好胜、耍威风、发泄不满等心态，并不以获得财物作为唯一目的，更多是通过强拿硬要方式来填补精神空虚等目的。② 根据《最高人民法院、最高人民检察院关于办理抢夺刑事案件适用法律若干问题的解释》的规定，因抢夺致人重伤、死亡的，构成抢夺罪“其他严重情节”“其他特别严重情节”，从而加重法定刑，抢夺罪行为人直接针对“物”实施暴力，虽然也可能造成他人重伤或死亡等严重后果，但行为人主观上只具有非法占有他人财物的目的，侵犯他人财产性权益系积极追求的直接故意，侵犯他人生命健康权益通常情况应是放任的间接故意。

（三）两罪的法定刑不同

抢夺罪作为一种多发性的传统犯罪，社会危害大，一直属于司法机关严惩的范围。根据犯罪情节的不同，我国《刑法》规定了抢夺罪的三档量刑幅度，最高可判处无期徒刑。对携带凶器抢夺的，按照抢劫罪定处，这些都体现出抢夺罪被视为严重危害财产安全的犯罪，并配置了较高的法定刑。而寻衅滋事罪

---

① 成月华、许黎黎：《强拿硬要型寻衅滋事罪与抢劫罪辨析》，载《上海公安学院学报》2020 年第 5 期。

② 刘霞、郭莹：《租赁纠纷中借故抢走他人财物构成何罪》，载《人民检察》2016 年第 18 期。

长期以来被视为一种具有兜底性质的“口袋罪”。从定性角度来看，条文规定本身的模糊性和司法实践中的认定标准把握不一，导致近年来针对寻衅滋事罪的认定存在差异；从定量角度来看，除了纠集他人多次实施前款行为，严重破坏社会秩序的，处五年以上十年以下有期徒刑外，大量的偶犯、初犯的寻衅滋事犯罪案件均被判处较低刑罚。故寻衅滋事罪法定刑较抢夺罪低。

三、本案的裁判思路

（一）认定寻衅滋事罪的一般原则

本罪规定在《刑法》分则第六章“妨害社会管理秩序罪”第一节“扰乱公共秩序罪”中，在四种典型的寻衅滋事罪犯罪类型中，第一项至第四项寻衅滋事行为，除了侵犯人身权利与财产权利等具体客体外，都必须同时具有破坏社会秩序的性质，才能构成寻衅滋事罪。《解释》第一条也明确了寻衅滋事人的主观动机为寻求刺激、发泄情绪、逞强耍横，这些寻衅动机均表现出了藐视或者挑战社会正当秩序的心态。行为人在实施寻衅滋事行为前，通常会为自己寻找各种理由。因此即使事出有因，但小题大做，借题发挥，其所谓的原因无法被一般社会大众所接受，其行为又明显超出了合理的纠纷解决方式，应当认定行为人具有寻衅动机。

综上，寻衅滋事罪的认定，应当坚持主客观相统一的原则。行为人主观上是否有寻衅目的，客观上是否破坏了社会秩序，是认定有关行为是否属于寻衅滋事、是构成寻衅滋事罪还是其他犯罪的关键。具体到本案，被告人周某某在公共场所随意殴打他人，对被害人追逐、恐吓，继而将被害人财物拿走，其并非直接以被害人电动自行车与手机作为目标进行抢夺，故被告人周某某主观上有寻衅的动机，客观上既破坏了社会公共秩序，也侵害了他人的人身与财产权益，符合寻衅滋事罪的主观方面。

（二）对于前行为“殴打、恐吓、追逐他人”不能重复评价

一般来说，刑法对财产犯罪主要是根据侵害行为的形态予以区分并分别进行规定的。抢夺罪与抢劫罪均为公开夺取罪，都以公然（或公开）当场夺取他人财物为特点，区别在于抢劫罪以采用暴力、胁迫等侵害人身权益的手段为要件，而抢夺罪则以不采取这种侵害人身权益的手段为前提。本案中，被告人周某某实施的前行为“殴打、恐吓被害人”导致被害人弃车逃离，进而被告人实施了公开夺取电动自行车的后行为。“殴打、恐吓被害人”作为“取得电动自行车”的原因行为，已经被评价在寻衅滋事之中。若要对后行为单独评价为抢夺罪，将导致被害人弃车逃离状态产生的原因与之后的被告人驾驶电动自行车的行为割裂开来，使得先前“殴打、恐吓被害人”的行为在抢夺罪中进行了二次评价。故不能割裂先前的“殴打、恐吓”行为，单独认定后行为

构成抢夺罪。

（三）应将前行为“殴打他人，恐吓、追逐他人”与后行为“取走他人财物”一体评价为寻衅滋事罪

从《刑法》第二百九十三条的规定看，四种典型的行为都属于寻衅滋事行为，寻衅滋事罪往往由几个相关联的行为构成，基于一个寻衅的概括故意实施的具有紧密关联性的几个行为不宜割裂，这也是寻衅滋事罪的一个特点。上海市高级人民法院、上海市检察院、上海市公安局、上海市司法局联合发布的《关于本市适用“两高”寻衅滋事刑事案件司法解释若干问题的工作意见》第五条规定，具有《刑法》第二百九十三条第一款规定的两种以上行为，且符合下列情形之一的，依法应当追究刑事责任：（1）致一人以上轻微伤的；（2）造成直接经济损失数额在500元以上的；（3）造成恶劣社会影响或者公共场所秩序严重混乱的。本案中，经鉴定，被害人体表挫伤，损伤程度评定为轻微伤；经估价，被害人的电动自行车价值700元、手机价值530元，行为人同时实施随意殴打、追逐恐吓、强拿硬要三种行为，强拿硬要公私财物价值超过1000元，已达“情节严重”标准，构成寻衅滋事罪。

无论是前行为还是后行为，从犯罪主观方面来看，被告人周某某酒后于深夜在闹市区的交通路口闹事，其与被害人并不认识，却无故将骑电动自行车的被害人推倒，其行为具有随意性，主观上酒后逞强耍横而无事生非的故意明显。从犯罪的客观方面来看，被告人周某某在同一主观心态，即寻衅动机的主导下，从先前的无故殴打、恐吓被害人再到趁被害人弃车逃离之际将被害人的电动自行车驶离，行为模式不断升级，社会危害性不断扩大，三个行为在时间和空间上具有连续性，彼此相辅相成，不宜人为切断关联。从犯罪客体来看，被告人周某某的行为不仅造成被害人轻微伤及财产损失，而且破坏了公众的社会安全感。综上，无论从犯罪的主观方面还是客观方面，被告人周某某的行为应一体评价为寻衅滋事罪。

（**一审法院合议庭成员**　李　敏　张顺发　陆金芳
编写人　上海市杨浦区人民法院　赵　静
责任编辑　周海洋
审稿人　刘树德）

刘某某走私毒品案

——走私犯罪主观故意对定罪的影响

关键词：刑事　走私毒品　主观故意　无罪

【裁判要旨】

1. 走私犯罪的主观故意一般以认识到走私的具体对象为前提，在行为人不明确行为对象时，客观上的走私对象能涵盖在行为人所能认识到的对象范围之内的，可认定为故意；行为人认为行为对象为其他走私犯罪规制的对象的，应结合走私犯罪间的体系关系，在主客观相一致的范围内予以认定；行为人认识不到行为对象为走私犯罪规制对象的，不具有走私故意，应当宣告无罪。

2. 走私故意的认定要求行为人在认识要素上能认识到其行为大概率会侵害法益，具体可从行为异常性、合理性、可罚性三个方面对在案证据予以综合评价。

【相关法条】

《最高人民法院、最高人民检察院、海关总署关于办理走私刑事案件适用法律若干问题的意见》

六、……

走私犯罪嫌疑人主观上具有走私犯罪故意，但对其走私的具体对象不明确的，不影响走私犯罪构成，应当根据实际的走私对象定罪处罚。但是，确有证据证明行为人因受蒙骗而对走私对象发生认识错误的，可以从轻处罚。

《最高人民法院、最高人民检察院、公安部关于办理毒品犯罪案件适用法律若干问题的意见》

二、……

走私、贩卖、运输、非法持有毒品主观故意中的“明知”，是指行为人知道或者应当知道所实施的行为是走私、贩卖、运输、非法持有毒品行为……

【案件索引】

一审：北京市第四中级人民法院（2021）京04刑初16号（2022年10月13日）

二审：北京市高级人民法院（2022）京刑终97号（2023年12月29日）

【基本案情】

公诉机关指控：2020年7月至12月，被告人刘某某根据其母亲张某（另案处理）提供的收件人身份信息、购物小票等材料，多次帮助张某申报进口张某从泰国邮寄入境的包裹。2020年12月11日，被告人刘某某申报进口中外运—敦豪国际航空快件有限公司（以下简称DHL）的包裹，申报品名为“运动鞋”，12月23日，海关缉私分局在鞋底内部发现疑似毒品，经称量、鉴定，疑似毒品系氯胺酮，共计146.79克。同年12月15日，被告人刘某某申报进口DHL包裹，申报品名为“运动鞋（私人）”，12月16日，海关快件处在鞋底内部发现疑似毒品，经称量、鉴定，疑似毒品系甲基苯丙胺，共计164.51克，含量为77.2%~78.7%。

被告人刘某某辩称：自己仅是帮母亲张某的忙，清关中没有任何隐瞒，都是按照母亲给的购物小票来申报，自己并不知道包裹内藏有毒品。被告人刘某某的辩护人提出：第一，在案证据不足以证明刘某某存在直接或间接的走私故意。第二，本案无证据证明刘某某明知快件中藏有毒品，也不能推定其明知有毒品。第三，刘某某无与他人共同走私的犯罪故意。第四，刘某某不能认识到快件中有毒品，如果以查获的货物、物品定罪，会导致客观归罪的结果。综上，刘某某的行为不符合走私毒品罪的犯罪构成，恳请对刘某某作出无罪判决。

法院经审理查明：被告人刘某某与张某系母子关系，张某于2016年7月从北京出境前往泰国后一直未回国。2020年7月至12月，被告人刘某某根据张某提供的收件人信息、购物发票等材料，通过网络平台多次帮助张某申报从泰国邮寄入境、由DHL承运的国际快件。

1. 2020年12月11日，被告人刘某某申报从泰国邮寄入境的DHL国际快件，内容为“运动鞋2双”，收件地址为×，收件人为雷某。同年12月23日，海关缉私分局在该快件内的运动鞋鞋底内部查获疑似毒品，经称量和鉴定，疑似毒品系氯胺酮，净重146.79克。

2. 2020年12月15日，被告人刘某某申报从泰国邮寄入境的DHL国际快件，内容为“运动鞋 2 双”（后更正为 3 双），收件地址为刘某某的居住地址，收件人为刘某某。张某让刘某某收到包裹后再转发至×，张某 1 收。同年 12 月 16 日，海关在该快件内的运动鞋鞋底内部发现疑似毒品。经称量和鉴定，上述疑似毒品系甲基苯丙胺，共计 164.51 克，含量为 77.2%～78.7%。

【裁判结果】

北京市第四中级人民法院于 2022 年 10 月 13 日作出（2021）京 04 刑初 16 号刑事判决：一、被告人刘某某无罪；二、扣押在北京海关缉私局的物品依法予以处理。

宣判后，北京市人民检察院第四分院提出抗诉，被告人刘某某未提出上诉。北京市高级人民法院于 2023 年 12 月 29 日作出（2022）京刑终 97 号刑事裁定：驳回北京市人民检察院第四分院的抗诉，维持原审判决。该案判决现已生效。

【裁判理由】

法院生效裁判认为：在案证据不足以认定被告人刘某某具有走私毒品的主观故意。具体理由如下：第一，无证据证明刘某某在清关过程中实施了逃避海关监管的行为。第二，无证据证明刘某某因清关行为获取了高额或不等值的报酬。第三，刘某某对频繁邮寄、代为清关等行为的辩解具有合理之处，将上述情形作为认定其具有走私故意的理由不妥。第四，刘某某对包裹产生的怀疑尚不足以推定其“明知”包裹内有毒品，且持“放任态度”。第五，本案毒品传递的上下家是母子关系，刘某某出于对母亲的信任，降低甚至消除了对包裹原有的怀疑符合常情常理，具有一定的可信性。第六，公诉机关以《最高人民法院、最高人民检察院、海关总署关于办理走私刑事案件适用法律若干问题的意见》（以下简称《办理走私案件意见》）第六条的规定认定刘某某构成走私毒品罪不妥。综上，在案证据不足以证明被告人刘某某明知是毒品而帮助他人清关，不能认定其有罪。

【案例注解】

走私案件中，广泛存在行为人对其行为的具体对象不明确的情形。一方面，实践中很多走私行为帮助人确未打开走私物品的外包装，不知道行为的具体对象，如导游在出入境时为他人携带物品，或帮助他人办理清关手续，行为人未拆开包裹，仅凭相关人员的语言、行为等对包裹中物品的类别进行判断；另一方面，很多走私案件中缺少证明行为人明知走私对象的直接证据，行为人往往以不明知作为辩解理由。对此，如何把握行为人主观故意的认定标准，已成为司法实践中的难题之一。

本案系走私犯罪主观故意认定中具有典型意义的案件，争议焦点为被告人刘某某主观上是否具有走私犯罪故意。对此，第一种观点认为，被告人刘某某明知包裹内可能藏有违禁品，对此持放任态度，同时依据《办理走私案件意见》第六条，对走私具体对象不明确的不影响具体走私犯罪的构成，被告人构成走私毒品罪，根据涉案毒品数量，应在十年以上量刑。第二种观点认为，被告人刘某某虽客观上实施了走私毒品的行为，但其主观上认识不到包裹内为毒品，仅具有一般的走私犯罪故意，在主客观相一致的范围内，应认定为走私普通货物罪。第三种观点认为，在案证据不足以认定被告人刘某某具有走私犯罪的主观故意，应宣告被告人刘某某无罪。本案在审理中，明确了如下审查思路：

一、走私犯罪主观故意司法认定标准之梳理

走私犯罪均为故意犯罪，对其主观故意的认定，根据《刑法》第十四条第一款，[①] 一般认为，在认识要素上应当以明知走私的具体对象为前提，而后判断在意志要素上其是否对犯罪结果的发生持希望或放任态度。走私犯罪中主观明知是认定主观故意进而认定罪与非罪的焦点，对此，《办理走私案件意见》第五条第一款明确规定，行为人明知自己的行为违反国家法律法规，逃避海关监管，偷逃进出境货物、物品的应缴税额，或者逃避国家有关进出境的禁止性管理，并且希望或者放任危害结果发生的，应认定为具有走私的主观故意。该规定系《刑法》第十四条在走私犯罪中的细化，强调行为人需明知其行为“违反国家法律法规，逃避海关监管”，而对行为违法性的认识一般以对走私具体对象的事实认识为前提。如行为人对其行为的具体对象存在认识错误，自然影响其对行为违法性的判断。以走私毒品罪为例，2007 年《最高人民法院、最高人民检察院、公安部关于办理毒品犯罪案件适用法律若干问题的意见》（以下简称《办理毒品案件意见》）第二条规定，走私毒品主观故意中的“明知”是指行为人知道或者应当知道所实施的行为是走私毒品行为，明确要求故意的认定以行为人明确认识到走私的对象属于毒品范畴为前提；后续《全国法院毒品案件审判工作会议纪要》等规范性文件进一步丰富了毒品犯罪

① 该条规定，明知自己的行为会发生危害社会的结果，并且希望或者放任这种结果发生，因而构成犯罪的，是故意犯罪。

主观故意的推定规则,① 但各项推定规则指向的内容均为“行为人主观上明知行为对象为毒品”。

上述规范的原因在于，一方面，故意中的“明知”以对构成要件事实的认识为基础，而走私的具体对象为构成要件事实的一部分，因而完整的故意中应当包含对走私具体对象的认识；另一方面，违法性认识一般以明确的事实认识为前提，如行为人未认识到行为的具体对象，无法判断行为是否违反相关法律规范，在此情境下行为人应受刑罚处罚的正当性存疑。正如有论者提出的，走私毒品罪中“只要行为人没有认识到行为对象是毒品，就不能构成本罪，这是责任主义的要求”②。

而与上述规范内容不同的是，《办理走私案件意见》第六条规定，关于行为人对其走私的具体对象不明确的案件的处理问题，主观上具有走私犯罪故意，但具体对象不明确的，不影响走私犯罪的构成，应当根据实际的走私对象定罪处罚。即走私犯罪行为人不需要对走私的具体对象有明确的认知，只要具备“走私犯罪故意”，即可按照其客观上的走私对象定罪处罚。

对于如何理解《办理走私案件意见》第六条与走私犯罪中一般犯罪故意认定标准间的差异，以《办理走私案件意见》第六条与上述《办理毒品案件意见》第二条间的关系为例，笔者认为，上述规范虽在法律效力、规范级别上无明显差异，但从对规范内容进行实质解释的角度，后者为在一般情形下对走私毒品罪主观故意认定标准的规定，而前者为在“行为人对其走私的具体对象不明确”这一特殊情形下对走私犯罪主观认定标准的特别规定，既适用于走私毒品罪，也适用于其他走私犯罪。符合特殊情形的，由于前者属于特别规定，应当优先适用。综上，一般情况下，走私犯罪的主观故意以认识到走私的具体对象为前提；但在行为人对其走私的具体对象不明确时，应适用《办理走私案件意见》第六条，以具有“走私犯罪故意”为认定具有主观故意的标准。

二、《办理走私案件意见》第六条中“走私犯罪故意”认定要件之厘清

对于如何理解《办理走私案件意见》第六条中的“走私犯罪故意”，有观点认为，从文义上理解，该规定突破了一般走私犯罪主观故意的认定标准，通过将具体走私罪名中明确认识到走私对象的主观故意认定标准，降低为认识到

① 被告人到案后否认明知是毒品的，应当综合运用在案证据加以证明，必要时可要求检察机关补充提供相关证据。

② 张明楷:《刑法学（下）》，法律出版社 2021 年版，第 1510 页。

“逃避海关监督”这一模糊的“走私犯罪故意”，来缓解司法中的证明难题。此观点立足于各类走私犯罪间行为性质的相似性，认为具有走私故意的即可认定为具有每个具体走私犯罪的主观故意。其核心在于认为，所有走私犯罪中主观故意的性质是相同的、程度是相近的，差异仅为具体内容上的区别，类似于在同类物品中选择 A 或是 B，虽客观上走私的对象不同，但对主观故意的判断和对行为性质的认知均无实质区别。据此，以走私毒品罪为例，即便行为人未认识到走私的对象为毒品，只要其主观上具有走私犯罪的故意（即便仅为走私普通货物、物品的故意），亦不影响走私毒品罪的认定。

对此理解，笔者认为存在两方面问题：一方面，此理解实质上混淆了主观故意认定中的“概括故意”①与“对象认识错误”两种情形；另一方面，此观点未充分考量走私犯罪各罪名间的体系关系，进而忽视了走私行为具体对象的差异对走私故意程度的影响。

（一）概括故意与对象认识错误的区分

主观故意认定中的“概括故意”与“对象认识错误”是两个不同的概念，以走私犯罪为例，前者是指行为人虽然未明确认识到走私的具体对象，但客观上的走私对象能够涵盖在行为人所能认识到的对象范围之内；而后者是对行为对象存在认识错误，客观上的走私对象不在行为人能够认识到的对象范围内，一般只能在故意内容与客观事实重合的限度内认定为轻罪的既遂犯。可见，二者的区别在于，行为人客观上的走私对象是否在行为人主观上所能认识到的对象范围之内。基于主客观相统一原则，《办理走私案件意见》第六条中的“走私犯罪故意”应理解为“概括故意”，即行为人虽然未明确认识到走私的具体对象，但其模糊的故意中包含了走私该对象的故意时，可认定其主观上为故意，进而按照客观上其走私行为的具体对象定罪量刑。

（二）走私犯罪主观故意的体系关系

对于不同的走私对象，行为人主观上均应至少具有“违反国家法律法规，逃避海关监督”的故意，但基于不同罪名间法定刑的显著差异，行为侵害海关秩序及相关公共利益的程度亦存在显著差异，对走私对象的认识不明确，也属于对走私行为性质认识不明确。如走私毒品罪和走私普通物品罪虽均为走私犯罪，但从行为违法性及结果危害性来看，走私毒品进入国境和在合法贸易中仅偷逃部分税款的行为性质和危害程度存在显著差异，相应地，不同走私罪名间行为人主观故意的程度亦有所不同，应根据走私罪名间的体系关系，明确走

① 概括故意属不确定故意的一种，指行为人对于认识的具体内容并不明确，但明知自己的行为会发生危害社会的结果。包括对行为认识不明确、对行为对象认识不明确、对危害结果认识不明确等情形。参见张永红：《概括故意研究》，载《法律科学（西北政法大学学报）》2008 年第 1 期。

私故意间的体系关系。

走私犯罪属类罪名，具体包括规定在《刑法》第一百五十一条的走私武器、弹药罪，走私核材料罪，走私假币罪，走私文物罪，走私贵重金属罪，走私珍贵动物罪，走私珍贵动物制品罪，走私国家禁止进出口的货物、物品罪，规定在第一百五十二条的走私淫秽物品罪、走私废物罪，规定在第一百五十三条的走私普通货物、物品罪，以及规定在第三百四十七条的走私毒品罪，规定在第三百五十条的走私制毒物品罪。上述走私犯罪的共性在于行为方式相同，即违反海关规定、逃避海关监管，违法携带物品进出境；区别在于走私的对象不同。具体而言，上述走私犯罪罪名可以划分为三个类别，根据行为性质的违法性程度从重到轻依次为：第一类为走私违禁品（毒品、武器、弹药、核材料、假币等）及国家禁止进出口的货物、物品（文物、黄金、白银和其他贵重金属，珍贵动物、珍稀植物及其制品，淫秽物品，废物等）；第二类为走私国家限制进出口的货物、物品（按照许可证及额度管理，如原油、钢材等）；第三类为走私普通货物、物品，从物品性质上来看，相关规范对其进出境无禁止或限制性规定，但超过一定数量应缴纳税款，其行为违法性在于应当缴纳超额部分的税款而没有缴纳。

在此基础上，对于《办理走私案件意见》第六条中的“走私犯罪故意”应理解为“概括的走私故意”，即行为人虽对走私对象无明确认知，但客观上的走私对象能够涵盖在行为人所能认识到的对象范围之内的，可认定为其具有故意。如行为人对其实际走私的对象不具有概括故意，则不应适用《办理走私案件意见》第六条，属于“对象认识错误”的，可分为两种情形：其一，行为人误认为行为对象为其他走私犯罪规制对象的，应结合上述走私犯罪间的体系关系，在主客观相一致的范围内予以认定，一般认定为轻罪；其二，行为人认识不到行为对象为走私犯罪规制的对象的，不具有走私故意，应当宣告无罪。

三、走私犯罪主观故意认定路径之明确

走私案件中，在缺少直接证据认定行为人的主观故意时，需综合在案证据对行为人是否存在走私故意、存在何种类型的走私故意进行认定。在认定中，一方面，需要明确主观故意认识要素中“可能”的限度；另一方面，需要细化明知的认定要素，以此为基础对证据进行综合判断。

（一）走私犯罪主观故意认识要素中“可能”的限度

在对行为人主观的判断中，间接故意与过于自信的过失在认识要素上，均为行为人认识到其行为存在侵害法益的可能，在实践中极易混淆。本案中，被告人在供述中多次提到，其“怀疑”母亲邮寄行为的合法性，但此处的“怀

疑”在程度上和间接故意中行为人认识到的“可能”是完全不同的。对侵害法益可能的认知需要以一定的客观因果律作为依据，而间接故意与过失的核心区别在于“与对客观风险的认知、估算或判断有关”①。间接故意中的“可能”表明行为人能认识到其行为大概率上（即至少存在50%的可能）会侵害法益，进而放任其发生，反映了行为人对法益的积极蔑视的态度，而不是过失中因损害结果发生概率较低而反映出的消极不保护的态度，否则任何有一定风险的行为都可能演变为故意犯罪。相应地，行为引起损害后果的可能属于小概率的，一般属于过失。如在交通肇事罪和以危险方法危害公共安全罪的区分中，对于行为人对危害公共安全的结果其主观上是具有故意还是过失的判断上，主要依据不同违反交通法规的行为在导致人身、财产损害的可能性上的区分。对于因一般的违章行为引发的交通事故，如行为人醉酒或超速等，行为人在主观上一般认定为过失，是因为一般违章行为导致交通事故的比例不高。而对于“在肇事后继续驾车冲撞，造成重大伤亡”等行为，由于已经发生了交通事故，说明驾驶人员的驾驶能力已明显受到影响，同时“驾车冲撞”极易导致事故发生，因而对于此类行为，足以认定行为人主观上对于危害公共安全持放任态度。综上，间接故意中的“可能”表明行为人在认识要素上能认识到其行为大概率会侵害法益，才有进一步判断意识要素的空间，而如实施的行为本身引发损害结果的可能性较低，行为人即可以此作为赖以“轻信”的依据，进而认定行为人在主观上存在过失。

（二）走私犯罪主观故意中明知的认定要素

如上所述，可以进一步明确本案的核心焦点在于：根据在案证据，是否可以认定被告人具有走私犯罪的故意，即被告人能否认识到邮件中的物品大概率为走私犯罪规制的对象？如是，则需进一步判断其是否具有走私毒品的故意；如否，则不构成走私犯罪。对此笔者认为，可从行为异常性、合理性、可罚性三方面对在案证据予以综合认定。

第一，从正向要素，即行为的异常性来看，本案中值得怀疑的异常因素包括：其一，邮寄的鞋并不是知名品牌，国际运费和清关费高于运动鞋本身价值，且快递中存在寄了同只鞋的情况。其二，频繁邮寄、实际收件人未亲自办理清关等明显不符合常理。

第二，从反向要素，即行为的合理性来看，本案中存在一定的合理因素，包括：其一，被告人刘某某在清关中使用的均为真实信息，亦按照清关流程进行申报，没有实施伪报、瞒报等逃避海关监管的行为。其二，被告人刘某某在行为中几乎无获利。一般而言，高风险对应着高获利，如果被告人在每次帮助

① 劳东燕：《犯罪故意理论的反思与重构》，载《政法论坛》2009年第1期。

清关后会获得高额报酬，那就可以说明其可以推测出邮寄物品存在不合法的风险，但本案中被告人每次仅收到十几元或几十元的红包，且发生于其与母亲之间。其三，邮寄的鞋国内没有售卖渠道，即便从国外邮寄费用较高，有些人感觉不是很值得，但个人喜好是无法用价格来衡量的。其四，邮寄物品多次经过海关而正常出关，对其行为的合法性本身是一种背书，被告人对行为合法性的信赖是逐步增加的。其五，一般而言，母亲不会以孩子作为犯罪工具，使其担负风险，因而母子关系间的信赖也可以消除被告人刘某某的部分疑虑。

在此基础上，把行为的上述异常性和合理性放到天平的两端，可以看出，本案中合理性是明显高于异常性的。同时在行为期间，被告人就行为的合法性多次询问其母亲，其怀疑在多次得到具有一定合理性的答案后在一定程度上被抵消，因而可以认为被告人在认识要素上对包裹中为走私犯罪规制对象的可能性的判断是小概率的，不足以认定其主观上具有走私故意的明知。

第三，从程度要素，即行为的可罚性来看，被告人刘某某客观上并未实施伪报、瞒报等逃避海关监管的行为，作用上仅为他人走私毒品行为提供帮助；主观上，行为人实施帮助行为的初衷主要是为了帮母亲的忙，每次少量的获利并不足以成为其负担这么大风险的理由，且无证据证明其主观上明知邮寄物品中含有毒品，因而从可罚性的角度，其行为尚不具有适用刑罚的必要性。

综上，被告人刘某某虽在客观上实施了帮助走私毒品的行为，但在主观上不具有走私犯罪的故意，应宣告无罪。

（**一审法院合议庭成员** 王 靖 张 勇 赵锦光
二审法院合议庭成员 万 兵 任卫国 齐亚楠
编写人 北京市第四中级人民法院 江珞伊
责任编辑 周维明
审稿人 刘树德）

王某交通肇事案

——逃逸作为加重情节的认定

关键词：刑事　交通肇事　逃逸　情节加重犯　罚当其罪

【裁判要旨】

被告人因交通违法行为与逃逸行为被认定负事故全部责任的，经审查认定被告人逃逸之外的行为足以承担事故全部责任，逃逸行为应当评价为交通肇事后逃逸。

【相关法条】

《中华人民共和国刑法》

第一百三十三条　违反交通运输管理法规，因而发生重大事故，致人重伤、死亡或者使公私财产遭受重大损失的，处三年以下有期徒刑或者拘役；交通运输肇事后逃逸或者有其他特别恶劣情节的，处三年以上七年以下有期徒刑；因逃逸致人死亡的，处七年以上有期徒刑。

《最高人民法院关于审理交通肇事刑事案件具体应用法律若干问题的解释》

第二条　交通肇事具有下列情形之一的，处三年以下有期徒刑或者拘役：

（一）死亡一人或者重伤三人以上，负事故全部或者主要责任的；

……

交通肇事致一人以上重伤，负事故全部或者主要责任，并具有下列情形之一的，以交通肇事罪定罪处罚：

……

（六）为逃避法律追究逃离事故现场的。

第三条　“交通运输肇事后逃逸”，是指行为人具有本解释第二条第一款规定和第二款第（一）至（五）项规定的情形之一，在发生交通事故后，为逃避法律追究而逃跑的行为。

【案件索引】

一审：重庆市南岸区人民法院（2019）渝0108刑初741号（2019年8月14日）

二审：重庆市第五中级人民法院（2019）渝05刑终879号（2019年12月4日）

再审：重庆市高级人民法院（2020）渝刑再2号（2021年12月23日）

【基本案情】

重庆市南岸区人民检察院指控：2019年5月12日晚，被告人王某在南岸区多处地方连续饮酒。次日3时38分许，被告人王某酒后驾驶小型普通客车，未开车灯和雨刮器（案发当晚下大雨），从南岸区某立交桥沿腾某路往洋某街方向行驶，当行至腾某路某小区路段时，该车以43公里/小时的速度，将正行走在人行横道线之上的被害人李某某撞飞。李某某腾空落地后，被该车左车轮碾压并被继续拖行约两分钟，行驶距离1.3公里，最后李某某掉落在洋某街某商店附近地上。之后，被告人王某将车停至洋某街某公园附近并逃逸。2019年5月13日5时48分许，洋某街保安詹某发现被害人李某某的尸体并报警。经重庆市公安局南岸区分局物证鉴定所鉴定认为，被害人李某某符合因机械性暴力致胸腔脏器损伤死亡，其损伤交通事故可以形成。被告人王某构成交通肇事罪，且系交通肇事后逃逸，提请依法判处。

被告人王某对指控的事实和罪名均无异议，辩护人提出王某案发后委托亲属代为赔偿被害人亲属经济损失，取得被害人亲属谅解，有自首情节，请求对王某从轻判处并宣告缓刑。

法院经审理查明的事实与检察院指控的事实基本一致。

2019年5月13日下午，王某到其停车地点未发现自己车辆，遂到交巡警平台和附近派出所报警，后被民警于派出所内抓获。

案发后，王某委托亲属赔偿被害人李某某近亲属共计674575元。被害人亲属对王某表示谅解。经重庆市安心司法鉴定中心鉴定，肇事车辆的前照明和刮水器装置及行驶、传动、转向和制动系统性能有效，该车在事发时的行驶速度应为43km/h。重庆市公安局南岸区分局交通巡逻警察支队认定，王某承担此次事故的全部责任。李某某无导致事故发生的违法行为。

【裁判结果】

重庆市南岸区人民法院于2019年8月14日作出（2019）渝0108刑初741号刑事判决：被告人王某犯交通肇事罪，判处有期徒刑三年。

宣判后，被告人王某不服，提出上诉。重庆市第五中级人民法院于2019年12月4日作出（2019）渝05刑终879号刑事判决：一、维持重庆市南岸区人民法院（2019）渝0108刑初741号刑事判决对王某的定罪部分，即上诉人王某犯交通肇事罪；二、撤销重庆市南岸区人民法院（2019）渝0108刑初741号刑事判决对王某的量刑部分，即以交通肇事罪判处被告人王某有期徒刑三年；三、上诉人王某犯交通肇事罪，判处有期徒刑一年。

二审判决发生法律效力后，重庆市人民检察院向重庆市高级人民法院提出抗诉。重庆市高级人民法院于2021年12月23日作出（2020）渝刑再2号刑事判决：一、撤销重庆市第五中级人民法院（2019）渝05刑终879号刑事判决；二、维持重庆市南岸区人民法院（2019）渝0108刑初741号刑事判决。

【裁判理由】

法院生效裁判认为：原审被告人王某违反交通运输管理法规，酒后驾车发生重大交通事故，致一人死亡并逃逸，负事故的全部责任，其行为已构成交通肇事罪。原二审判决将交通肇事后逃逸的情节作为交通肇事罪入罪要件予以改判不当。原一审判决认定事实清楚，适用法律正确，在综合全案情节后作出的量刑适当，应予维持。

【案例注解】

一、焦点问题、由来及不同裁判思路

（一）焦点问题

《刑法》第一百三十三条规定："违反交通运输管理法规，因而发生重大事故，致人重伤、死亡或者使公私财产遭受重大损失的，处三年以下有期徒刑或者拘役；交通运输肇事后逃逸或者有其他特别恶劣情节的，处三年以上七年以下有期徒刑；因逃逸致人死亡的，处七年以上有期徒刑。"2000年《最高人民法院关于审理交通肇事刑事案件具体应用法律若干问题的解释》（以下简称《交通肇事刑事案件司法解释》）第三条规定，"交通运输肇事后逃逸"，是指

行为人具有该解释第二条第一款规定和第二款第一项至第五项规定的情形之一，在发生交通事故后，为逃避法律追究而逃跑的行为。即交通肇事后逃逸系交通肇事罪的加重情节。在有逃逸情节的交通事故中，交通事故认定书通常将肇事行为与逃逸行为一并论述后得出行为人承担全部责任的结论。审理该类案件需要对逃逸行为是入罪要件还是加重情节进行具体判断。

（二）问题的由来及不同的裁判思路

该问题来源于两个方面：一是对道路交通事故认定书性质的认识差异。有观点认为，道路交通事故认定书是国家机关出具的书证，属于刑事诉讼证据的法定种类。其中的行政责任划分并不等同于被告人的刑事责任，并非被告人责任的最终认定。因此，应当根据全案证据认定被告人实施了何种交通违法行为，导致交通事故发生和被害人伤亡的结果，再判断逃逸行为属于入罪要件还是加重情节。也有观点认为，刑事法官相对于交通运输管理行政人员并不具有责任认定的专业能力，道路交通事故认定书是专业人员根据专门法律法规的条件、程序，经事实调查作出，具有相应的约束力，没有相反理由时应当予以采信。具体到本案，交通运输管理部门都无法作出“抛开逃逸行为，之前的肇事行为足以让肇事者承担事故全部责任”的判断，更何况由并非认定事故责任专业的法官来作出判断。二是对交通肇事刑事审判理念的认识存在差异。有观点认为，刑事审判应当秉持谦抑理念。具体到交通肇事罪，由于刑事法官对事故责任认定不具备专业性，将逃逸认定为加重情节应当十分慎重。也有观点认为，交通肇事罪特别强调对逃逸行为的否定性评价，这与《道路交通安全法》等行政管理法律法规规定行为人在发生交通事故后应当保护现场、救助伤者，一旦逃逸则推定全责的立法目的是一致的。为体现立法目的和正向引导，该类案件应当首先对逃逸前的肇事行为进行审查判断。即判断的顺序是根据法定刑从高到低进行：先看是否构成“逃逸致人死亡”，再看是否构成“交通肇事后逃逸”，最后才是将逃逸行为作为入罪要件。

由于上述认识上的差异，在被告人因交通肇事行为和逃逸被判全责的案件中存在着三种不同的裁判结果：一是逃逸行为系承担全部责任的要素之一，全案认定为交通肇事罪，在有期徒刑三年以下量刑；二是逃逸前的肇事行为构成交通肇事罪，逃逸系肇事后逃逸，在有期徒刑三年至七年间量刑；三是逃逸致人死亡，在有期徒刑七年以上量刑。故有必要对其加以探讨，以促进统一裁判思路。

二、本案裁判思路及论证

本案的裁判思路是先审查判断被告人逃逸之外的肇事行为是否足以构成交通肇事罪，再认定逃逸行为是否构成肇事后逃逸。下文根据案情，从法律规定和法理阐释的进路对本案的裁判思路进行分析论证。

（一）人民法院应当且能够对被告人逃逸之外的行为是否负主要或者全部责任作出判断

《交通肇事刑事案件司法解释》第二条第一款第一项规定，交通肇事具有下列情形之一的，处三年以下有期徒刑或者拘役："死亡一人或者重伤三人以上，负事故全部或者主要责任的。"据此，要判断逃逸行为是入罪要件还是加重情节，首先需要解决前提性问题：逃逸之外的交通违法行为是否足以让被告人承担事故主要或者全部责任。法院应当且能够对此作出判断的理由有三：(1) 基于司法解释的明文规定。《交通肇事刑事案件司法解释》第一条规定，从事交通运输的人员或者非交通运输人员，违反交通运输管理法规发生重大交通事故，在分清事故责任的基础上，对于构成犯罪的，依照《刑法》第一百三十三条的规定定罪处罚。据此，分清事故责任是法院审理交通肇事刑事案件对被告人作出有罪判决的先决条件。(2) 基于道路交通事故认定书的证据属性。《道路交通安全法》第七十三条规定，公安机关交通管理部门应当根据交通事故现场勘验、检查、调查情况和有关的检验、鉴定结论，及时制作交通事故认定书，作为处理交通事故的证据。据此，道路交通事故认定书的属性是技术性证据，法院可以依照《刑事诉讼法》的规定审查判断证据，不必然受公安交通管理部门责任判断的拘束。这在其他业务过失类犯罪的责任认定中得到印证。如 2011 年《最高人民法院关于进一步加强危害生产安全刑事案件审判工作的意见》第四条指出，法院要根据事故原因、过错大小等多种因素划分责任；第六条指出，相关职能部门的调查认定经质证后结合其他证据可以作为责任认定的依据。(3) 基于交通事故责任认定的规则。2017 年公安部《道路交通事故处理程序规定》第六十条规定："公安机关交通管理部门应当根据当事人的行为对发生道路交通事故所起的作用以及过错的严重程度，确定当事人的责任。 （一）因一方当事人的过错导致道路交通事故的，承担全部责任……"据此，事故责任实质是当事人的过错行为、过错行为与事故之间的原因力。在交通事故由一方当事人交通违法行为造成，该当事人在发生事故后逃逸，他方当事人没有任何交通违法行为时，法院完全可以参照该部门规章认定一方当事人负全部责任。

（二）基于交通肇事罪的逻辑结构和立法目的，对逃逸行为应优先进行"逃逸致人死亡"或"肇事后逃逸"的判断

《刑法》分则在描述某一罪状时通常使用的方式是，某行为造成某种结果（危险）时，判处基本刑罚；情节或结果严重时，判处较重刑罚；情节或者结果特别严重时，判处更重刑罚。根据构成要件作为违法类型的原理，作为加重情节或加重结果并未改变基本行为的实质。例如，抢劫罪的 8 种加重情节中的

入户抢劫或抢劫致人重伤、死亡，只是增加了抢劫行为的处所和后果，并未超出抢劫行为暴力或者胁迫的实质。而从交通肇事罪的三种行为看，交通肇事逃逸行为仅仅是犯罪后行为，并不是之前交通肇事行为的情节，也未增加之前行为所造成的后果。再看逃逸致人死亡，现实中完全存在逃逸前被害人并未死亡且有可能行为人无责、次责而不构成交通肇事罪的情况。这说明了行为人因肇事后逃逸而承担了更重的刑事责任，并非因为逃逸行为加重了肇事行为的危害；而逃逸致人死亡更不需要以逃逸前的肇事行为够罪为前提。

这种规定的特殊性原因何在？结合交通运输的相关法律法规要求，行为人在发生交通事故后必须停车检查、保护现场、履行救助义务，可以合理推知刑法针对交通肇事罪的特殊规定是从保障法的角度强化对交通事故受害人的救助义务。这要求如案件存在逃逸情况的，需要考虑是肇事后逃逸还是逃逸致人死亡，优先考虑是否有可能适用第二、三档法定刑，以体现立法救助的目的。

（三）行政责任与刑事责任的差别决定了应当对逃逸前的行为是否够罪进行实质判断

《交通肇事刑事案件司法解释》第二条第二款第六项规定了交通肇事致一人以上重伤，负事故全部或者主要责任，并具有为逃避法律追究逃离事故现场的情形的，以交通肇事罪定罪处罚。第三条规定，“交通运输肇事后逃逸”，是指行为人具有该解释第二条第一款规定和第二款第一项至第五项规定的情形之一（即入罪），在发生交通事故后，为逃避法律追究而逃跑的行为。《交通肇事刑事案件司法解释》关于肇事后逃逸的解释与《刑法》一致。这说明，逃逸行为只在造成一人以上重伤且负全责或者主要责任时才作为入罪要件，不存在入罪要件与加重情节之重叠或交叉。

本案的争议焦点是事故责任的判断。责任判断是《交通肇事刑事案件司法解释》细化交通肇事罪构成要件后规定的入罪要件。根据《道路交通安全法》《道路交通安全法实施条例》《道路交通事故处理程序规定》等有关规定，行为人发生道路交通事故后逃逸的，依法承担全部责任。通常认为，该责任是行政责任，与审理交通肇事刑事案件中判定被告人是否承担刑事责任之间并不存在充要条件关系。交通肇事后逃逸存在两种情形：第一种情形是因逃逸导致无法查清交通事故原因，只能依逃逸推定全部责任；第二种情形是能够查清交通违法行为直接导致死伤后果，通过该行为足以判定事故全部责任，而后行为人还存在逃逸行为。以《交通肇事刑事案件司法解释》第二条第一款第一项规定的“死亡一人或者重伤三人以上，负事故全部责任或者主要责任”为例，如果不根据交通肇事罪的构成要件对逃逸前的交通违法行为进行实质判断，从形式上将涉及逃逸行为的交通事故认定书中的责任认定嫁接到该款规定的责任，那么对于第一种情形，将会造成人为升格，不当入罪：行为人没有交通违法行为，或者其交通违法行为与重伤、死亡结果之间无因果关系，行为人本不应当承担主要或者全部责任，却因逃逸而入罪。对于第二种情形，将会造成量刑过轻，放纵犯罪：行为人逃逸前的交通违法行为足以导致事故发生和伤亡后果，已经符合第一个量刑档次要求的所有要件，现因逃逸被判定全责，已将逃逸在第一个刑档内评价，全案不能在第二个刑档内处罚，罚不当罪。

解决上述问题应坚持在事实清楚、证据充分的基础上，剥离逃逸行为后，按照交通肇事罪的构成要件要素，判断是否存在违反交通运输管理法规的行为、行为与后果之间有无因果关系，得出结论后再将逃逸行为放进去判断。

（四）交通违法行为与逃逸并存时责任认定的特殊性决定了必须对逃逸前的行为是否够罪进行实质判断

为了确保对交通违法行为行政处罚的周延性，《道路交通安全法》第七十三条以及《道路交通事故处理程序规定》第六十条、第六十一条等规定，公安交通管理部门既要全面查清行为人主观上有无过错、有无交通违法行为，交通违法行为对事故所起的作用（原因力），在事实清楚、证据确实充分的基础上划分责任，又要在行为人交通肇事后逃逸，破坏现场，毁灭、伪造证据时依法推定行为人全责。

道路交通事故的责任认定采取“证据认定＋事实推定”模式，存在三种情形：一是单纯根据交通违法行为的证据认定；二是逃逸推定；三是既有交通违法行为的证据认定，又有逃逸推定。对于第一种情形，如无程序瑕疵或反证，且与在案其他证据无矛盾，原则上采纳公安交通管理部门的责任认定。对于第二种情形，因为存在行为人事实上无责、次要责任、意外事件等可能性，根据存疑有利于被告人原则，应当严格审查证据，不能完全依照交通事故责任认定书的意见处理。第三种情形因包含两种不同性质的责任认定方式，存在“行为人逃逸前的交通违法行为导致发生交通事故”的可能性。事故处理前端的公安交通管理部门不能断定“如果剥离逃逸行为，根据逃逸前的交通违法行为能否判断行为人负全责或主责”，但后端刑事审判对该问题无法回避，本案就属于该种情形。

需要说明的是，《最高人民法院公报》2017 年第 6 期刊载了安徽颍上县人民检察院诉龚某某交通肇事案。该案的裁判摘要是：交通肇事案件中，已经作为入罪要件的逃逸行为，不能再作为对被告人加重处罚的量刑情节而予以重复评价。但该裁判要旨适用的前提条件是认定了逃逸行为已经作为入罪要件，并未涵盖本案所涉及的问题：当其他交通违法行为与逃逸行为并存，交警部门依照《道路交通安全法实施条例》第九十二条等条款判定行为人全责，此时逃逸行为只能认定为入罪要件吗？根据前述分析，答案显然是否定的。“作为入罪要件的逃逸行为不能重复评价为加重处罚情节”，不能等同于“凡交通事故认定书援引了逃逸条款的，逃逸行为只能作为入罪要件”。本案的裁判思路和结论与前述公报案例之间并无任何矛盾，而且是对该案例的裁判要旨的进一步深化拓展。

（五）逃逸承担全责的依据能够支持交通违法行为与逃逸行为并存时应对逃逸行为的性质作实质判断

逃逸负全责的法理基础有二：一是行为人的证据提出义务，即《道路交通安全法》明确规定行为人在发生交通事故时拥有必须保护现场、救助伤者的义务（不得逃逸），而行为人违背上述义务逃离现场，则通过事实推定反向促使行为人提出无责或轻责的证据。事实推定的基础是行为人肇事后逃逸，大概率存在主观过错和违法行为导致发生交通事故，行为人出于逃避法律制裁的本能而逃逸。二是人道救助义务。通过凡逃逸必全责，反向督促行为人在发生交通事故后积极履行救助义务，减少人员伤亡与财产损失。

行为人的证据提出义务与剥离逃逸后对其他交通违法行为进行实质判断的关联在于，在交通事故事实清楚、证据确实充分，可以查清违法行为与原因力时不能进行推定。本案的特殊性在于存在能够证实交通事故过程的监控视频以及被告人连续饮酒后驾车、被害人当时精神状态无任何异常的证据。监控视频显示被害人正常行走过马路，本身无任何过错或异常之处，而被告人夜间连续饮酒后驾车且未开车灯雨刮，遇行人过马路未作任何避让，将被害人撞飞后卷入车辆底盘拖行后弃车逃跑。这系列行为分别违反《道路交通安全法》第九十条、第四十七条、第七十条等保护他人权益的交通安全规范。按照道路交通事故责任认定规则，可以判定被告人交通违法行为是导致发生交通事故且被害人死亡的全部直接原因，被告人应当承担全部责任。

人道的救助义务与剥离逃逸后对其他交通违法行为进行实质判断的关联在于，《刑法》对交通肇事罪设置了三个递进刑档以及《道路交通安全法》规定逃逸全责，向道路交通参与者和社会公众传导“逃逸应当比不逃逸判刑更重”的常情常理常识。正面传导作用是肇事后逃逸让被害人陷入危险境地，丧失救助的机会，比起单纯的肇事，逃逸具有更大的社会危害性；反面传导作用是通过逃逸加重处罚促使行为人不逃逸，及时履行救助义务。这要求除了逃逸是判断行为人全责的唯一情节外，只要交通事故中其他交通违法行为与逃逸行为并存，就应当对逃逸行为是入罪要件还是加重情节进行实质判断，在量刑上体现正面导向。本案如果按照原二审判决的思路处理，根据有关量刑规范化的规定，造成一人死亡的在二年以下确定基准刑，考虑到被告人完全赔偿被害人家属经济损失并获得谅解，宣告刑在一年有期徒刑左右。如果按照原一审判决和再审判决的思路处理，交通肇事致人死亡后逃逸，没有减轻处罚的事由，尽管被告人方赔偿损失获得了谅解，但其情节恶劣，应当在有期徒刑三年以上量刑。两相比较，原一审判决和再审判决传导了“逃逸应当比不逃逸判刑更重”的正面信息，有利于引导行为人在交通肇事后及时履行救助义务，体现了公平诚信的社会主义核心价值观。

（**一审法院合议庭成员** 陈强华 陈文平 曾亚玲
二审法院合议庭成员 洪 涛 江 玲 马成楷
再审法院合议庭成员 郭洪波 李兴华 熊攀峰
编写人 重庆市第五中级人民法院 林栩塑
责任编辑 周维明
审稿人 刘树德）

王某某盗窃案

——盗窃彩票案件的定性及犯罪数额与犯罪形态的认定

关键词：刑事　盗窃　彩票　犯罪数额　犯罪形态

【裁判要旨】

彩票系不记名、不挂失的有价凭证，可以成为盗窃罪的犯罪对象。在办理盗窃彩票案件时，不能简单地将票面金额与中奖奖金相加，还应当考查盗窃行为实施的时间以及行为人的主观心态，并考虑是否存在犯罪未遂或犯罪中止形态。

【相关法条】

《中华人民共和国刑法》

第二百六十四条　盗窃公私财物，数额较大的，或者多次盗窃、入户盗窃、携带凶器盗窃、扒窃的，处三年以下有期徒刑、拘役或者管制，并处或者单处罚金；数额巨大或者有其他严重情节的，处三年以上十年以下有期徒刑，并处罚金；数额特别巨大或者有其他特别严重情节的，处十年以上有期徒刑或者无期徒刑，并处罚金或者没收财产。

《最高人民法院、最高人民检察院关于办理盗窃刑事案件适用法律若干问题的解释》

第五条第一项　盗窃有价支付凭证、有价证券、有价票证的，按照下列方法认定盗窃数额：

（一）盗窃不记名、不挂失的有价支付凭证、有价证券、有价票证的，应当按票面数额和盗窃时应得的孳息、奖金或者奖品等可得收益一并计算盗窃数额；

【案件索引】

一审：浙江省杭州市中级人民法院（2023）浙01刑初46号（2023年9月5日）

二审：浙江省高级人民法院（2023）浙刑终209号（2024年1月4日）

【基本案情】

浙江省杭州市人民检察院指控：（1）2022年12月17日凌晨，被告人王某某在杭州市西湖区学院路某酒店门口，盗窃被害人梅某某车内现金人民币13000元。（2）2022年12月31日凌晨，被告人王某某在杭州市拱墅区某酒店门口，盗窃被害人周某某车内现金人民币6000元，黄鹤楼牌香烟、黄金叶牌香烟各一条。（3）2023年1月9日凌晨，被告人王某某在杭州市西湖区学院路某酒店地下停车场，拉开车门盗窃被害人崔某某大众牌汽车内的现金300元以及一张中奖的不记名彩票。后王某某于2023年1月9日将上述彩票在浙江省体育彩票管理中心兑奖，该彩票奖金人民币1017064元，扣税后到账人民币813651.2元。

被告人王某某及其辩护人辩称：（1）关于起诉书第三节事实，王某某盗窃当时不知道窃得财物里有彩票，即使知道有彩票，也无法预见彩票中奖的情况，其对彩票不具有利益期待，窃得中奖彩票超出王某某的主观故意，应属意外事件，故彩票中奖金额不应计入盗窃犯罪数额；（2）彩票中奖概率极低，价值极不固定，彩票不应属于有价票证；（3）即使认定王某某盗窃彩票的行为构成犯罪，也应考虑其取得彩票及彩票中奖具有极大偶然性等特殊情况。综上，请求对王某某从轻、减轻处罚。

法院经审理查明：（1）2022年12月17日凌晨，被告人王某某在杭州市西湖区学院路50号某酒店门口，从被害人梅某某车内窃得现金人民币38000元。（2）2022年12月31日凌晨，被告人王某某在杭州市拱墅区某酒店门口，从被害人周某某车内窃得现金人民币6000元左右及香烟两条。（3）2023年1月9日凌晨，被告人王某某在杭州市西湖区学院路50号某酒店地下停车场，从被害人崔某某车内窃得现金人民币300元左右及三张彩票，其中一张彩票系中奖彩票。同日，王某某将该中奖彩票在浙江省体育彩票管理中心兑奖，奖金人民币1017064元，扣税后到账人民币813651.2元，王某某随即消费部分钱款。案发后，侦查机关将王某某银行账户内的奖金余额人民币762792.2元发还给崔某某。侦查机关另从王某某处扣押退赔款人民币1.2万元、随身携带的现金人民币 427 元等物，并冻结王某某的财付通、支付宝账户。

【裁判结果】

浙江省杭州市中级人民法院于 2023 年 9 月 5 日作出（2023）浙 01 刑初 46 号刑事判决：王某某犯盗窃罪，判处有期徒刑十年六个月，剥夺政治权利一年，并处罚金人民币 10 万元。

宣判后，被告人王某某提出上诉。浙江省高级人民法院于 2024 年 1 月 4 日作出（2023）浙刑终 209 号刑事裁定：驳回上诉，维持原判。

【裁判理由】

法院生效裁判认为：彩票属于不记名的无因有价证券，其价值包括购买价格和中奖奖金的价值两部分。王某某窃得崔某某轿车内的彩票，回到住处后立即上网查询彩票中奖情况，得知其中一注彩票中奖金额为 101 万元。此时王某某并未因奖金数额特别巨大而产生放弃或者返还财物之意，而是认为失主可能不知道彩票中奖，随即邀请自己的亲属帮助兑奖并消费部分奖金，王某某将中奖奖金据为己有的故意非常明确，故应当将彩票中奖金额计入王某某的盗窃数额。

【案例注解】

被告人王某某盗窃彩票后，发现彩票中奖，随即持彩票前往体彩中心兑奖。对于该行为如何定性以及犯罪数额如何认定等问题，法院在审理过程中存在争议。一种观点认为，彩票不属于有价支付凭证，也不属于有价证券或有价票证，不能适用 2013 年施行的《最高人民法院关于办理盗窃刑事案件适用法律若干问题的解释》（以下简称 2013 年《办理盗窃案件解释》）第五条第一项中有关盗窃不记名、不挂失的有价支付凭证、有价证券、有价票证的规定。而且，即使适用上述规定，王某某在盗窃彩票时并不知道该彩票已经中奖，窃得彩票后盗窃行为即已完成，之后的兑奖行为不属于盗窃行为的延续，故所兑奖金不能计入盗窃数额中去，只能按照彩票的票面价值来计算盗窃数额。另一种观点认为，彩票在性质上属于 2013 年《办理盗窃案件解释》中的有价支付凭证，盗窃彩票后的兑奖行为属于盗窃行为的自然延续，且王某某对彩票中奖奖金持积极追求的态度，故应当将兑奖后的奖金与票面金额一并计入盗窃数额。

笔者同意上述第二种意见，理由分析如下：

一、从《刑法》及相关法律文件的规定来看，彩票在性质上属于有价支付凭证，可以成为盗窃罪的犯罪对象

盗窃罪的对象是“财物”，既包括有体物、无体物，也包括能够代表一定财产权益的有价凭证，如有价支付凭证、有价证券、有价票证等。对此，2013年《办理盗窃案件解释》第五条规定：“盗窃有价支付凭证、有价证券、有价票证的，按照下列方法认定盗窃数额……”那么，彩票究竟属于上述哪一类权利凭证呢？首先，彩票不属于“有价票证”。根据《刑法》第二百二十七条第一款关于伪造有价票证罪的规定，该罪的犯罪对象系“有价票证”，包括车票、船票、邮票以及其他有价票证。这里的“其他有价票证”应当与“车票、船票、邮票”具有同一属性，即由有关部门统一发行和管理、能够证明持票人已付出票面标明金额的货币，从而有权要求相关部门提供一定服务的票证，如机票、球票、戏票、电影票、景点门票、博物馆门票等。彩票虽然是由有关部门统一发行和管理且具有一定面额，但其所体现的内容并非提供一定服务，故不宜认定为“有价票证”。其次，也不宜将彩票认定为“有价证券”。因为“有价证券”是一种能够为持券人带来股息或者利息收入的所有权和债权证书，主要形式包括股票和债券，而彩票并不能给持票人带来股息或利息收入。那么，彩票能否认定为“有价支付凭证”呢？答案是肯定的。国务院发布的《彩票管理条例》第二条第一款规定：“本条例所称彩票，是指国家为筹集社会公益资金，促进社会公益事业发展而特许发行、依法销售，自然人自愿购买，并按照特定规则获得中奖机会的凭证。”而在此之前财政部发布的原《彩票发行和销售管理暂行规定》（已失效）第二条则规定得更加明确：“彩票是国家为支持社会公益事业而特许专门机构垄断发行，供人们自愿选择和购买，并按照事前公布的规则取得中奖权利的有价凭证。”同样，民政部原《中国福利彩票管理办法》第二条亦规定：“本办法所称福利彩票，是指以筹集社会福利资金为目的而发行的，印有号码、图形或文字供人们自愿购买并按特定规则确定购买人获取或不获取奖金的有价凭证。”

二、在办理盗窃彩票案件时，不能简单地将票面金额与中奖奖金累加，还应当考查实施盗窃行为的时间以及行为人的主观心态，并考虑是否存在犯罪未完成形态

盗窃罪属于数额犯，盗窃数额的多少是衡量行为社会危害性的重要因素，决定着盗窃行为的罪与非罪、量刑档次以及犯罪形态认定等问题。不同于其他实体财物，彩票在性质上属于能够代表一定财产权益的有价凭证。

在盗窃有价凭证的场合，计算盗窃数额时首先需要考虑有价凭证的种类。其中，记名、可挂失的有价凭证始终处于权利人和相关部门的共管状态，行为人窃得此类有价凭证并不意味着已经占有控制相应钱款，被害人仍然可以通过挂失、补领等方式来避免损失。为此，2013 年《办理盗窃案件解释》第五条第二款规定，只能将已经兑现的部分计入盗窃数额，没有兑现的部分，不能计入盗窃数额。作为例外，如果被害人无法避免损失的，损失部分则应当计入盗窃数额。而在盗窃不记名、不挂失有价凭证的场合，行为人在窃得此类有价凭证之后，被害人就失去了对凭证上所记载财物的支配与控制权，无法通过挂失、补领等方式来避免损失，故应当直接将票面金额及可得利益一并计入盗窃数额。盗窃有价凭证的犯罪数额不仅与凭证的种类有关，还与实施盗窃行为的时间息息相关。不同于其他价值相对确定的财物，有价凭证的价值因存在孳息、奖金或者奖品等可得收益而具有不确定性，在计算盗窃数额时首先需要确定一个基准日。对此，最高人民法院于 1998 年发布的《关于审理盗窃案件具体应用法律若干问题的解释》（以下简称原《98 年解释》，现已失效）将“案发时”作为计算盗窃数额的基准日。① 然而，按照刑法理论通说，行为的社会危害性是指行为实施之时的社会危害性，故作为衡量行为社会危害性重要因素的犯罪数额，也应当以犯罪行为实施之时作为计算基准日。② 为此，2013 年《办理盗窃案件解释》③ 将“案发时”修改为“盗窃时”。据此，如果行为人盗窃的是已经中奖的彩票，由于奖金数额在当时即已经确定，故应当计入盗窃数额当中。但如果盗窃的是未开奖彩票，由于是否中奖当时尚未确定，则只能将彩票的票面价值认定为盗窃数额。

根据刑法主客观相一致原则，在最终确定盗窃数额时除了要考虑彩票的客观价值之外，还需要考察行为人在实施盗窃行为时的主观心态，而不能将奖金与票面金额进行简单的累加。以行为人是否有针对性地盗窃彩票为标准，可以区分为直接故意与间接故意两种形式。在直接故意场合，行为人盗窃彩票的目的就是追求中奖奖金，彩票奖金处于其主观认识和追求范围之内。如果其盗窃的是已中奖彩票，当然应当将奖金与彩票面值一并计入盗窃数额。即使行为人

---

① 原《98 年解释》第五条第二款第一项规定，按票面数额和案发时应得的孳息、奖金或者奖品等可得收益一并计算。

② 为此，在很多财产犯罪、职务犯罪中，通常是以犯罪行为实施之时来计算犯罪数额。例如《98 年解释》规定：“股票按被盗当日证券交易所公布的该种股票成交的平均价格计算。”同样，《最高人民法院关于办理受贿刑事案件适用法律若干问题的意见》中规定：以收受干股形式受贿的，受贿数额按转让行为时股份价值计算；以交易形式收受贿赂的，受贿数额按照交易时当地市场价格与实际支付价格的差额计算。

③ 2013 年《办理盗窃案件解释》第五条第一项规定：“……应当按票面数额和盗窃时应得的孳息、奖金或者奖品等可得收益一并计算盗窃数额。”

因为害怕受到法律惩罚而放弃领取奖金的，仍然需要将奖金计入盗窃数额。当然，彩票毕竟不同于其他具有客观价值的实体财物，行为人窃得彩票后并未完全实现非法占有目的，还需要进一步前往彩票中心兑奖。只有在获得奖金之后，才能认为整个盗窃行为全部完成，进而成立盗窃既遂。故只要行为人没有前去兑奖，没有获得彩票中奖奖金，针对彩票奖金在犯罪形态上就属于盗窃未遂。如果行为人能够主动将彩票返还给被害人，使被害人避免了不能领取奖金的损失，则属于自动有效地防止了犯罪结果的发生，可以认定为犯罪中止，给予更大幅度的从宽处罚。而在间接故意的场合，由于行为人并没有针对性地盗窃彩票，则彩票奖金能否计入盗窃数额不能一概而论，需要进一步考查行为人对奖金的主观心态。即使行为人盗窃的是已中奖彩票，也只有在兑奖之后才能将奖金计入盗窃数额。

当然，如果行为人盗窃的是未开奖彩票，无论其主观上持直接故意还是间接故意心态，按照2013年《办理盗窃案件解释》第五条第一项之规定，均只能将彩票价值直接计入盗窃数额。对于奖金能否计入盗窃数额，则需要进一步考查其对奖金的主观心态。如果行为人发现其所窃财物中包括彩票，在持有过程中发现中奖后前去兑奖的，表明其对彩票奖金持积极追求的主观心态，应当计入盗窃数额。但如果行为人不知道其所窃财物中包含彩票，或者行为人虽然发现有彩票但在案发前未刮奖、未兑奖即将彩票予以丢弃或者毁坏的，这种情况下如何来认定盗窃数额及犯罪形态呢？从刑法的一般原理来看，犯罪数额与犯罪形态原本属于不同逻辑层面的问题，二者互不影响。然而，根据2013年《办理盗窃案件解释》第十二条之规定，[①] 认定盗窃未遂的前提是盗窃数额达到巨大标准，这就意味着在认定盗窃未遂之前必须先确定有盗窃数额，不存在无数额的盗窃未遂。在间接故意的场合，由于行为人并未以彩票为盗窃目标，如果发现所窃财物中包含彩票后随即丢弃或者予以毁坏的，表明其主观上对彩票奖金持反对态度，不能计入盗窃数额当中。相应地，没有盗窃数额也就不存在认定盗窃未遂的问题，这与间接故意犯罪不存在未完成形态的基本原理也是相符的。

具体到本案，被告人王某某所盗窃的对象系已中奖彩票，奖金数额在当时即已确定，故应当与票面价值一并计入盗窃数额当中。而且从主观心态上来看，王某某虽然没有针对性地盗窃彩票，但是当其发现所窃财物中包含有彩票后，随即上网查看该彩票是否中奖，在发现中奖数额特别巨大后，随即前往体彩中心兑奖，表明其对奖金持积极追求的态度，故一、二审法院将中奖奖金计

① 2013年《办理盗窃案件解释》第十二条规定："盗窃未遂，具有下列情形之一的，应当依法追究刑事责任：（一）以数额巨大的财物为盗窃目标的……"

入盗窃数额，是符合刑法主客观相一致原则的。当然，从常理上来分析，彩票中大奖的概率非常低，且被告人在窃取彩票时并不知道已经中大奖，与针对价值确定的其他财物实施盗窃行为，在主观恶性上还是存在一定区别的，故尽管被告人盗窃数额特别巨大，一、二审判决对其就低判处有期徒刑十年六个月是符合罪刑相适应原则的精神的。

（**一审法院合议庭成员** 刘 云 金舜强 王 澄
二审法院合议庭成员 刘延和 聂昭伟 黄晓璇
编写人 浙江省高级人民法院 聂昭伟
责任编辑 周维明
审稿人 刘树德）

陶某某等贩卖毒品案

——通过犯意引诱获取的毒品犯罪证据应否予以排除

关键词：刑事　毒品犯罪　犯意引诱　证据排除　宣告无罪

【裁判要旨】

1. 在毒品案件中，人民法院认定是否构成犯意引诱时，应当综合考察特情人员的身份，特情人员与被告人的沟通过程，被告人工作情况、经济状况、前科情况以及是否吸毒等因素。被告人没有毒品犯罪前科，具有合法正当职业，反复拒绝隐匿身份人员购买毒品请求，因隐匿身份人员坚持支付毒资，被告人被动收取的，一般应当认定构成犯意引诱。

2. 法庭在审理过程中发现可能存在因犯意引诱导致非法证据收集的，应当依职权主动对证据合法性进行审查排除。

【相关法条】

《中华人民共和国刑事诉讼法》

第五十二条　审判人员、检察人员、侦查人员必须依照法定程序，收集能够证实犯罪嫌疑人、被告人有罪或者无罪、犯罪情节轻重的各种证据。严禁刑讯逼供和以威胁、引诱、欺骗以及其他非法方法收集证据，不得强迫任何人证实自己有罪。必须保证一切与案件有关或者了解案情的公民，有客观地充分地提供证据的条件，除特殊情况外，可以吸收他们协助调查。

第五十六条　采用刑讯逼供等非法方法收集的犯罪嫌疑人、被告人供述和采用暴力、威胁等非法方法收集的证人证言、被害人陈述，应当予以排除。收集物证、书证不符合法定程序，可能严重影响司法公正的，应当予以补正或者作出合理解释；不能补正或者作出合理解释的，对该证据应当予以排除。

在侦查、审查起诉、审判时发现有应当排除的证据的，应当依法予以排除，不得作为起诉意见、起诉决定和判决的依据。

第一百五十三条 为了查明案情，在必要的时候，经公安机关负责人决定，可以由有关人员隐匿其身份实施侦查。但是，不得诱使他人犯罪，不得采用可能危害公共安全或者发生重大人身危险的方法。

对涉及给付毒品等违禁品或者财物的犯罪活动，公安机关根据侦查犯罪的需要，可以依照规定实施控制下交付。

【案件索引】

一审：重庆市沙坪坝区人民法院（2023）渝0106刑初278号（2023年11月14日）

二审：重庆市第一中级人民法院（2023）渝01刑终1097号（2024年3月5日）

【基本案情】

重庆市沙坪坝区人民检察院指控：2023年1月4日上午，杨某联系被告人陶某某购买毒品，陶某某表示请杨某吸食，但杨某拒绝。陶某某购入2400元毒品后联系杨某，杨某再次拒绝陶某某请其吸食毒品的提议，表示将支付毒资2500元。同日17时许，陶某某携带毒品来到约定地点与杨某进行交易。陶某某通过微信扫码方式收取杨某支付的毒资2500元后被当场抓获，公安民警从陶某某处查获甲基苯丙胺片剂3颗、甲基苯丙胺1小包。

公诉机关指控的证据有：证人证言，现场检查、扣押、封存、称重、提取笔录，鉴定意见，到案经过等。公诉机关认为，被告人陶某某的行为构成贩卖毒品罪，应当依照《刑法》第三百四十七条之规定定罪处罚；建议对陶某某判处有期徒刑九个月，并处罚金。

被告人陶某某辩称：其没有贩卖毒品的主观故意，仅仅是想请杨某吸食毒品，不构成贩卖毒品罪。其辩护人提出，本案系由特情人员对被告人实施的犯意引诱，且引诱超过合理限度，被告人不具有贩卖毒品的主观故意，应当认定陶某某无罪。

法院经审理查明：杨某系公安机关特情人员，与被告人陶某某于2022年10月4日通过交友软件相识。2023年1月4日，杨某通过微信主动询问陶某某能否找到毒品，并允诺到陶某某家中吸食。陶某某意图与杨某发生性关系，提出免费请杨某吸食毒品。其后，陶某某向他人购得价值2400元的毒品，再次提出免费请杨某吸食毒品，杨某拒绝免费并向陶某某微信转账2500元，陶某某将该钱款退回。杨某向陶某某表示，要陶某某答应收取购毒款才同意与其见面。陶某某为与杨某见面遂表示同意。二人在约定地点见面后，杨某通过微信收款二维码向陶某某支付 2500 元，公安民警旋即抓获陶某某，当场从陶某某身上查获 0.30 克甲基苯丙胺片剂（俗称“麻古”）、0.53 克的甲基苯丙胺（冰毒）。

【裁判结果】

重庆市沙坪坝区人民法院于 2023 年 11 月 14 日作出（2023）渝 0106 刑初 278 号刑事判决：被告人陶某某无罪。

宣判后，重庆市沙坪坝区人民检察院提起抗诉。二审期间，重庆市人民检察院第一分院撤回抗诉，重庆市第一中级人民法院于 2024 年 3 月 5 日作出（2023）渝 01 刑终 1097 号刑事裁定：准许重庆市人民检察院第一分院撤回抗诉。一审判决现已发生法律效力。

【裁判理由】

法院生效裁判认为：侦查机关的诱惑侦查属于犯意引诱型诱惑侦查，杨某向陶某某提供毒资及其他能够证明陶某某实施毒品犯罪的证据材料应当予以排除。故现有证据不足以证实被告人陶某某实施了贩卖毒品的行为。公诉机关指控陶某某犯贩卖毒品罪的证据不足，罪名不能成立。对辩护人提出陶某某无贩卖毒品的主观故意，不构成贩卖毒品罪的辩护意见，法院予以采纳。

【案例注解】

诱惑侦查是侦破毒品犯罪的重要手段，但诱惑侦查合法性的判定及处理问题则是审判实践中长期面临的难题，尤其是犯意引诱的认定与处理。最高人民法院于 2008 年 12 月 1 日发布的《全国部分法院毒品案件审判工作会议纪要》（以下简称《大连会议纪要》）从特情引诱的角度对“犯意引诱”作出了界定，在处理方式上确定了量刑减让原则，一定程度上认可了犯意引诱的合法性。但随着《刑事诉讼法》的修改，这一规定与隐匿身份侦查中关于“不得诱使他人犯罪”的规定相互冲突。2023 年 6 月 29 日，最高人民法院结合《刑事诉讼法》的规定，在《全国法院毒品案件审判工作会议纪要》（以下简称《昆明会议纪要》）中对犯意引诱的相关规定进行了调整，提出了附条件排除规则。但是，《昆明会议纪要》的规定仍过于原则、抽象，犯意引诱的具体认定规则、证据排除的具体操作方式等问题仍需要审判实践进一步探索明确，本案形成的裁判思路与规则有助于解决前述问题。

一、通过犯意引诱获取的毒品犯罪证据应当依法予以排除

（一）《刑事诉讼法》关于非法证据排除规则的规定

1. 非法证据排除的对象。

根据《刑事诉讼法》第五十六条的规定，依法应当排除的非法证据包括以下两类：一是言词证据。采用刑讯逼供等非法方法收集的犯罪嫌疑人、被告人供述和采用暴力、威胁等非法方法收集的证人证言、被害人陈述，应当予以排除。二是实物证据。收集物证、书证不符合法定程序，可能严重影响司法公正的，应当予以补正或者作出合理解释；不能补正或者作出合理解释的，对该证据应当予以排除。

2. 非法证据排除的范围。

根据《刑事诉讼法》第五十六条规定，排除犯罪嫌疑人、被告人供述的条件是采用刑讯逼供等非法方法收集的证据；排除证人证言、被害人陈述的条件是采用暴力、威胁等非法方法收集的证据；排除物证、书证的条件是收集程序不符合法定程序，可能严重影响司法公正的，又不能补正或者作出合理解释的证据。

在刑法理论和司法实践中，对于采用犯意引诱手段获取的证据是否属于非法证据排除范围存在肯定和否定两种观点：持否定态度的观点认为，就法律司法解释而言，非法证据排除的范围可以分为两类：一是基于"痛苦规则"而获得的非法口供；二是收集实物证据的过程不符合法定程序，可能严重影响司法公正而又不能补正或者作出合理解释所取得的证据材料，① 通过欺骗、引诱所得的犯罪嫌疑人供述等证据并没有纳入非法证据排除的范围；相反的观点则认为，侦查机关以欺骗、引诱获得犯罪嫌疑人供述需要作为非法方法予以规制，理由在于这类证据符合非法证据的本质特征。②

（二）通过犯意引诱获取的毒品犯罪证据属于《刑事诉讼法》第五十六条规定的范围

1. 《刑事诉讼法》明文禁止以引诱、欺骗的方法收集证据。

《刑事诉讼法》第五十二条规定，"……严禁刑讯逼供和以威胁、引诱、

---

① 郭鹏飞：《非法证据排除的范围——基于中国裁判文书网 565 份刑事裁判文书的实证分析》，载《人民司法·应用》2020 年第 10 期。

② 龙宗智：《两个证据规定的规范与执行若干问题研究》，载《中国法学》2010 年第 6 期；龙宗智：《我国非法口供排除的"痛苦规则"及相关问题》，载《政法论坛》2013 年第 5 期；戴长林、刘静坤、朱晶晶：《〈关于办理刑事案件严格排除非法证据若干问题的规定〉的理解与适用》，载《人民司法·应用》2017 年第 22 期。

欺骗以及其他非法方法收集证据……”第一百五十三条第一款规定，“为了查明案情，在必要的时候，经公安机关负责人决定，可以由有关人员隐匿其身份实施侦查。但是，不得诱使他人犯罪”。可见，犯意引诱是法律明文禁止的取证方法。

2. 犯意引诱违反法定程序、侵犯公民基本权利。

“诱惑侦查中侦查机关在案件中并非仅仅是知情者或监控者，而是直接介入案情之中，促使犯罪嫌疑人实施犯罪”①，“犯意引诱型侦查行为……严重侵犯当事人权利，严重影响司法公正，因此，‘不得诱使他人犯罪’规定性质上应属于效力性禁止性规定，侦查机关如违反该禁止性规定，应产生相应的程序性法律后果”②，“犯意引诱存在将无辜公民引诱为犯罪分子的高度风险，违反现代社会打击犯罪所应坚守的比例原则和法治底线”③。

3. 采取犯意引诱获得的证据可能影响公正司法。

采用引诱、欺骗方法收集证据，有的严重影响相关人员提供证据的自愿性，极易产生虚假供述、虚假陈述，有的以严重违反人类良知、社会公德、亲情伦理的方式欺骗或者以其他非法利益进行引诱，如果不对此类欺骗、引诱的侦查讯问方式予以规制，势必会严重影响司法公信力，进而破坏民众的法治信仰。

4.《昆明会议纪要》规定采用犯意引诱获取的证据应当予以排除。

《昆明会议纪要》明确规定：隐匿身份人员在侦查活动中违反《刑事诉讼法》等相关规定，诱使本无犯意的人实施毒品犯罪的，属于犯意引诱。隐匿身份人员向被引诱人提供毒品或者毒资、购毒渠道的，其所提供的毒品、毒资、被引诱人从其提供的渠道购买的毒品及其证实被引诱人实施毒品犯罪的证据材料，不得作为认定被引诱人实施毒品犯罪的证据。排除上述证据后，在案证据达不到认定被引诱人有罪的证明标准的，应当依法作出证据不足、指控的犯罪不能成立的无罪判决。前述规定虽然没有以司法解释的形式出现，但“会议纪要是最高人民法院印发的最主要的司法解释性质文件之一。最高人民法院的会议纪要具有规范性、引导性和协商性等特征，发挥着统一裁判标准、执行或创制公共政策以及填补法律漏洞等功能”④。

---

① 毕清：《犯意引诱型诱惑侦查裁判规则实证研究》，载《四川警察学院学报》2021年第4期。

② 艾明：《刑事诉讼法中的禁止性规定及违反的程序性法律后果》，载《西部法学评论》2024年第1期。

③ 方文军：《诱惑侦查的类型及其法律后果——以2023年毒品犯罪“昆明”会议纪要为中心展开》，载《法律适用》2024年第2期。

④ 彭中礼：《最高人民法院会议纪要研究》，载《法律科学》2021年第5期。

二、毒品案件中犯意引诱的司法认定

诱惑侦查是侦查机关经过审批程序后派出有关人员（警察和特情）隐瞒身份，开展收集证据、了解案情、抓捕犯罪嫌疑人和控制犯罪活动等侦查行为，目的是打击毒品犯罪，而非制造毒品犯罪，犯意引诱的认定应基于这一基本原则。在具体认定上，理论界与实务界主要存在主观标准、客观标准和混合标准三种观点。主观标准侧重于考查行为人被引诱之前的主观心态，客观标准侧重于考查警方引诱行为的规范性与克制程度。前者更有利于打击犯罪，后者更有利于保证公民的合法权利，故二者相结合的混合标准在国际社会得到了更多的认可和采用。① 笔者认为，混合标准的观点大体上是妥当的，对是否属于犯意引诱的认定既要考虑行为人是否本有犯意，也要考虑引诱的方式和强度，并结合诱惑侦查启动、实施过程的正当性、合法性与合理性予以判断。

（一）行为人是否本有犯意的判断

诱惑侦查是一种主动侦查手段，只能针对具有犯罪嫌疑或犯罪倾向的犯罪嫌疑人适用。《大连会议纪要》规定："对已持有毒品待售或者有证据证明已准备实施大宗毒品犯罪者，采取特情贴靠、接洽而破获的案件，不存在犯罪引诱，应当依法处理。"《昆明会议纪要》对该项意见作了修改，提出对于有证据证明被告人正在准备或者已经着手实施毒品犯罪，隐匿身份人员采取贴靠、接洽手段破获案件，不存在犯罪引诱的，应当依法处理。尽管以上纪要文件的具体表述有所区别，但均明确指出贴靠、接洽的对象必须是有一定证据证明具有实施毒品犯罪意图的行为人。亦即，诱惑侦查的启动应是侦查机关掌握了一定的线索、有合理的理由证实侦查对象正在准备、已经着手实施毒品犯罪，从而采取特情介入手段来打击犯罪。如在特情介入前，行为人已经通过实施行为表现出犯罪意图，或者虽未行为化，但已经通过言语表达出或者有迹象表明行为人将要实施犯罪。对此，可以从以下方面予以判断：第一，诱惑侦查案件的来源与形成、诱惑侦查的启动是否具有正当目的、是否具有合理依据；第二，被引诱者是否有毒品犯罪前科、是否具有吸毒史、是否有正当职业、经济状况、对引诱行为的反应。

本案中，特情人员杨某在网络交友平台上以"吸食毒品"为名，针对不特定的人群采取性暗示的方式，展开诱惑侦查，对象缺乏特定性。在与陶某某接洽时，侦查机关并未掌握陶某某任何可能实施毒品犯罪的线索或材料，而且陶某某既不存在毒品犯罪的前科，也未持有待售的毒品，对其启动诱惑侦查，

---

① 参见方文军：《诱惑侦查的类型及其法律后果——以2023年毒品犯罪"昆明"会议纪要为中心展开》，载《法律适用》2024年第2期。

属于侦查对象错误，违背了“不得诱使他人犯罪”的基本原则，明显不符合诱惑侦查制度的目的。

(二) 诱惑侦查方式与强度是否合理的判断

在评价诱惑方式与强度是否超过必要限度的标准上，应综合主客观方面的条件来衡量：一是被引诱者与特情之间谁先提出购毒意思表示；二是特情人员引诱的方式，是否为反复引诱，是否许诺被引诱者以一定条件；三是被引诱者的主观动机和意图。当诱惑侦查方式远超一般人的承受能力，或者对犯意产生、犯罪实施起到决定性作用时，已明显超过必要限度，应当对其作出否定性评价。

本案中，虽然特情人员杨某明确表示“不搞暧昧”，但其允诺陶某某购买到毒品后一起到其家中吸食毒品，并给予其性暗示，致使陶某某产生与杨某一同吸食毒品后，可以伺机与其发生性关系的想法，进而明确提出请杨某吸食毒品，拒绝收钱，也退回杨某通过微信转账的毒资2500元。特情人员基于其对贩卖毒品罪构成要件的了解，多次反复要求陶某某收取毒资，甚至表示不收钱就不见面，陶某某为了可以到杨某家中吸食毒品后伺机发生性关系，而答应被动收取毒资。特别是杨某提出不收钱就不要见面，直接导致了陶某某被动收取毒资的行为，客观上对陶某某找人购买毒品，携带毒品前往约定的吸食地点，收取毒资等一系列的行为起到了决定性影响。因此，对于原本没有犯罪意图，或者虽有抽象犯意但没有为实施犯罪做准备，经特情人员引诱后才产生具体犯意并将犯意转化为现实，并开始实施毒品犯罪的，应当认定诱惑侦查超出必要限度，而构成犯意引诱。

综上所述，犯意引诱的认定既要从行为人与诱惑侦查人员接触前后的心态变化与行为表现方面判断，也要综合考量诱惑侦查的启动、实施是否正当、合法，以及诱惑程度是否合理等因素。

三、以犯意引诱方式获取的非法证据排除程序

(一) 辩方依申请排除

《刑事诉讼法》第五十八条第二款规定，当事人及其辩护人、诉讼代理人有权申请人民法院对以非法方法收集的证据依法予以排除。《最高人民法院关于适用〈中华人民共和国刑事诉讼法〉的解释》（以下简称《刑诉法解释》）第一百二十七条至第一百三十三条详细规定了辩方在开庭前申请排除非法证据的，法院可以召开庭前会议听取意见，检察院可以出示相关证据材料或者通知侦查人员参加庭前会议说明情况，对控辩双方在庭前会议中对证据收集是否合法未达成一致意见，人民法院对证据收集的合法性有疑问的，应当在庭审中进行调查；在庭审中申请排除非法证据的，法院经审查对证据的合法性有疑问

的，也应当进行调查。

（二）司法机关依职权排除

《刑事诉讼法》第五十六条第二款规定“在侦查、审查起诉、审判时发现有应当排除的证据的，应当依法予以排除，不得作为起诉意见、起诉决定和判决的依据”，可见，司法机关在办理刑事案件过程中对发现的非法证据负有主动排除的职责：（1）《公安机关办理刑事案件程序规定》（2020 年修正）第七十一条第三款规定，“在侦查阶段发现有应当排除的证据的，经县级以上公安机关负责人批准，应当依法予以排除，不得作为提请批准逮捕、移送审查起诉的依据”；（2）《刑事诉讼法》第五十七条规定“人民检察院……发现侦查人员以非法方法收集证据的，应当进行调查核实……”，《人民检察院刑事诉讼规则》第七十三条进一步细化为“人民检察院经审查认定存在非法取证行为的，对该证据应当予以排除……”；（3）《刑事诉讼法》第六十条规定，人民法院“对于经过法庭审理，确认或者不能排除存在本法第五十六条规定的以非法方法收集证据情形的，对有关证据应当予以排除”。《刑诉法解释》第一百三十四条、第一百三十五条详细规定了人民法院依职权主动排除非法证据的具体程序，第一百三十七条也再次强调了《刑事诉讼法》第六十条对非法证据应予排除的法律后果。

（三）本案由人民法院依职权主动排除非法证据

本案被告人及其辩护人仅提出公安机关系采取犯意引诱的方式侦破案件，但没有明确提出公安机关以犯意引诱方式获取的证据系《刑事诉讼法》第五十六条规定的非法证据、依法应予排除的意见。人民法院在审理过程中，严格按照《昆明会议纪要》的规定，主动依职权进行证据合法性审查，排除相关非法证据，宣告被告人无罪。

1. 人民法院在审理过程中对证据合法性进行了充分调查。

由于本案控方以非法证据提出指控，而辩方没有提出排除非法证据的申请，因此，人民法院依职权主动对证据合法性开展审查工作。通过法庭调查查明，陶某某主观上没有向杨某贩卖毒品的故意，但杨某以“性暗示”的方式诱导陶某某携带毒品来见面，杨某随之向其支付购毒款，恶意造成陶某某系贩毒人员的假象。据此，法院对侦查过程中收集的毒品、毒资等物证，证人杨某的证言及被告人陶某某的供述等逐项进行举证、质证，充分听取控辩双方意见，认为均属于《刑事诉讼法》第五十六条规定的非法证据，依职权主动予以排除。

2. 人民法院依职权主动排除非法证据与辩方依申请排除非法证据具有相同的法律效果。

人民法院在案件办理过程中发现存在非法证据应予排除，但辩方因诉讼能力等原因没有申请排除非法证据时，只能依职权主动进行非法证据排除工作，否则将有违保障人权、维护公正这一非法证据排除程序的根本初衷。鉴于控辩双方没有就证据合法性问题产生分歧或形成对抗，人民法院依职权排除非法证据符合法律规定。因此，二审检察机关撤回抗诉，法院据此维持对陶某某的无罪判决的做法是符合法律规定的。

（**一审法院合议庭成员** 王志锋 叶三山 封传会
二审法院合议庭成员 张 良 谢 懿 陈洁婷
编写人 重庆市沙坪坝区人民法院 王志锋 刘 锋
责任编辑 周维明
审稿人 刘树德）

民　事

周某诉翟某甲探望权纠纷案

——诉讼期间协助探望行为保全的适用

关键词：民事　行为保全　诉讼期间　探望空白期　协助探望令

【裁判要旨】

1. 探望权既是父母一方的权利，也是未成年子女的权利。探望权纠纷诉讼期间，探望权人申请协助探望行为保全，法院应综合考虑未成年子女的年龄、鉴别能力和意愿，以未成年人利益最大化为原则，依据合理适度为审查原则及适用条件，在合理限度内适用行为保全及协助探望令突破判决未生效的限制，破除诉讼期间探望权空白期的困境，保障探望权的实现。

2. 在适用探望协助行为保全时，合理适度审查原则的适用条件为：（1）根据个案情况综合考量该类行为保全申请是否符合“情况紧急”“后果难以弥补”“难以执行”的构成要件；（2）审查申请本身的内容是否属于合理限度的范围内；（3）在合理适度的范围内确定行为保全裁定的内容。

【相关法条】

《中华人民共和国民法典》

第一千零八十六条第一款　离婚后，不直接抚养子女的父或者母，有探望子女的权利，另一方有协助的义务。

《中华人民共和国民事诉讼法》

第一百零三条第一款　人民法院对于可能因当事人一方的行为或者其他原因，使判决难以执行或者造成当事人其他损害的案件，根据对方当事人的申请，可以裁定对其财产进行保全、责令其作出一定行为或者禁止其作出一定行为；当事人没有提出申请的，人民法院在必要时也可以裁定采取保全措施。

《最高人民法院关于适用〈中华人民共和国民事诉讼法〉的解释》

第一百六十一条 对当事人不服一审判决提起上诉的案件，在第二审人民法院接到报送的案件之前，当事人有转移、隐匿、出卖或者毁损财产等行为，必须采取保全措施的，由第一审人民法院依当事人申请或者依职权采取。第一审人民法院的保全裁定，应当及时报送第二审人民法院。

【案件索引】

一审判决：广东省广州市黄埔区人民法院（2022）粤0112民初26037号（2022年11月14日）

一审裁定：广东省广州市黄埔区人民法院（2022）粤0112民初26037号（2023年1月18日）

二审：广东省广州市中级人民法院（2023）粤01民终781号（2023年2月27日）

【基本案情】

原告周某诉称：周某与翟某甲于2008年登记结婚，于2019年3月登记离婚，双方签订的《离婚协议书》载明：婚生女儿翟某乙的抚养权归翟某甲，周某享有随时探视的权利，翟某甲不得以任何借口拒绝周某见孩子。2021年10月后，翟某乙由翟某甲带至深圳抚养。周某曾经分别于2021年10月及12月、2022年7月三次到深圳探视翟某乙，后翟某甲将周某微信、电话拉黑，没收孩子的电话，双方失去联系，致周某无法探视，故提起诉讼。一审判决后，翟某甲提起上诉并继续阻止周某探视，恰逢春节临近，周某思女若狂，向一审法院提起行为保全申请，主张翟某甲应协助其每周周六、周日通过视频方式与翟某乙会面聊天各一次，具体时间为20：00至20：30。

被告翟某甲辩称：翟某甲已上诉，判决未生效，“案件怎么判是法院的事情，让不让周某见孩子是我的事”，不允许周某探视。

法院经审理查明：周某与翟某甲于2008年登记结婚，于2019年3月登记离婚，双方签订的《离婚协议书》载明婚生女儿翟某乙抚养权归翟某甲，周某享有随时探视的权利，翟某甲不得以任何借口拒绝周某见孩子。2021年10月后，翟某乙由翟某甲带至深圳抚养。周某称其分别于2021年10月及12月、2022年7月三次到深圳探视过翟某乙，后翟某甲将周某微信、电话拉黑，没收孩子的电话，双方失去联系，故无法探视。庭审中，翟某乙称其想念妈妈，希望与周某多见面，寒暑假的时候可以跟周某一起生活。法院于2022年11月14日作出民事判决，判决翟某甲协助周某行使对女儿翟某乙的探望权，并明确了具体协助方式。上述判决作出后，翟某甲在法定期限内提出上诉，同时以判决未生效为由继续不配合周某行使探望权。2023年1月17日，周某致电一审经办法官哭诉称其无女儿的联系地址，翟某甲将其微信及电话拉黑后，其自2022年8月后便再也无法与女儿取得联系。由于翟某甲上诉，一审判决未生效，无法申请强制执行。一审经办法官致电翟某甲进行沟通，劝其多站在女儿的角度，配合周某进行探视。经多次劝说，翟某甲态度强硬，直言"案件怎么判是你的事情，让不让她见孩子是我的事情，你有什么事情就找我律师吧"。周某遂于2023年1月18日向法院申请行为保全，称其自2022年8月起无法通过会面、电话、视频等各种方式联系或探视翟某乙，对其个人权益造成了严重损害，主张翟某甲应协助其每周周六、周日通过视频方式与翟某乙会面聊天各一次，具体时间为20：00至20：30。

【裁判结果】

广东省广州市黄埔区人民法院于2022年11月14日作出（2022）粤0112民初26037号民事判决：被告翟某甲协助原告周某行使对女儿翟某乙的探望权，协助方式具体如下：一、每周周六、周日，翟某甲协助周某通过视频方式与翟某乙会面聊天各一次，具体时间为20：00至20：30。二、逢单数月的第一个周末，翟某甲协助周某行使对翟某乙的现场探望权，具体方式为周六9：00交由周某接走，周日18：00由周某送回。三、翟某乙寒假、暑假开始后的第一个星期内，翟某甲协助周某行使对翟某乙的探望权，具体方式为周某将翟某乙接走一起生活；其中寒假的探视时长为接走后一个星期，暑假的探视时长为接走后两个星期。以上一至三项如双方根据实际情况能达成其他一致安排可根据双方协议履行。四、驳回周某的其他诉讼请求。宣判后，翟某甲不服该判决，提起上诉。

广东省广州市黄埔区人民法院于2023年1月18日作出（2022）粤0112民初26037号民事裁定：被申请人翟某甲协助申请人周某于2023年1月19日前通过视频方式与翟某乙会面一次，后续每周应协助申请人周某通过视频方式与翟某乙会面聊天一次，每次视频时长不少于10分钟。如双方根据实际情况能就视频时间及时长达成其他一致安排可根据双方协议履行。广东省广州市黄埔区人民法院于同日向翟某甲发出《协助探望令》，责令翟某甲履行该行为保全裁定的协助探望义务。

以上裁定下发后，翟某甲采取不签收、不接听电话的方式逃避执行，在多次联系无果后，一审经办法官向翟某甲发送手机短信，明确告知其不予配合将面临罚款、拘留甚至刑事责任的法律后果。在一审法院的组织及督促下，翟某甲最终协助周某顺利通过视频“云探望”方式见到了女儿翟某乙。

广东省广州市中级人民法院于2023年2月27日作出（2023）粤01民终781号民事判决：驳回翟某甲的上诉，维持原判。

【裁判理由】

一审法院生效判决认为：首先，双方在离婚协议书中明确约定，婚生女儿翟某乙的抚养权归翟某甲，周某享有随时探视的权利，双方本应按照协议履行。但在翟某乙随翟某甲搬迁外地读书生活后，在疫情影响下，身处广州的周某随时探视并不切合实际，对翟某乙专心读书也可能造成不利影响，因此有必要对探视的频率及方式进行限制。其次，从周某过往三次的探视情况来看，周某确实存在违背翟某甲意愿到翟某甲外地家中留宿的情况，确会对翟某甲的正常生活秩序产生影响。结合翟某乙的陈述，周某、翟某甲见面时经常会吵架，的确不利于翟某乙的身心健康，故也有必要对探视的地点进行限制。最后，关于寒暑假的探视安排，周某作为母亲，其期望与翟某乙共同生活的意愿应当予以尊重，也符合翟某乙内心真实的想法。

一审法院生效裁定认为：首先，《民法典》第一千零八十六条第一款规定，“离婚后，不直接抚养子女的父或者母，有探望子女的权利，另一方有协助的义务。”本案中，翟某乙虽现由翟某甲抚养，但仍应依法保障周某合理的探望权利。其次，探望权既是父母一方的权利，也是未成年子女的权利。子女绝非父母的附庸，更不是父母的财产，父母关系即便不和亦不应将子女作为对抗彼此的棋子或筹码。翟某甲和周某曾为夫妻，虽已离婚，但女儿翟某乙仍将成为彼此一生的联系。希望当事人彼此能够放下成见，多念及对方的好，少去想曾经的不快，共同呵护抚育好懂事但敏感的女儿。本案中，翟某乙明确表示愿意与母亲周某会面，寒暑假时还愿意与周某一起生活，可见周某的探望权问题并非仅仅是满足周某一人的需求，更无充分证据显示会影响翟某乙的身心健康，因此，周某合理的探望权利应当得到满足，翟某乙的愿望和身心健康亦应得到呵护。综上，翟某甲拒绝协助周某行使探望权既损害了周某的合法权益，同时对翟某乙的身心健康亦可能造成不利影响，应当依法予以及时纠正。综合全案案情，周某的申请符合法律规定。

二审法院生效判决认为：首先，翟某甲与周某离婚后，作为不直接抚养孩子的周某，依法享有探望孩子的权利，翟某甲应当对此予以协助。翟某甲虽主张周某的探视不利于小孩的身心健康，但其提供的证据不足以证实其主张，法院难以采信。其次，周某与翟某甲分处两地，一审法院确定的探视内容大部分是视频探视，视频探视并无对小孩的不利影响，且一审法院确定的现场探视时间较为短暂。原判确定的探视方案充分考虑了双方分处两地的不利因素等案件实际情况，翟某甲作为小孩的直接抚养方，而且客观上双方分处两地，翟某甲应当对周某的视频探视予以积极协助，并且协助落实周某对小孩的现场探视。最后，小孩需要父母双方的关爱，周某探视小孩是让小孩在离婚后继续享有父母双方关爱的有效途径，翟某甲应对此予以尊重而不是限制或剥夺周某的探视权利；周某在探视小孩的过程中也应注意与孩子的沟通方式，与孩子建立更为良好的亲子关系。法院最终判决驳回翟某甲的上诉，维持原判。

【案例注解】

探望权既是父母一方的权利，也是未成年子女的权利。① 受制于判决未生效，漫长的诉讼期间恰恰是探望权的空白期，或将严重损害探望权人的合法权益及未成年人子女的身心健康。本案中，周某作为母亲因其前夫的阻挠已将近半年无法见到女儿，女儿也迫切希望能早点见到母亲，双方对彼此的思念被一纸未生效判决所阻隔。该案上诉期间恰逢兔年春节临近，一审法院依法辗转取得二审法院的授权同意，坚持以未成年人利益最大化为原则，综合考虑未成年子女的年龄、鉴别能力和意愿，合理适用行为保全制度，发出《协助探望令》，以视频“云探望”方式破除诉讼期间探望权空白期的困境，成全了这对母女的双向奔赴，让探望权有了更坚实的保障，使享有权利者更有底气，让阻挠探视者受到震慑，保障了未成年人的身心健康和人格健全，彰显了司法的温度及力度，弘扬了社会主义核心价值观，也有利于在诉讼“前端”打通阻碍，为诉讼“后端”奠定执行基础。同时，一审法院主动担当作为，在现有法律框架下积极加强一、二审诉讼程序衔接，及时有力保障了探望权人及未成年人的合法权益。本案入选广东省高级人民法院 2023 年未成年人司法保护十大典型案例。以下综合案情，对适用协助探望行为保全破除诉讼期间探望权空白期困境的法律问题进行分析。

一、诉讼期间探望权空白期困境

《民法典》第一千零八十六条第一款规定，离婚后，不直接抚养子女的父或母，有探望子女的权利，另一方有协助的义务。探望权，是离婚后不直接抚养子女的一方依法享有的，与未成年子女探望、联系、会面、交往、短期共同

① 夏吟兰、薛宁兰：《民法典之婚姻家庭编立法研究》，北京大学出版社 2016 年版，第 254 页。

生活的权利，也是为保护未成年子女健康成长而设定的权利。由于部分夫妻在离婚时矛盾重重，离婚后未成年子女归一方抚养后，直接抚养方基于报复、撇清与对方关系等原因或认为孩子与对方已经不再有关系等非理性情绪，设置重重障碍阻止对方实现探望权，离婚后想见孩子往往成了难题。司法实践中，探望权纠纷“判决容易执行难”已得到众多关注，各地法院纷纷创新执行手段，如推出《家庭教育指导令》《探望权自动履行承诺书》等。事实上，“相见难”贯穿于诉讼的全过程，而在诉讼期间这一“前端”探望权如何保障，却鲜少有人关注。

不管是离婚诉讼还是探望权纠纷，鉴于法律诉讼程序本身的周期以及当前家事审判奉行的调解原则，诉讼周期短则半年长则一年以上。漫长的诉讼期间，恰恰成了探望权的空白期，阻挠探视的一方往往以未有生效判决、双方争议尚未尘埃落定为由阻挠探望权人行使探望权，而在这期间，往往是身处离婚风暴中的未成年人最脆弱、最需要关怀的时刻。离婚后家庭生活的破碎、情感关爱的裂缝、父母关系的僵化和亲情希望的破灭都会无形中给未成年子女带来或多或少的心理阴影或者对亲情的失望。①

诉讼期间探望权的空白将造成两大严重后果：一是这一关键时期父或母关怀缺失所造成的对未成年子女身心健康及人格健全的损害，或将不可挽回或者弥补成本更高；二是或将加深探望权人与被探视人情感上的隔阂，阻碍后续判决的执行。

二、协助探望行为保全的适法性分析

诉讼期间探望权空白的困境，受制于判决未生效，阻挠探视方往往以未有生效判决为由阻挠探望权人行使探望权，故寻求明确的法律依据成了破除这一困境的关键。探望权基于身份而存在，权利内容具有非物质性，探望权的实现有赖于探望协助人积极配合探望的作为和不阻挠探望的不作为，而无法对子女的人身、探望行为进行强制执行。基于探望权客体的非物质性、抽象性及复杂性，现行的法律制度中，适用行为保全制度责令配合探望成为有效的突破口。

行为保全的制度目的在于，在紧急情况下，为可能因时间滞后而合法权益遭受难以弥补的损害的当事人提供及时且便利的救济。《民事诉讼法》第一百零三条第一款规定，人民法院对于可能因当事人一方的行为或者其他原因，使判决难以执行或者造成当事人其他损害的案件，根据对方当事人的申请，可以裁定对其财产进行保全、责令其作出一定行为或者禁止其作出一定行为；当事人没有提出申请的，人民法院在必要时也可以裁定采取保全措施。与财产保全

① 曹思婕：《〈民法典〉视野下探望权属性探析》，载《现代法学》2022 年第 3 期。

相比，行为保全除了具有保障判决执行的目的外，还具有避免造成损失或损失进一步扩大的目的，启动行为保全必须满足三个条件：情况紧急、后果难以弥补、难以执行。

本案中，周某因其前夫将女儿带到异地且受前夫人为阻隔，已经将近半年没有见到孩子，在诉讼前后长达一年多的时间里也只见过孩子三次，且前夫态度嚣张，甚至直言“案件怎么判是法院的事情，让不让她见孩子是我的事情”。首先，长时间的探望受阻，周某对其女儿本已思念若狂，案件上诉期间恰逢横跨我国传统节日春节这一特殊时期，“每逢佳节倍思亲”，实现团圆不仅是周某的诉求，更是子女的愿望，这份想念与渴望，对周某及其女儿都已造成了精神焦虑及心理痛苦。探望权已被阻隔的时间跨度、客观的地理阻隔、仍需等待的未定的上诉时长、恰逢春节渴望团圆相聚的迫切及痛苦构成“情况紧急”之情境。其次，众所周知，在子女成年之前，父母给予未成年子女的关爱和温暖是任何人都无法替代的，是决定未成年子女身心健康与心智发展的关键因素，[①] 长时间母爱的缺失，将可能导致翟某乙对亲情的失望及破灭，造成不可挽回的损害，给周某和翟某乙都带来精神伤害及心理痛苦。最后，一方面翟某甲已用其言行预示将来大概率会出现的拒不履行判决情况；另一方面，即使上诉能维持原判，周某与其女儿长时间未亲近，也将可能导致双方见面时出现不适甚至女儿拒绝接受探望等执行困难。本案法官正是在这样的考量下采取了行为保全措施，在诉讼期间合理适度实现周某的探望权，以此保护翟某乙的身心健康，并为后续判决的执行做了“预执行”演练。

三、合理限度适用协助探望行为保全的规则构建

（一）以未成年人利益最大化为原则

探望权的设立以有利于未成年子女的身心发展和健康成长为出发点，让离婚家庭中的未成年子女通过与不直接抚养自己的父母一方持续保持联系，从而持续稳定地得到亲情滋养，消除因父母离婚所带来的家庭破碎感。基于这种意义，探望权不仅是父母的权利，也是未成年人的权利。在适用探望协助行为保全时，亦应首先遵循未成年人利益最大化原则。

第一，尊重未成年子女本人的意愿。探望权具有人身属性，未成年子女不是探望权行使的义务配合主体，父母一方不得对未成年人进行强行探望，也无法请求法院强制未成年子女配合。法院在决定是否采取协助探望行为保全时，

---

① 刘引玲：《亲属身份权与救济制度研究》，中国检察出版社2011年版，第249页。

应根据未成年子女的年龄、智力和认知水平，充分尊重子女本人的意见。① 不满8周岁的子女，在法律上虽属无民事行为能力人，但其已有一定的认知能力，具备相对独立的情感需求及情感表达能力，可以询问、参考其本人的意见；已满8周岁不满18周岁的子女，若其不同意探望，应当明确其真实意思表示，进一步查明其是否受到抚养一方的错误教育、胁迫以及阻挠，在充分尊重其个人真实意愿的前提下决定探望权的行使。

第二，有利于未成年子女的健康成长。法院以行为保全裁定确定探望权的行使方式、地点、时间应当以未成年子女便利为原则，避免占用子女的学习时间，最大可能降低对子女现实生活的实际影响，同时，兼顾考虑抚养一方的利益及便利，避免激化父母之间的矛盾从而伤害子女的利益。本案行为保全裁定周某与其女儿以视频会面实现“云探望”即是在充分考量各方利益、地理阻隔、执行难度等各种因素下确定的。

（二）以合理适度为审查原则及适用条件

协助探望行为保全要以合理适度为审查原则及适用条件，具体体现在三个方面：第一，审查该类行为保全申请是否符合“情况紧急”“后果难以弥补”“难以执行”的构成要件，需由法官根据个案情况进行考量，进行保全行为的紧迫性、申请人受到损害的程度、保全行为可能给被申请人带来的损失程度，以及后二者之间的平衡应当是着重考量的因素。第二，审查申请本身的内容是否属于合理限度的范围。通常而言，诉讼期间包含了一审期间及上诉期间，一审期间的保全申请内容不得超过一审起诉状的诉求，上诉期间的保全申请内容应以一审判决确定的内容为限；超过合理范围的请求应当不予支持。第三，法院应当在合理适度的范围内确定行为保全裁定的内容。考虑到诉讼期间探望权争议尚未盖棺论定，实践操作中，通过行为保全裁定确定的探望内容方式应以语音通话、视频通话等“云探望”线上方式为主，以定期、不定期见面、共同进餐等看望式探望为主而避免采用非短期共同生活等逗留式探望，探望的时间频次也应以合理维系父母子女间的交流为限，不应过于频繁，以免引起抚养一方的心理反感及行为抵抗。

（三）提高违法成本及拒不执行的惩罚力度

即使现行《民事诉讼法》及相关司法解释②均已明确对拒不协助另一方行

---

① 参见《第八次全国法院民事商事审判工作会议（民事部分）纪要》第二条：“离婚后，不直接抚养未成年子女的父母一方提出探望未成年子女诉讼请求的，应当向双方当事人释明探望权的适当行使对未成年子女健康成长、人格塑造的重要意义，并根据未成年子女的年龄、智力和认知水平，在有利于未成年子女成长和尊重其意愿的前提下，保障当事人依法行使探望权。”

② 《最高人民法院关于适用〈中华人民共和国民法典〉婚姻家庭编的解释（一）》第六十八条规定，对于拒不协助另一方行使探望权的有关个人或者组织，可以由人民法院依法采取拘留、罚款等强制措施，但是不能对子女的人身、探望行为进行强制执行。

使探望权的有关个人或者组织，可以依法采取拘留、罚款等强制措施甚至追究刑事责任，但像翟某甲这种公然扬言不履行法院生效裁判的却不在少数。究其原因，首先，不协助执行的违法成本低。依据现有规定，个人罚款限额为10万元以下，探望权纠纷的司法实践中一般不会适用顶格处罚，对于铁了心阻挠探望权实施的违法行为人，罚款限度难以起到震慑作用；而拘留通常只能拘留一次，且涉及探望权纠纷，为避免恶化父母关系，执行人员往往慎用拘留措施，亦极少动用承担刑事责任这一最具强制色彩的执行保障手段。其次，不论是罚款、拘留或者是刑事责任等强制措施均停留在原则性、概括性规定上，缺乏具体的标准及实施细则，执行效果往往不尽如人意。对此，笔者针对司法实践情况，提出以下几点建议：

第一，提高强制措施的惩戒力度。首先，细化执行标准，强化执行力度。在法定限度内对照违法行为严重程度细化罚款标准，加大对于拘留措施的适用力度。同时，将拒不执行法院生效裁判者列入失信人员名单，限制其高消费，以此督促其配合探望。其次，正确适用拒不执行法院生效判决文书罪。明确拒不履行法院裁判罪的程序，严格制裁拒不执行生效裁判及阻碍探望者。

第二，将探望权受阻规定为变更监护关系的法定诉讼理由。行为保全裁定不可上诉但可复议，复议期间不影响裁定的效力。若直接抚养一方拒不履行生效保全裁定、拒不配合探视、漠视他人权利及子女需求，则构成非理性、非良善父母，探望权人在必要时可以此为由向法院申请变更监护关系。同时，将协助探望行为保全裁定的执行情况纳入后续探望权纠纷判决的必须考量因素，以此威慑被探望权人配合执行。

第三，建立探望权受阻精神损害赔偿制度。因直接抚养人人为设置探望障碍、拒不执行生效判决致使探望权人遭受精神痛苦及心理伤害的，探望权人可以在符合现有精神损害赔偿相关规定的条件下要求获得精神损害赔偿。判令精神损失赔偿既可以合理填补探望权人因不能行使探望权所受到的伤害，也可以督促抚养人履行探望协助义务，从提高违法成本的角度遏制探望权阻碍行为。

（四）探索建立协助探望行为保全告知机制

制定《协助探望行为保全申请告知书》，载明涉及探望权纠纷的当事人在诉前或者诉讼期间可依法向法院提出协助探望行为保全及协助探望令申请，告知书内容包括但不限于申请的主体、适用的条件、申请的程序、相关法律依据及违法后果。

在诉前立案阶段或者案件诉讼期间，一、二审法院均可主动向涉及探望权纠纷的当事人双方发出《协助探望行为保全申请告知书》，引导探望权人通过行为保全方式依法维护自身的合法权益及子女利益；警示提醒直接抚养一方依法配合探望协助义务，以此推动探索探望权纠纷在诉讼前端的和缓，减少判决后探望权纠纷强制执行的发生。

（**一审法院独任审判员** 刘 波

二审法院独任审判员 彭国强

编写人 广东省广州市黄埔区人民法院 彭逸婷

责任编辑 代秋影

审稿人 刘 敏）

凌某某诉北京某科技有限公司网络侵权责任纠纷案

——短视频平台获取涉他信息的合法性认定

关键词：民事　涉他信息　获取　权利冲突　履行合同所必需

【裁判要旨】

1. 在短视频平台经用户授权获取通讯录中的涉他信息场景下，应综合考量信息来源的合法性和获取的合法性基础来判定侵权构成与否。用户授权读取应认定为用户可携权的正当行使，无须征求第三人的同意。仅当第三人主张删除权时，用户对其可携权被超越负有容忍义务，不得继续提供涉他信息。

2. 短视频平台为履行与用户的服务合同，获取经用户授权的涉他信息，在不超过必要范围的情形下不构成侵权。

【相关法条】

《中华人民共和国民法典》

第一千零三十四条第一款、第二款　自然人的个人信息受法律保护。

个人信息是以电子或者其他方式记录的能够单独或者与其他信息结合识别特定自然人的各种信息，包括自然人的姓名、出生日期、身份证件号码、生物识别信息、住址、电话号码、电子邮箱、健康信息、行踪信息等。

第一千零三十五条第一款第一项　处理个人信息的，应当遵循合法、正当、必要原则，不得过度处理，并符合下列条件：

（一）征得该自然人或者其监护人同意，但是法律、行政法规另有规定的除外；

《中华人民共和国个人信息保护法》

第十三条第二项　符合下列情形之一的，个人信息处理者方可处理个人信息：

（二）为订立、履行个人作为一方当事人的合同所必需，或者按照依法制定的劳动规章制度和依法签订的集体合同实施人力资源管理所必需；

第四十四条 个人对其个人信息的处理享有知情权、决定权，有权限制或者拒绝他人对其个人信息进行处理；法律、行政法规另有规定的除外。

第四十五条第三款 个人请求将个人信息转移至其指定的个人信息处理者，符合国家网信部门规定条件的，个人信息处理者应当提供转移的途径。

第四十七条第一款 有下列情形之一的，个人信息处理者应当主动删除个人信息；个人信息处理者未删除的，个人有权请求删除：

（一）处理目的已实现、无法实现或者为实现处理目的不再必要；

（二）个人信息处理者停止提供产品或者服务，或者保存期限已届满；

（三）个人撤回同意；

（四）个人信息处理者违反法律、行政法规或者违反约定处理个人信息；

（五）法律、行政法规规定的其他情形。

【案件索引】

一审：北京互联网法院（2019）京 0491 民初 6694 号（2020 年 7 月 30 日）

二审：北京市第四中级人民法院（2020）京 04 民终 470 号（2022 年 11 月 18 日）

【基本案情】

原告（上诉人）凌某某诉称：2019 年 2 月 9 日，凌某某在手机通讯录除本人外没有其他联系人的情况下，使用涉案手机号码注册登录某音 App，在“关注”列表中发现大量好友被推荐为“可能认识的人”，且大部分为凌某某微信好友。但凌某某从未使用微信账号登录某音 App，亦未在某音 App 中绑定过微信账号。北京某科技有限公司在凌某某未同意的情况下，非法处理了凌某某的姓名和通讯录等并在自身业务中加以利用，其行为侵害了凌某某隐私权、个人信息权益。故请求法院：（1）判令北京某科技有限公司立即停止侵犯凌某某隐私权和个人信息的行为；（2）判令北京某科技有限公司立即删除未经凌某某明确授权而收集、存储的凌某某姓名、手机号码、社交关系、手机通讯录、地理位置等信息；（3）判令北京某科技有限公司向凌某某书面告知其获取“可能认识的人”的具体方式和推荐“可能认识的人”的详细算法；（4）判令北京某科技有限公司在今日头条官网首页显著位置及某音 App 首页显著位置公开赔礼道歉；（5）判令北京某科技有限公司赔偿经济损失、精神损害抚慰金、维权合理费用共计 6 万元。

被告（上诉人）北京某科技有限公司辩称：某音 App 推荐“可能认识的人”，并非基于凌某某的微信好友关系，而是通过通讯录、某音站内关系综合进行推荐，单独的“好友关系”不能识别到个人，北京某科技有限公司未实施侵害凌某某“好友关系”的行为。某音 App 获得凌某某姓名和手机号是在凌某某相关好友经弹窗提示并点击允许进行授权后，某音 App 访问其通讯录后获得的，并不违法。北京某科技有限公司的行为未超出用户的预期，无侵权故意，并没有给凌某某造成任何损害后果，未侵害其个人安宁。北京某科技有限公司未将所获得的用户信息与第三方共享。凌某某手机通讯录为空，北京某科技有限公司并未获取凌某某的手机通讯录信息。对于凌某某主张的保存期限问题，并无相关法律规定，为保证服务质量，对用户的个人信息进行长期保存，符合用户自身利益和合理期待，不构成侵权。北京某科技有限公司已经在《用户服务协议》及《隐私政策》中披露了获取信息的范围、方式、用途和目的等，凌某某的其他请求超出了其知情权范围，北京某科技有限公司不应提供。综上所述，北京某科技有限公司无侵害凌某某隐私权和个人信息的行为，故请求法院驳回凌某某全部诉讼请求。

法院经审理查明：凌某某是涉案手机号码的使用人，使用该手机号注册了某音 App。某音 App 是短视频分享平台，北京某科技有限公司是该 App 的开发者和运营者。某音 App 与某闪 App 是独立的两款应用软件。涉案行为发生时，某音 App 使用的是 2018 年 10 月 31 日发布且生效的《“某音”隐私政策》，该隐私政策对如何收集、使用、储存、共享、转让、公开披露个人信息，用户权利，隐私政策，以及相关词语释义等方面进行了规定。综合双方举证、质证意见及技术调查官意见，法院认定，北京某科技有限公司是通过其他用户授权收集手机通讯录中凌某某的姓名和手机号码。在凌某某登录某音 App 后，通过手机号码匹配向凌某某推荐“可能认识的人”。根据双方举证，法院认定某音 App 未收集凌某某的手机通讯录，对于用户上传的通讯录设置的存储期限为长期保存。

【裁判结果】

北京互联网法院于 2020 年 7 月 30 日作出（2019）京 0491 民初 6694 号民事判决：一、北京某科技有限公司于本判决生效之日删除 2019 年 2 月 9 日前通过某音软件收集并存储的凌某某姓名和涉案手机号码的个人信息；二、北京某科技有限公司于本判决生效之日删除未经凌某某同意通过某音软件收集并存储的其地理位置信息；三、北京某科技有限公司于本判决生效之日起7日内以书面形式向凌某某道歉；四、北京某科技有限公司于本判决生效之日起7日内赔偿凌某某经济损失1000元；五、北京某科技有限公司于本判决生效之日起7日内赔偿凌某某维权合理费用4231元；六、驳回凌某某的其他诉讼请求。

宣判后，凌某某和北京某科技有限公司均不服一审判决，提起上诉。后双方均申请撤回上诉。北京市第四中级人民法院于2022年11月18日作出（2020）京04民终470号民事裁定：准予凌某某和北京某科技有限公司撤回上诉。一审判决自该裁定书送达之日起发生法律效力。

【裁判理由】

法院生效裁判认为：关于北京某科技有限公司未征得用户同意，读取其他用户手机通讯录中凌某某姓名和手机号码的行为是否构成侵权的问题。手机通讯录属于手机机主的个人信息，其中包含的联系人信息又属于该联系人的个人信息。在处理手机通讯录中联系人的姓名和手机号码时，既是对手机机主个人信息的处理，又是对通讯录中联系人个人信息的处理。所以，这种处理行为一般既应征得手机机主的同意，又应征得每条通讯录联系人的同意。但是，如果要求在任何使用场景下都必须严格征得双重同意，有可能导致具体场景下利益的失衡。需要在具体应用场景中考察是否存在构成个人信息合理使用的情形。首先，从信息的特点与属性来看，姓名和手机号码的组合信息属于特定自然人的联系方式，承载着社交功能。其次，从信息使用的方式和目的来看，北京某科技有限公司在其他用户手机通讯录中读取凌某某姓名和手机号码的目的是满足或促进用户在某音App中建立社交关系。在这一过程中，凌某某的姓名和手机号码并未被公开披露，亦没有证据证明存在直接泄露等风险，对于凌某某的人身和财产利益并没有产生潜在侵害的可能性。就信息使用的目的而言，除满足或促进用户在某音App中建立社交关系外，还具有一定的商业目的，但个人信息的合理使用并不必然排除出于商业目的的使用。再次，从信息使用及其方式对各方利益主体可能产生的影响来看，将现实生活中的社交关系迁移至网络空间，是很多网络用户的合理需求。在此背景下，应用软件在征得手机机主的同意后，通过读取手机通讯录的方式，发现、匹配并推荐好友，为社交关系的迁移提供了便捷、高效的方式，满足了手机用户及其他有意愿在某音App中建立社交关系的用户的需求。对于手机联系人而言，在其注册某音App前，北京某科技有限公司无法在软件内征得其同意，如果严格要求应用软件在读取手机通讯录之前征得每一个通讯录中联系人的同意，虽然技术上可以实现，但对通讯录联系人来说，将可能产生打扰。对于社交软件而言，其依赖用户之间的社交关系来拓展其产品和服务。综上，读取手机通讯录从而获得凌某某姓名和手机号码不构成对凌某某个人信息权益的侵害。

【案例注解】

平衡个人信息保护与数据流通间的利益已成为信息时代的共识。信息具有交互性、复合性，个人信息即便因个人自身的行为而产生，也可能牵涉他人。商业实践中存在信息处理者从个人处获取涉他信息的场景，如本案中，某音App从用户手机通讯录中获取第三人的姓名、手机号。类似场景诸如信息处理者经用户同意读取其聊天记录、邮件记录、交易记录、评论或留言记录等，也屡见不鲜。此类信息固然属于被读取者的个人信息，但其组成部分也常涉及第三人，属于涉他信息。目前，现行规定和理论多以直接或间接获取仅涉单一个人信息为预设场景进行规范。由此，个人是否可将涉他信息直接授权信息处理者读取，信息处理者读取是否具有合法性基础，对此问题不无疑问。

一、通讯录属性之多重

个人信息的性质使得个人信息需在社会交往中方能体现其意义和价值，才有受法律保护的必要，离开社会交往和公共交流，讨论个人信息并无意义。[①]手机通讯录中存储联系人的姓名和手机号码等联系方式，属于信息集合，在一定程度上反映了机主的社交关系，当与其他信息相结合时可以具体到机主，因此，属于机主的个人信息。同时，姓名作为自然人与他人区别的、具有可识别性的称谓或符号，毋庸置疑属于个人信息。随着“手机实名制”政策的推行和普及，手机号码与特定自然人的关联性越发紧密，也被个人信息所涵盖。因此，自然人的姓名与手机号码无论单独抑或组合均具有可识别性，又属于联系人[②]的个人信息。

手机通讯录一般用于社交联络，承载社交功能。随着社交活动在网络空间的发展，各类应用软件的广泛使用，手机号码亦不再局限于电话语音通话的场景，还常用于各类应用软件的账号创建、身份验证、搜索用户等场景，成为用户[③]在网络上建立、拓展、迁移社交关系过程中经常被使用的信息。当信息处理者读取了手机通讯录后，该通讯录上的姓名与电话号码又成为信息处理者的数据。综合前述，通讯录上可具备用户个人信息权益、第三人信息权益及信息

① 郑晓剑：《个人信息的民法定位及其保护模式》，载《法学》2021 年第 3 期。
② 联系人即第三人，下文第三人与联系人同义。
③ 用户即机主，下文机主与用户同义。

处理者的数据权。

二、短视频平台获取涉他信息之合法性

回到本案，凌某某的好友基于将其与凌某某的社交关系从手机本地拓展到某音 App 的目的，又基于其对手机通讯录享受的信息权益进而同意某音 App 读取其通讯录，从而使某音 App 获取其手机通讯录中所有第三人包括凌某某的个人信息。目前，对于个人信息的保护要求任何处理个人信息的行为都需要具备合法性基础，凌某某的好友在未经过凌某某等第三人同意，出于自身需求将涉他信息提供给某音 App，某音 App 基于此产生的读取行为是否符合法律规定是本文讨论的重点。

（一）信息源之合法

1. 可携权与删除权之引入。

如前所述，通讯录由第三人的姓名或手机号码等组成，因此机主与第三人因信息对象重叠将可能发生权利冲突。

权利冲突是双方在均具有法律依据的情况下，因正当地行使权利而陷入对峙与僵局，冲突双方均没有突破各自的内在权利界限，更没有外在地侵入对方的权利范围。① 即便两项权利不能同时实现，也并不意味着必然发生权利冲突，因为权利冲突以双方行使权利的主观意愿为前提条件。② 如在离婚纠纷中，只有双方都主张对子女的抚养权时，才会发生权利冲突。因此，当机主行使可携权向某音 App 提供手机通讯录时，由于第三人并不知晓此事，未主张删除权利，权利冲突并未发生；当第三人提出异议主张删除权利时，第三人与机主之间的权利冲突才得以产生。

2. 可携权行使之正当性。

第三人未提异议前，权利冲突虽未发生，但机主将涉他信息提供给信息处理者是否合法仍须明晰。《个人信息保护法》系统地规定了个人在个人信息处理活动中享有的系列权益，其中，可携权作为个人对抗平台处理活动的权益之一，被期待发挥强化用户信息自主决定权、方便个人在不同平台之间转移用户信息以及打破信息垄断的作用。③ 可携权的行使过程中，难免发生转移的信息中包含第三人信息的情形，本案转移通讯录信息系可携权落地的典型场景。回顾可携权的入法争议，立法者即便意识到可携权制度的诸多潜在弊端包括可能

---

① 彭诚信、苏昊：《论权利冲突的规范本质及化解路径》，载《法制与社会发展》2019 年第 2 期。

② 彭诚信、苏昊：《论权利冲突的规范本质及化解路径》，载《法制与社会发展》2019 年第 2 期。

③ 王利明、丁晓东：《论〈个人信息保护法〉的亮点、特色与适用》，载《法学家》2021 年第 6 期；程啸：《个人信息保护法理解与适用》，中国法制出版社 2021 年版，第 344 页。

携带涉他信息，仍在草案三审时加入相应条款并最终成文，重要目的之一便是期待可携权能够“打破数据领域的垄断问题、激励行业竞争和技术创新”[①]，充分促进信息的流通利用，进而实现信息价值的最大化挖掘，达成信息资源的共享。据此，立法确立可携权意味着此种信息的转移并不需要经信息所涉第三人的事先同意，否则可携权将在现实中被架空。由此，可携权的正当性表明，机主未经凌某某的同意授权某音 App 读取其通讯录是正当行使其拥有的可携权权利，具备合法性基础。

3. 权利冲突之化解。

当凌某某提出异议要求删除时，其与机主的权利冲突自此产生。权利冲突的化解路径多样，就个人间的权利冲突而言，可以通过权利间的相互让步[②]或者权利的超越与补偿[③]来平衡利益。权利间实现相互让步的前提是冲突所涉及的利益具有可分性。本案机主与凌某某因信息部分重叠而发生冲突，所涉利益不具有可分性，所以权利让步方案无法适用，权利超越成为化解冲突的可适用途径。

删除权作为一项防御性权益，被期待用于保证个人信息的自决和完整，进而维护个人信息主体的人格尊严。[④] 删除权作为个人信息权益之一，承载了个人人格权益，其相较于更具财产利益面向的可携权需要得到法律的倾斜保护。[⑤] 而且偏重维护删除权对于《个人信息保护法》构造的以“知情—同意”为原则的个人信息收集制度至关重要。[⑥] 参照比较域外法，具有标杆意义的欧盟《一般数据保护条例》（以下简称欧盟 GDPR）第 20 条第 3 款明确规定，可携权的行使不应阻碍删除权的实现，[⑦]《美国加州消费者隐私法案》（CCPA）

---

① 杨合庆主编：《中华人民共和国个人信息保护法释义》，法律出版社 2022 年版，第 115 页；王利明、丁晓东：《论〈个人信息保护法〉的亮点、特色与适用》，载《法学家》2021 年第 6 期。

② 权利间的相互让步指对权利冲突所指向的正当利益进行重新分配，使双方分别享有权利的部分利益，即权利主体对各自权利的不完全实现。参见彭诚信、苏昊：《论权利冲突的规范本质及化解路径》，载《法制与社会发展》2019 年第 2 期。

③ 后者指一项权利超越与之对立的另一项权利，并由胜出的一方权利人实际行使权利，且一般需就此向被超越的一方予以补偿，即超越的一方通过补偿来“买断”对方的权利。参见彭诚信、苏昊：《论权利冲突的规范本质及化解路径》，载《法制与社会发展》2019 年第 2 期。

④ 王利明：《论个人信息删除权》，载《东方法学》2022 年第 1 期。

⑤ 张新宝：《个人信息收集：告知同意原则适用的限制》，载《比较法研究》2019 年第 6 期；汪庆华：《数据可携带权的权利结构、法律效果与中国化》，载《中国法律评论》2021 年第 3 期；徐伟：《涉第三人信息的处理规则及其原理——兼评凌某某诉某音案》，载《华东政法大学学报》2022 年第 6 期。

⑥ 姚佳：《论个人信息处理者的民事责任》，载《清华法学》2021 年第 3 期。

⑦ 金耀：《数据可携权的法律构造与本土构建》，载《法律科学》2021 年第 4 期；王锡锌：《个人信息可携权与数据治理的分配正义》，载《环球法律评论》2021 年第 6 期。

同样规定可携权的行使不应影响他人的权利和自由。在解释上，他人的权利包含删除权。①

实践中，社交软件中常设置"是否允许他人通过手机号码找到我"的选项。这意味着个人基于对个人信息的决定权可以拒绝自己的信息被推荐给其他人。目前，该做法已被公众普遍认可。根据上述分析，在社交软件读取通讯录的场景中，第三人对信息享有的删除权超越机主对信息的携带权。

虽然机主的信息可携权被第三人的删除权所超越，但并不意味着其对手机通讯录整体的个人信息权益被废除、消灭或自始不存在，而只是在承认双方权益正当性的前提下，确认由胜出的第三人实际行使权利，被超越的手机机主对该信息作出让步，即负有容忍义务，允许第三人删除被移转至某音 App 的信息且不得继续提供。由于机主客观上无法删除某音 App 所获取的信息，此时需要某音 App 协助删除。若某音 App 未及时采取删除等措施，则其需就此对第三人承担侵权责任。

（二）获取行为之合法

当第三人未提异议之时，机主将涉第三人信息的通讯录提供给某音 App 虽然具有合法性，但并不意味某音 App 未经第三人同意就此获取第三人信息同样具备合法性基础。

虽然适度允许互联网行业在安全的前提下合理使用个人信息，可以促进互联网行业和数字经济的发展，但适度的合理使用应以不损害个人利益为前提。因此，某音 App 在获取通讯录内容时除需具备合法性基础外，还需符合必要性原则。本案中，某音 App 的获取行为是为了履行向机主提供匹配好友的合同义务，由此需探究该行为是否为履行此合同所必需，是否满足必要性要求。

必要性原则要求信息处理者处理个人信息时不应当超过可以实现处理目的的最低限度，其处理的个人信息应当限于满足处理目的的最小范围之内。目前，我国在法律层面并没有对"必要"的判断标准进行具体规定，但国家标准以及域外规定为判断"必要"提供了思路。

国家标准《信息安全技术移动互联网应用程序（App）收集个人信息基本要求》（2022）附录 C 规定：App 收集通讯录信息，应满足以下要求：通过系统权限读写的行为应由用户主动触发，并仅在相应业务功能使用时申请。国家标准《信息安全技术网络音视频服务数据安全指南》（2022）附录 D 中在关注推荐的场景下允许申请读取用户通讯录。据此，本案某音 App 作为短视频社交平台申请读取手机通讯录的行为是被允许的。

① See Sasha Hondagneu - Messner, *Data Portability: A Guide and a Roadmap*, 47 Rutgers COMPUTER & TECH. L. J. 240, 2021, pp. 249 - 250.

《个人信息安全规范》（2020年版）第5.2条中规范了收集个人信息的最小必要范围，要求个人信息控制者收集个人信息的类型应与实现产品或服务的业务功能有直接关联，即没有该个人信息的参与，该项产品或服务业务的功能就无法实现；同时，还要求间接获取的个人信息数量是最少数量。此外，根据该规范第3.17条可知，业务功能指满足个人信息主体的具体使用需求的服务类型。

域外欧洲数据保护委员会第2/2019号指引《在向数据主体提供在线服务时，根据GDPR第6（1）（b）条规定处理个人数据的准则》中也对合同“必要性”作出了解释，要求必须是客观上的必要，是基于实现合同目的的必要，非根据合同的约定；合理的数据主体在其与数据控制者订立合同时，就客观上期待和判断这项服务中必须进行的数据处理行为。

据此，判断某音App的读取行为是否属于履行合同所必需，需要厘清双方订立服务合同的目的；考量读取行为和某音App履行服务合同间是否具有直接关联；读取的个人信息数量是否为最少数量。

在某音App弹框申请读取手机通讯录的“要约”行为和机主点击同意的“承诺”行为后，双方订立了以为机主匹配手机通讯录好友为目的的服务合同。此后，某音App负有向机主提供匹配手机通讯录好友的必需服务义务，而机主负有向某音App提供其手机通讯录的必需义务。机主通过允许某音App读取其手机通讯录的方式履行提供义务。而某音App为履行服务义务需先知晓手机通讯录的内容，读取是获取内容在客观现实中的唯一途径。如不读取手机通讯录，则无从知晓机主通讯录中的任何第三人的信息，进而无法提供匹配好友的义务，最终将导致匹配手机通讯录好友的合同目的无法实现。据此，某音App读取机主手机通讯录的行为符合服务合同目的，与实现服务合同目的具有直接关联。

对于某音App同时读取姓名与手机号是否超过必要范围一项，有观点认为，某音App读取手机号即可实现服务合同目的，额外读取姓名超过必要范围。需要指出的是，分析必要性时并不能脱离客观现实进行，还需要进行成本效益分析，从而作出综合判断。例如，在认定新闻报道是否侵害人格权时，除了确定报道人是否尽到了核实义务，还应当考虑核实的成本。若核实成本较高，则其核实义务应当相应降低。现有技术对于手机通讯录的读取仅能做到一体获取，无法达到姓名、手机号分开读取的技术高度。此时，要求某音公司为此投入大量的资金、人力、时间研发手机通讯录信息分开读取技术，难免成本过高，效益过低。

有观点认为，在同意某音App读取手机通讯录前，机主可以通过短信、电话等方式询问第三人意见，某音App仅读取同意的第三人信息即可，一概读取则超过必要范围。此观点忽略了某音 App 作为被动接收方，对手机通讯录不具备控制权，无法决定通讯录的内容，无法甄别信息是否经过第三人同意。由此，某音 App 根据机主提供的手机通讯录信息进行读取并未超出读取的最小数量。

综合前述，某音 App 读取行为符合必要性原则，并未超过履行以匹配好友为目的的合同所必需的范围，具备履行合同所必需的合法性基础。

三、获取涉他信息规范化展望

信息的特点在于传递和共享，因此，同一信息上涉及多个主体是生活中较为常见的现象。立法可以根据不同的信息类型或者要求信息主体同意或者由信息管理者提供法律规定的理由，进而展开不同梯次、层次的保护。如此才能在司法实践中顺利解决自动驾驶收集第三人人脸信息问题、存储型 App 存储包含有第三人信息等广泛存在的问题。在数据处理者方面，应给予关系链中的主体一定的自主控制权限，如是否接受对外推荐等。同时，对于由用户提供的涉第三人信息应在用户手机本地处理，不再上传至数据处理者的数据库中，从而更好地平衡个人信息的保护与利用。

（**一审法院合议庭成员** 刘书涵 张连勇 朱 阁
二审法院合议庭成员 张勤缘 张 岩 胡怀松
编写人 北京市第四中级人民法院 胡怀松 王 瑜
责任编辑 代秋影
审稿人 刘 敏）

罗某某诉林某某名誉权纠纷案

——微信朋友圈评论构成名誉侵权的司法认定

关键词：民事　名誉权　互联网名誉侵权　微信朋友圈　评论

【裁判要旨】

1. 认定微信朋友圈评论构成名誉侵权，须满足侵权行为、损害后果、因果关系、主观过错四个构成要件。因虚拟网络空间与传统现实空间存在着显著差别，评估公民在微信朋友圈发布的评论是否带来损害后果时，需综合考虑微信朋友圈评论区的特点，衡量传播范围和损害程度。

2. 互联网名誉权纠纷案件在举证责任分配上适用一般举证规则，即“谁主张，谁举证”。因微信朋友圈评论限双方共同好友可见，认定微信朋友圈评论构成名誉侵权，须由被侵权人举证证明双方存在共同好友，且其社会评价因该微信朋友圈评论而降低，否则，不应认定微信朋友圈评论构成名誉侵权。

【相关法条】

《中华人民共和国民法典》

第一千零二十四条　民事主体享有名誉权。任何组织或者个人不得以侮辱、诽谤等方式侵害他人的名誉权。

名誉是对民事主体的品德、声望、才能、信用等的社会评价。

第一千一百六十五条　行为人因过错侵害他人民事权益造成损害的，应当承担侵权责任。

依照法律规定推定行为人有过错，其不能证明自己没有过错的，应当承担侵权责任。

第一千一百九十四条　网络用户、网络服务提供者利用网络侵害他人民事权益的，应当承担侵权责任。法律另有规定的，依照其规定。

《中华人民共和国民事诉讼法》

第六十七条　当事人对自己提出的主张，有责任提供证据。

当事人及其诉讼代理人因客观原因不能自行收集的证据，或者人民法院认为审理案件需要的证据，人民法院应当调查收集。

人民法院应当按照法定程序，全面地、客观地审查核实证据。

《最高人民法院关于适用〈中华人民共和国民事诉讼法〉的解释》

第九十条 当事人对自己提出的诉讼请求所依据的事实或者反驳对方诉讼请求所依据的事实，应当提供证据加以证明，但法律另有规定的除外。

在作出判决前，当事人未能提供证据或者证据不足以证明其事实主张的，由负有举证证明责任的当事人承担不利的后果。

【案件索引】

一审：福建省龙岩市新罗区人民法院（2022）闽0802民初3688号（2022年7月7日）

【基本案情】

原告罗某某诉称：2022年4月15日，林某某因不满罗某某披露福建某矿山机械有限公司（以下简称某矿山公司）克扣员工提成一事，恶意在罗某某发布的微信朋友圈中评论“敲诈勒索专业户！已对多家企业实施同类行为，请用人单位慎用此人”来侮辱、污蔑和诽谤罗某某，致使罗某某精神、生活、经济都受到严重的损失：精神上，由于林某某的无故侮辱、污蔑、诽谤，造成罗某某晚上严重失眠；生活经济来源方面，林某某的诽谤造成罗某某找工作艰难，整个家庭由此失去经济来源。2022年4月16日，罗某某已将此事的严重性告诉林某某，要求林某某删除评论并道歉，但林某某目无法律，不知悔改，情节严重。故请求法院判令：林某某立即删除微信朋友圈和聊天记录中对罗某某恶意污蔑、诽谤的不当言论，公开道歉，并赔偿精神损失费400元，恢复罗某某的名誉。

被告林某某辩称：林某某在罗某某朋友圈发表的讼争评论系因罗某某的不当言行所引起。罗某某原系某矿山公司销售经理，后提出辞职，要求林某某支付其2020年在某矿山公司的一笔业务提成，因该笔业务实际上并非由某矿山公司成交，款项也未支付至某矿山公司，故林某某未予以支付。罗某某本着损害林某某及其公司名誉及商誉的目的，编造了某矿山公司及林某某拖欠员工工资及业务提成一事，于2022年3月29日去“E龙岩”投诉。2022年4月12日，罗某某在龙岩某某网上发布了《福建某矿山机械有限公司克扣员工业务提成》一文，意图通过社会舆论给林某某及某矿山公司施压，达到其离职后能获取其不正当利益的目的。2022 年 4 月 13 日起，罗某某将龙岩某某网上的发文直接发至其朋友圈，林某某因罗某某之前用各种手段威胁、毁损其及公司名誉的行为，一气之下在罗某某的朋友圈发布了本案的讼争评论。林某某说罗某某敲诈勒索，系因罗某某辞职后通过员工向林某某提了八项要求，罗某某当时说若林某某不答应，他将不惜通过各种途径去投诉、举报，搞垮公司及林某某。在林某某未满足罗某某的要求下，罗某某确实通过各种途径去投诉、举报、折腾，故林某某认为罗某某的行为是在敲诈勒索。林某某在罗某某微信朋友圈发文下作出评论，该评论仅双方共同好友可见，如果罗某某认为林某某的言论对其造成了损害，可以删除林某某发出的评论，且因罗某某朋友圈设置了权限，林某某无法再自行删除本案的评论内容。林某某认为，罗某某提供的证据无法证明双方之外的人看到并对罗某某的名誉造成了负面评价，罗某某要求的精神损害赔偿于法无据，综上，请求人民法院予以驳回。

法院经审理查明：2022 年 4 月 12 日，罗某某在龙岩某某网上发表《福建某矿山机械有限公司克扣员工业务提成》一文，该文的主要内容为“在 2020 年年初谈的一单业务，总金额大概 175 万元的机械设备，当时某矿山公司的负责人担心客户的资金问题不想承担风险，让客户直接跟工厂签合同并承诺肯定算我的业务，其间客户也提出直接跟工厂签合同会不会影响我的业务，负责人明确回复肯定算我的业务，没有影响，而且在公司的几次工作会议上都明确表示肯定算我做的业务。机器交付时也是我本人代表福建某矿山公司出面交易，后期机器的维修和配件也是某矿山公司在做，后面就以工厂那边没有算费用给他公司为由不算业务提成，就因为当时没有直接跟某矿山公司签合同，所以在这里提醒：如果有打算去这家公司的朋友，负责人承诺什么的时候一定要用文字或者录音的形式保存下来！”该文引起网友评论。2022 年 4 月 15 日，林某某在罗某某微信朋友圈转发的上述文章下评论“敲诈勒索专业户！已对多家企业实施同类行为，请用人单位慎用此人”，罗某某在其微信朋友圈回复林某某一个捂嘴笑的表情符号。此后，罗某某与林某某进行了微信聊天，聊天记录显示，林某某发“呵呵 你以为每个人都跟你一样无耻”，罗某某发“说无耻非你莫属”，林某某发“不就缺两个钱嘛，有手有脚不好好找份工作做，却干起无耻的敲诈勒索缺德勾当”，罗某某发“你请继续，这些也会上网”。2022 年 4 月，罗某某诉至法院，请求判如所请。

【裁判结果】

福建省龙岩市新罗区人民法院于 2022 年 7 月 7 日作出（2022）闽 0802 民

初3688号民事判决：驳回原告罗某某的诉讼请求。宣判后，原被告均未提出上诉，该判决现已发生法律效力。

【裁判理由】

法院生效裁判认为：双方争议的焦点是，原告诉称被告侮辱、污蔑、诽谤原告，损害原告名誉的主张是否成立？是否造成原告名誉的损失？原告诉请要求被告删除侮辱、污蔑、诽谤的言论，向原告公开道歉，并赔偿原告精神损失费400元是否合理？所谓名誉权是指公民或法人保持并维护自己名誉的权利。构成名誉侵权应同时具备以下条件：名誉权被侵害的事实、行为人的违法事实、行为人主观上有过错、受害人社会评价确因侵权人的违法行为降低、违法行为与损害后果间有因果关系。本案中，林某某于2022年4月15日在罗某某的微信朋友圈对罗某某发布的《福建某矿山机械有限公司克扣员工业务提成》一文下作“敲诈勒索专业户！已对多家企业实施同类行为，请用人单位慎用此人”的评论，该评论是林某某对罗某某的不当言论，但该评论只有双方共同的微信好友点开罗某某的微信朋友圈发文评论栏时，才能看得到此评论及双方共同的微信好友对该评论的评论。若罗某某对林某某的该评论有意见或意见很大，罗某某可删除或屏蔽该评论，不让他人看到。罗某某未向法院提供证据证明其双方共同的微信好友看到该评论，并对该评论作出各自不同的看法，已对其造成影响。罗某某与林某某在微信聊天记录中，双方互相用言论攻击对方。双方的微信聊天记录，只有双方各自看得到，其他人是看不到的，不存在微信好友对其社会评价高或低的问题，不存在对其造成不良影响的问题。根据《民事诉讼法》第六十七条第一款规定的“谁主张，谁举证”的原则，罗某某向法院提供的所有证据，尚不足以证明其主张的微信好友降低了对其的社会评价，其遭受了不良影响的问题，尚不构成侵犯其名誉权。因此，罗某某的诉请依据不足，法院不予支持。

【案例注解】

本案系由微信朋友圈评论引发的互联网名誉侵权纠纷案件。《民法典》将人格权独立成编，显示出我国对人格权保护的重视程度。名誉权作为一项重要的人格权，获得的保护亦随着《民法典》的发布施行而不断强化。近年来，即时通讯软件迅速发展，渗透到人们工作生活的方方面面，侵犯名誉权的场所也从单一的传统现实场景转向包含虚拟网络空间的多元化场景。

微信作为国内即时通讯的"龙头"软件，其用户群体庞大。以微信群、公众号、朋友圈等功能为侵权场所的名誉权纠纷案件层出不穷，笔者在中国裁判文书网以2016—2023年为检索期间，以"名誉权纠纷"为案由，以"微信"作为关键词，共检索到2498篇裁判文书。① 由检索数据可见，近年来，涉及微信平台的名誉权纠纷案件迅速增长，由此也给司法审判工作带来新的挑战。本案作为以微信朋友圈评论区为侵权场所的互联网名誉侵权纠纷案件，在遵循一般名誉权侵权构成四要件原理的基础上，对微信朋友圈评论区的特点及名誉侵权的认定进行了充分论证说明，为微信朋友圈评论构成名誉侵权的司法认定提供了分析样本。以下，笔者结合本案案情，对微信朋友圈评论构成名誉侵权及相关法律问题进行分析。

一、微信朋友圈评论区的网络特点

微信"朋友圈"是由微信推出的，具备实时发布文字、图片、视频或转载他人文字、图片、视频功能的网络空间。微信用户可以通过朋友圈发表文字和图片，也可通过其他软件将文章或音乐分享到朋友圈形成朋友圈动态，同时用户的好友能浏览该用户在朋友圈发布的动态内容并进行"点赞"或"评论"互动。微信朋友圈评论区的特点可概括为：

可见范围的不确定性。朋友圈动态的评论互动限双方共同好友可见，是微信朋友圈评论区最显著的特点。微信用户在动态下发表的评论内容是否会为第三人所知及其传播范围，取决于双方共同好友数量的多寡。当互动双方不存在共同好友时，该互动内容不为第三人所知；随着双方共同好友人数增多，互动评论区的公共空间属性也逐渐显现。

评论删除权的共享性。微信朋友圈评论区的另一特性，系动态发布人和评论发布人均有权在动态可见的时间内对评论内容进行删除。评论发布人可以在动态可见时间内删除其发表的评论，动态发布人也可以随时删除该评论。

本案中，林某某即是作为罗某某的微信好友，在罗某某转载龙岩某某网文章的朋友圈动态下发表案涉评论。

二、微信朋友圈评论侵犯名誉权的构成要件

尽管网络虚拟空间与现实生活存在差异，但网络侵权仍属于传统过错责任形态下的侵权类型。根据《民法典》第一千一百六十五条第一款"行为人因

---

① 最新检索时间为2023年8月23日，共检索到2395篇裁判文书，增加"微信群"关键词后共检索到874篇裁判文书，增加"朋友圈"关键词后共检索到722篇裁判文书，增加"朋友圈评论"关键词后共检索到9篇裁判文书。

过错侵害他人民事权益造成损害的，应当承担侵权责任”及第一千一百九十四条“网络用户、网络服务提供者利用网络侵害他人民事权益的，应当承担侵权责任”之规定，认定微信朋友圈评论构成名誉侵权，须满足四个构成要件：

（一）侵权行为

自然人基于依法享有的言论自由权利，有权在网络上发表自己的意见及评论，但对于涉及他人名誉的言论，自然人应对其言论的真实性负责。从平衡保护公民言论自由及名誉权的角度，若行为人在他人微信朋友圈评论区，发布了侮辱、诽谤等损害他人名誉的评论，应认定其超越了言论自由限度，构成侵权行为。本案中，罗某某将自己发布于龙岩某某网的文章转载至微信朋友圈，林某某在罗某某转载文章的朋友圈动态下发表带有“敲诈勒索专业户”字眼的评论，因“敲诈勒索”的指控超出一般的批评性言论范围，易对罗某某的名誉产生负面影响，且林某某未有证据证明罗某某确曾实施了“敲诈勒索”之行为，故林某某在罗某某微信朋友圈评论区所作评论系超越言论自由限度、损害罗某某名誉的不当评论，林某某事实上实施了名誉侵权行为。

（二）损害后果

名誉权的保护对象具有社会性，名誉权受损的评判标准之一是社会对特定主体的评价变化。[①] 因此，损害后果要求行为人发布的朋友圈评论违反了保护名誉权的法律规定，会造成他人社会评价的降低，即要求存在除当事人之外的第三人，因行为人发布的朋友圈评论内容而对被侵权人的社会评价发生改变。本案中，评估林某某的不当评论是否给罗某某带来了损害后果，需厘清的难点在于确定该评论是否造成罗某某社会评价的降低，即是否存在除罗某某与林某某之外的第三人因林某某的不当评论对罗某某的社会评价发生改变。由于微信朋友圈评论区的特点，林某某的不当评论限林某某与罗某某的共同好友可见，故仅在双方存在共同好友这一前提下，损害后果方才具备产生基础。因罗某某未提供证据证明其与林某某双方存在共同好友，同时，其在享有不当评论删除权的情况下，仅对林某某的不当评论回复以微信表情，而非行使删除权将其不当言论删除，故无法认定林某某的不当评论产生了损害后果。

（三）因果关系

即要求行为人发布的朋友圈评论与他人社会评价降低间存在因果关系。实践中对因果关系的判定，多遵循直接原因规则和相当因果关系规则，[②] 对于侵

① 杨坦辉、黄云：《名誉权纠纷的法理解析与审理要点》，载《人民司法·应用》2016 年第 7 期。

② 最高人民法院民法典贯彻实施工作领导小组主编：《中华人民共和国民法典侵权责任编理解与适用》，人民法院出版社 2020 年版，第 29 页。

权责任纠纷，通常运用相当因果关系规则，以行为人作出行为时应有的社会经验和知识水平作为判断标准，即行为人发布的评论有造成他人名誉贬损的可能性，且实际上确实造成他人名誉贬损的损害结果，则应认定行为人发布的朋友圈评论与他人名誉贬损之间存在因果关系。

（四）主观过错

过错是指行为人在实施侵权行为时对于损害后果的主观心理状态，包括故意和过失。[①] 行为人发布朋友圈评论损害他人名誉的过错，主要表现为故意捏造贬损他人名誉的虚假评论并在朋友圈评论区发布、未经核实真实性即发布朋友圈评论放任损害他人名誉的后果发生、出于过失未能预见发布的朋友圈评论会造成损害他人名誉的后果或者轻信能够避免等主观心理状态。

本案中，林某某发表案涉评论的违法性认定被损害后果这一构成要件所阻断，故不构成互联网名誉侵权行为，无须承担相应的民事责任。本案凸显了虚拟网络空间与传统现实空间的显著差别，此类由微信朋友圈评论引发的互联网名誉侵权纠纷案件，须在满足名誉权侵权构成要件前提下，综合考虑微信朋友圈评论区具备的信息网络特点，衡量朋友圈评论的传播范围和损害程度。

三、微信朋友圈评论侵犯名誉权的举证责任规则

根据《最高人民法院关于适用〈中华人民共和国民事诉讼法〉的解释》第九十条“当事人对自己提出的诉讼请求所依据的事实或者反驳对方诉讼请求所依据的事实有责任提供证据加以证明。没有证据或者证据不足以证明当事人的事实主张的，由负有举证责任的当事人承担不利后果”之规定，名誉权纠纷案件在举证责任分配上适用一般举证规则，即“谁主张，谁举证”。

本案中，林某某在罗某某朋友圈动态下发表带有“敲诈勒索专业户”字眼的评论，林某某即负有提供证据证明罗某某存在敲诈勒索行为的责任。林某某辩称系因罗某某通过各种途径投诉、举报、折腾导致其认为罗某某的行为是在敲诈勒索，但未能提供证据证明罗某某之行为构成“敲诈勒索”，故林某某在罗某某朋友圈下发表的案涉言论构成不当言论。而罗某某主张林某某的不当言论造成其社会评价降低、名誉受损，其负有提供证据证明其主张的责任。因朋友圈评论具有可见范围不确定的特点，罗某某即应提供证据证明其与林某某存在共同好友，且共同好友因林某某的不当评论而降低了对罗某某的社会评价。在未能举证的情况下，罗某某应按举证责任规则承担不利的法律后果。

---

① 最高人民法院民法典贯彻实施工作领导小组主编：《中华人民共和国民法典侵权责任编理解与适用》，人民法院出版社2020年版，第27页。

综上，福建省龙岩市新罗区人民法院认定罗某某的诉请依据不足，依法判决驳回罗某某的诉讼请求。

（**一审法院独任审判员** 陈上熠

编写人 福建省龙岩市新罗区人民法院 陈诗琦

责任编辑 代秋影

审稿人 刘 敏）

曾某妹、曾某等诉曾某云、曾某志居住权纠纷案

——《民法典》实施前离婚协议约定居住权的司法认定

关键词：民事　居住权　用益物权登记效力　居住权主体范围

【裁判要旨】

1.《民法典》实施前离婚协议约定将房屋所有权赠与孩子并保留夫妻双方居住权的，《民法典》实施后受赠与的房屋所有权人不能以该居住权未登记为由申请撤销居住权。

2. 居住权属于用益物权，为了充分发挥房屋效能，满足老年人的生活居住需要，居住权人赡养的父母享有与居住权人共同居住的权利。

【相关法条】

《中华人民共和国民法典》

第三百六十六条　居住权人有权按照合同约定，对他人的住宅享有占有、使用的用益物权，以满足生活居住的需要。

第三百六十八条　居住权无偿设立，但是当事人另有约定的除外。设立居住权的，应当向登记机构申请居住权登记。居住权自登记时设立。

第三百七十条　居住权期限届满或者居住权人死亡的，居住权消灭。居住权消灭的，应当及时办理注销登记。

《最高人民法院关于适用〈中华人民共和国民法典〉时间效力的若干规定》

第三条　民法典施行前的法律事实引起的民事纠纷案件，当时的法律、司法解释没有规定而民法典有规定的，可以适用民法典的规定，但是明显减损当事人合法权益、增加当事人法定义务或者背离当事人合理预期的除外。

【案件索引】

一审：江西省井冈山市人民法院（2022）赣0881民初703号（2022年6月23日）

二审：江西省吉安市中级人民法院（2022）赣08民终1565号（2022年8月31日）

【基本案情】

原告（上诉人）曾某妹、曾某、曾某凡诉称：曾某妹、曾某、曾某凡的母亲胡某英与父亲曾某云经调解离婚，离婚协议约定曾某妹、曾某由胡某英抚养，曾某凡由曾某云抚养，夫妻名下一栋三层房屋归曾某妹、曾某、曾某凡所有，胡某英、曾某云对该房屋均享有居住权。离婚后，曾某妹、曾某、曾某凡一直跟随胡某英生活。曾某云离婚后，跟他人结婚生子，并且居住在女方家，其父亲曾某志在案涉房屋中居住生活。2022年3月，曾某妹、曾某、曾某凡将案涉房屋所有权变更到自己名下，在案涉房屋中安装了摄像头，但是曾某云、曾某志予以阻止，并且损坏了门、床、插座、摄像头等物品。原告认为，曾某云、曾某志的行为严重影响了曾某妹、曾某、曾某凡对房屋所有权、使用权的行使。故请求法院判令：（1）撤销曾某云对案涉房屋的居住权；（2）修复损坏物品或者赔偿损失，并不得采取任何妨害占有、使用房屋的行为；（3）责令曾某志搬出案涉房屋。

被告（被上诉人）曾某云、曾某志辩称：案涉房屋由曾某云、胡某英婚姻存续期间自筹资金建造了第一层、第二层，曾某云父母出资建造了第三层，且整栋房屋建造模板均由曾某云父母负责，曾某云父母还另外出资了15000元。曾某云与胡某英离婚时，将房屋赠与曾某妹、曾某、曾某凡，所附条件为曾某云拥有房屋居住权。曾某云母亲去世后，父亲曾某志因年迈（84岁）由两个儿子轮流照顾，故曾某志在曾某云赡养照顾期间随曾某云居住。曾某妹、曾某、曾某凡要求撤销曾某云的居住权，有违人之常情，作为赠与人的曾某云完全可以依法撤销对曾某妹、曾某、曾某凡的赠与。曾某妹、曾某、曾某凡主张的财物损失不属实，且与曾某云无关。

法院经审理查明：2018年9月5日，胡某英、曾某云因感情不和，经法院调解自愿离婚，并约定婚生子曾某凡由曾某云抚养，婚生女曾某妹、曾某由胡某英抚养，抚养费各自负担；夫妻共同所有的一栋三层砖混结构房屋归曾某妹、曾某、曾某凡共同所有，胡某英、曾某云只享有居住权。后曾某妹、曾某、曾某凡一直随母亲胡某英在其娘家生活，2021 年 9 月 22 日，胡某英向法院起诉要求变更曾某凡的抚养关系，法院判决曾某凡变更为由胡某英抚养至 18 周岁。曾某云不服提起上诉。二审法院驳回上诉，维持原判。曾某云离婚后于 2021 年 2 月 19 日再婚，其长年在外务工，每年的节假日曾某云基本都会回来与家人团聚。曾某云父亲曾某志的老房子年久失修，一直在案涉房屋中独自生活。

【裁判结果】

江西省井冈山市人民法院于 2022 年 6 月 23 日作出（2022）赣 0881 民初 703 号民事判决：驳回曾某妹、曾某、曾某凡的诉讼请求。

宣判后，曾某妹、曾某、曾某凡向江西省吉安市中级人民法院提出上诉。江西省吉安市中级人民法院于 2022 年 8 月 31 日作出（2022）赣 08 民终 1565 号民事判决：驳回上诉，维持原判。

【裁判理由】

法院生效裁判认为：本案中，涉案房屋系曾某云与胡某英婚姻关系存续期间共同建造，离婚协议约定，曾某云和胡某英将涉案房屋无偿赠与曾某妹、曾某、曾某凡，曾某云与胡某英分别享有一楼和二楼的居住权，此部分应属附条件的赠与。曾某云与胡某英约定居住权的行为发生于《民法典》施行前，而当时的法律并未设立居住权，更无登记的要求，《民法典》实施后，才要求对居住权进行登记，这增加了曾某云的法定义务，且曾某妹、曾某、曾某凡已经办理了不动产权属证书，取得了该房屋的所有权，故曾某妹、曾某、曾某凡也应保证曾某云的居住权。离婚协议并未约定居住权的期限，曾某云对涉案房屋的居住权不符合消灭条件，曾某云在涉案房屋所在地无其他住所，因此，对于曾某妹、曾某、曾某凡要求撤销曾某云对涉案房屋一楼居住权的诉讼请求，不予支持。曾某志系曾某云的父亲和曾某妹、曾某、曾某凡的祖父，在涉案房屋的一楼居住多年，且曾某志原来居住的老房子年久失修，虽然曾某妹、曾某、曾某凡不是曾某志的赡养人，但作为家庭成员，有关心和照料祖父的义务。根据本案案情，在衡量法律尺度的同时也应兼顾伦理的限度与亲情的温度，考虑中华民族尊敬长辈的优良文化传统，应树立文明和睦的家风，营造和谐社会，弘扬社会主义核心价值观。曾某志年事已高，曾某妹、曾某、曾某凡强行要求其搬离现有住所有违公序良俗，因此对于曾某志搬出涉案房屋的诉讼请求不予支持。曾某妹、曾某、曾某凡要求曾某云、曾某志修复涉案房屋二楼的门、床、插座及安装在该房的摄像头或者赔偿曾某妹、曾某、曾某凡的损失5000元的诉讼请求，由于证据不足亦不予支持。

【案例注解】

居住权是指以居住为目的，对他人的住房及其附属设施所享有的占有、使用的权利。[①] 党的二十大报告提出了我们党十年来在“住有所居”方面持续用力，建成了世界上规模最大的社会保障体系，人民群众获得感、幸福感、安全感更加充实、更有保障、更可持续。本案系江西省2022年度贯彻实施《民法典》十大典型案例之一，是典型的弘扬社会主义核心价值观案例，具有社会行为导向和类案引导价值。本案通过适用《民法典》关于居住权的相关规定，合理平衡了房屋所有人和居住权人及被赡养人的合法权益，有效地维护了特定身份居住权人的生存利益，为“住有所居”筑牢了司法保障。诚信、友善是社会主义核心价值观的重要内容，本案裁判确认的“《民法典》实施前离婚协议约定的居住权合法有效，基于居住权人的父母无居所又居住在居住权人房屋内的客观事实，居住权人的子女诉请撤销居住权人的居住权并要求居住权人及其父亲搬离居住房屋，既不符合法律规定，亦有违公序良俗，法院不应予以支持”，做到了维护社会道德底线，弘扬美德懿行，引导全社会崇德向善，保障老年人“老有所居”，弘扬了中华民族的优秀传统美德，契合社会主义核心价值观和公序良俗。笔者遂结合本案案情，对本案涉及的居住权相关法律问题进行如下分析。

一、居住权的设立以及登记效力的认定

居住权的成立以登记为生效要件，这是法律对居住权设立合同设计的专门程序，目的是使公权力介入私法自治领域，以维护社会公共秩序和公共利益，实现社会治理目标。我国《民法典》对居住权的设立，采取的是登记要件主义为原则、登记对抗主义为例外的模式。[②] 司法实践中，人民法院在认定居住权设立时应综合考虑各方面因素，不能仅仅依据居住权未进行登记而一概否认未经登记的居住权效力。居住权的核心要义在于对他人所有的房屋享有占有、使用的权利，《民法典》设立居住权是为了调和房屋的所有权人和使用权之间的矛盾，从而实现房屋所有权人和居住权人

---

① 王利明：《论民法典物权编中居住权的若干问题》，载《学术月刊》2019年第7期。

② 申卫星：《从“居住有其屋”到“住有所居”——我国民法典分则创设居住权制度的立法构想》，载《现代法学》2018年第2期。

之间利益最大化的平衡。

首先，法院认定设立居住权可以更为有效地保障社会弱势群体，特别是没有居所的孤寡老人、离婚后的弱势方及孩子的权益，使用居住权制度来确保其居住权益，从而满足其基本居住利益。保障此类社会弱势群体的居住权，其逻辑基础在于家庭成员之间相互帮助、扶助的义务，符合社会主义核心价值观与公序良俗。其次，人民法院认定居住权设立也需要从保护房屋所有权人利益的角度出发，居住权人在享有权利的同时也需要承担一定的义务，如按照正常的使用方式合理利用房屋，不得妨害房屋所有权人正常占有、使用房屋。最后，人民法院认定居住权的设立有其自身固有的维护家庭关系平衡的作用。房屋作为家庭的主要财产，随着其财产价值不断变化，居住权的成立与否也考验着家庭伦理关系的和谐，因此法院在处理此类涉及居住权的案件中特别需要注意在保护家庭关系与维护社会秩序之间的利益平衡。因此，人民法院在认定居住权设立时应综合考虑以上三方面的因素，不能仅将登记作为居住权设立的生效条件，而是要多角度考虑居住权的设立目的以及当事人之间社会关系等因素来综合认定。

结合本案，曾某云与胡某英于2018年离婚时约定将涉案房屋赠与子女曾某妹、曾某、曾某凡所有，曾某云与胡某英分别享有一楼和二楼的居住权，此系附条件的赠与。根据《最高人民法院关于适用〈中华人民共和国民法典〉时间效力的若干规定》第三条之规定，《民法典》施行前的法律事实引起的民事纠纷案件，当时的法律、司法解释没有规定而《民法典》有规定的，可以适用《民法典》的规定，但是明显减损当事人合法权益、增加当事人法定义务或者背离当事人合理预期的除外。涉案房屋约定居住权的行为发生于2018年9月，即《民法典》施行前，当时的法律并未规定居住权，更无居住权登记的要求。《民法典》实施后，才要求对居住权进行登记，这增加了曾某云的法定义务，因此，可以不适用《民法典》关于居住权登记的规定。曾某云与胡某英签订的离婚协议系双方在自愿、合法的基础上达成的，并由法院出具了民事调解书，该协议合法有效，曾某云和胡某英均应履行该协议。涉案房屋系曾某云与胡某英婚姻关系存续期间共同建造的，曾某妹、曾某、曾某凡已于2022年3月29日取得了涉案房屋的不动产权属证书，更应按照人民法院生效法律文书确定的内容保障曾某云的居住权。

此外，在《民法典》施行前，民众基于协议、法律文书等获得的合法居住权利，不能直接进行确权登记。当事人可以重新签订居住权协议，依据协议向物权登记机构办理确权登记。如果当事人之间不能协商一致的，可以依据民事调解书、民事判决书等法律文书明确居住权，据此法律文书至物权登记机构办理居住权登记手续，房屋所有权人应协助居住权人办理居住权登记手续。根据《民法典》第二百二十九条规定，因人民法院、仲裁机构的法律文书或者人民政府的征收决定等，导致物权设立、变更、转让或者消灭的，自法律文书或者征收决定等生效时发生效力。本案经过一、二审判决，判决书确认曾某云对涉案房屋享有居住权，该居住权应自该法律文书生效时成立。

二、居住权人的家庭成员应当享有与居住权人共同居住的权利

居住权属于用益物权，其存在的必要性表现在充分发挥房屋效能，以满足生活居住需要，旨在体现自然人之间的互帮互助。由于我国《民法典》对居住权的主体未作明确规定，学界在对主体的范围进行理论探讨和对条文解释时形成了“居住权主体范围限定说”和“居住权主体范围扩充说”两种学说①：主张“限定说”的学者认为，我国居住权主体范围应当沿袭罗马传统人役权的主体范围，将其严格限制于家庭成员之间；② 主张“扩充说”的学者认为，应依据居住权“居住”与“用益”的需求变化，对居住权的主体进行适当扩充。③ 不论是“限定说”还是“扩充说”，均认为居住权人的家庭成员享有居住利益。目前，《民法典》中婚姻家庭编、继承编，《妇女权益保障法》《老年人权益保障法》等家事法律中对老年人居住权益的保障规定过于笼统，不具备可操作性。从司法审判实践可以看出，子女与父母之间的赡养纠纷与房屋纠纷较多，其中首当其冲的就是老年人，其居住权益不稳固现象增多。因此，从保护弱者的维度出发，居住权人的家庭成员享有居住利益，意味着居住权伦理性的增强，有利于更好地维系家庭，同社会主义核心价值观相契合。

结合本案，年逾八十的曾某志作为曾某云的父亲，理应实现老有所居。曾某云作为曾某志的赡养人，应妥善安排曾某志的住房，曾某云在井冈山市某镇只有涉案房屋一处居住，将其父曾某志安排居住在涉案房屋中，符合我国法律规定及社会主义核心价值观。且曾某志原有的老房子年久失修已不适宜居住，作为居住权人的家庭成员及被赡养人，其可与居住权人曾某云共同居住在涉案房屋内。居住权的设立初衷是充分发挥房屋效能，以满足生活居住需要，本案将特定范围的人即居住权人的赡养人纳入涉案房屋同住，符合居住权的设立初衷，也符合我国的公序良俗。

---

① 刘秀：《我国居住权制度主体范围之研讨》，甘肃政法大学2021年硕士学位论文。

② 江平：《民法典草案的创新性》，载《中国法律评论》2019年第1期。

③ 申卫星：《从“居住有其屋”到“住有所居”——我国民法典分则创设居住权制度的立法构想》，载《现代法学》2018年第2期。

三、法院办理居住权纠纷案件时须考量的因素

居住权作为一项具体的法律制度，首先具备《民法典》体系内部不可替代的协调功能，同时又在弘扬社会主义核心价值观等方面发挥着重要的社会功能。自居住权产生起，它就是一种保障性权利。① 基于居住权的制度设计，居住权可以实现对离婚、丧偶、年老等社会弱势群体的居住需求的直接保障功能。在稳固家庭伦理方面，居住权制度的设立，通过鼓励家庭成员为弱势一方设立居住权，来保证其稳定的居住条件和环境。尤其是在养老和婚姻家庭关系领域，这本身就是对中华传统孝道和婚姻家庭伦理价值的一种法律确认，包含着对孝道和家庭伦理价值的弘扬和规范。伦理价值作为观念层面的存在，不能直接转化为社会现实。作为制度的居住权，使得传统的家庭伦理价值在实践中更具操作性，成为从伦理价值到社会现实的连接工具，使伦理价值转化为现实行动更加有据可依。居住权的设立，使得相关权属在法律上有了明确的定位，能够有效避免因居住而导致的家庭财产纠纷，保持家庭和睦，稳固家庭秩序。

结合本案，曾某志作为曾某云的父亲，虽然曾某云平时在外务工，较少居住在涉案房屋内，但曾某云逢年过节回家时与其父生活在一起，亦能更方便地照顾其父。涉案房屋第一层、第二层系曾某云与胡某英婚姻关系存续期间自筹资金建造，第三层系曾某志出资建造，且建房所用的模板均系曾某志负责，如强行要求曾某志从涉案房屋中搬离出来，不让其在涉案房屋内居住，有违社会主义核心价值观和公序良俗。曾某志是曾某妹、曾某、曾某凡的祖父，各方之间应具备人类最基本、最原始的自然感情。涉案房屋位于农村，“养儿防老”的观念根深蒂固，尽管曾某志生育了2个儿子、4个女儿，但本案在衡量法律尺度的同时也兼顾伦理的限度与情理的温度，灵活运用法律规范与具体规则，综合考虑多方因素，作出情理法相融合的判决，体现法律对亲情的尊重和保护，符合社会主义核心价值观，彰显了尊敬长辈的中华民族传统文化，对维护家庭和睦、树立文明家风与营造和谐社会具有很好的促进作用。

如何充分发挥居住权制度的社会功能，在实践中体现社会主义核心价值观，不仅取决于居住权的制度设计和法律条文的规定，也需要居住权双方当事人在设定权利时进行充分考量，认识到居住权制度的价值和潜在风险，并采取适当的风险防范策略。人民法院对于居住权制度适用过程中产生的纠纷进行处理时，也应对居住权制度本身存在的风险保持清醒的认识，通过法律解释、释法说理等方式，有效保障居住权双方当事人的合法权益，并充分考量居住权的

① 肖业忠：《居者有其屋语境下的居住权研究》，载《理论学刊》2022年第4期。

家庭伦理稳固功能及社会保障功能，实现居住权制度设计的初衷，保障其社会功能的充分实现。

（**一审法院独任审判员** 吴雪梅
二审法院合议庭成员 李国红 涂 强 王东平
编写人 江西省吉安市中级人民法院 王东平 魏海飞
江西省井冈山市人民法院 练小燕
责任编辑 代秋影
审稿人 刘 敏）

西安某商旅汽车租赁服务有限公司诉郭某雄车辆租赁合同纠纷案

——车辆租赁期间发生的交通违法罚款及记分的责任认定

关键词：民事　租赁合同纠纷　车辆　违法罚款　记分

【裁判要旨】

车辆租赁期间，租赁合同约定由承租人承担车辆违法罚款和记分责任的，出租人诉请承租人处理车辆租赁期间发生的交通违法罚款和记分的，人民法院应予支持。

【相关法条】

《中华人民共和国民法典》

第六条　民事主体从事民事活动，应当遵循公平原则，合理确定各方的权利和义务。

第五百零九条第一款　当事人应当按照约定全面履行自己的义务。

第五百七十七条　当事人一方不履行合同义务或者履行合同义务不符合约定的，应当承担继续履行、采取补救措施或者赔偿损失等违约责任。

第五百七十九条　当事人一方未支付价款、报酬、租金、利息，或者不履行其他金钱债务的，对方可以请求其支付。

第七百零三条　租赁合同是出租人将租赁物交付承租人使用、收益，承租人支付租金的合同。

第七百二十一条　承租人应当按照约定的期限支付租金。对支付租金的期限没有约定或者约定不明确，依据本法第五百一十条的规定仍不能确定，租赁期限不满一年的，应当在租赁期限届满时支付；租赁期限一年以上的，应当在每届满一年时支付，剩余期限不满一年的，应当在租赁期限届满时支付。

【案件索引】

一审：陕西省渭南市华州区人民法院（2021）陕 0503 民初 1261 号（2021 年 12 月 14 日）

二审：陕西省渭南市中级人民法院（2022）陕 05 民终 1252 号（2022 年 9 月 16 日）

【基本案情】

原告（上诉人）西安某商旅汽车租赁服务有限公司（以下简称某公司）诉称：2019 年 4 月 4 日，原被告签订《汽车租赁合同》，合同约定原告将陕 AE × × ×5 号车辆出租给被告使用，并就租期、租金、保证金 1 万元以及违约责任等事宜进行了约定，合同签订后，原告按照合同约定于 2019 年 4 月 4 日将涉案车辆交付给被告使用。合同到期后，双方同意续租 6 个月，被告陆续支付了截至 2020 年 7 月 3 日的租金 39000 元及保证金 1 万元。车辆租赁到期后，被告未按约定归还车辆、处理违章，且未支付以后的车辆占用费。2021 年 3 月 8 日，原告将涉案车辆强制收回。之后，原告就拖欠款项多次催要未果，遂诉至法院，请求：（1）判令被告向原告支付车辆租金 9000 元；（2）判令被告向原告支付车辆占用期间租金损失 15400 元；（3）判令被告向原告支付逾期支付租金违约金 8685 元；（4）判令被告向原告支付逾期还车违约金 15400 元；（5）判令被告处理租车期间的交通违章事宜；（6）判令被告向原告支付逾期消除违章违约金 7400 元；（7）本案诉讼费由被告承担。

被告（被上诉人）郭某雄经法院公告传唤未到庭参加诉讼，亦未提交答辩意见。

法院经审理查明：2019 年 4 月 4 日，某公司与郭某雄签订《汽车租赁合同》，某公司将其名下的陕 AE × × ×5 号小型普通客车出租给郭某雄，双方在租赁合同中约定：租车期限自 2019 年 4 月 4 日起至 2020 年 4 月 3 日止，月租金为 3000 元，租金总额 36000 元；承租方先付后用，按月/季/年支付，首期租金于合同签订时支付，以后每期于当期到期前 10 日内支付，逾期每日加付逾期总额 5‰作为违约金；如发生违章，由承租方在违章发生之日起 15 日内自行处理完毕，最晚不晚于合同终止后 3 日内处理完毕，否则，出租方有权向承租方收取 200 元/天的逾期消除违章的违约金；承租方逾期三天未交还车辆的，除应交纳逾期期间的租金外，另须交纳逾期租金 100% 的违约金。合同签订后，郭某雄向某公司交纳了第一个月租金 3000 元和保证金 1 万元，某公司将车辆交付郭某雄。合同到期后，双方协商将租期延长6个月至2020年10月3日止。到期后，郭某雄未返还租赁车辆。2021年3月8日，某公司将陕AE×××5号车辆强制收回。郭某雄将车辆租赁费付至2020年7月3日，之后的租赁费一直未支付。通过交通安全综合服务管理平台查询，陕AE×××5号车辆自2019年4月4日起至2021年3月3日止共有37条违法记录未处理，其中违法记分值为78分、罚款为3950元。

【裁判结果】

陕西省渭南市华州区人民法院于2021年12月14日作出（2021）陕0503民初1261号民事判决：一、郭某雄于本判决生效后15日内向某公司支付拖欠租金9000元及违约损失（违约损失以9000元为基数，按全国银行间同业拆借中心2020年10月发布的一年期贷款市场报价利率的4倍从2020年10月4日起计算至付款之日止）；二、郭某雄于本判决生效后15日内向某公司支付租赁到期后车辆占用费15400元及违约损失（违约损失以15400元为基数，按全国银行间同业拆借中心2021年3月发布的一年期贷款市场报价利率的4倍从2021年3月8日起计算至付款之日止）；三、驳回某公司的其他诉讼请求。

宣判后，某公司向法院提出上诉。陕西省渭南市中级人民法院于2022年9月16日作出（2022）陕05民终1252号民事判决：一、维持陕西省渭南市华州区人民法院（2021）陕0503民初1261号民事判决第一项、第二项；二、撤销陕西省渭南市华州区人民法院（2021）陕0503民初1261号民事判决第三项；三、被上诉人郭某雄于本判决书生效之日起10日内一次性处理陕AE×××5号车辆租车期间发生的交通违法事宜，并自2021年3月12日起至实际处理完毕交通违法事宜之日止按100元/日支付逾期消除违法罚款和记分事宜的违约金，违约金最高不超过39100元。

【裁判理由】

法院生效裁判认为：双方当事人签订的《汽车租赁合同》，系其真实意思表示，未违反法律、法规的强制性规定，合法有效。《民法典》第五百零九条第一款规定："当事人应当按照约定全面履行自己的义务。"某公司依约将案涉车辆交付给郭某雄租用，郭某雄亦应全面履行合同义务。根据案涉合同通用条款第3.8条的约定，处理车辆租赁期间的交通违法事宜是承租人郭某雄的合同义务，某公司依据合同有权请求郭某雄处理租车期间的罚款和记分，并支付逾期消除交通违法违约金，某公司的该项诉请属于民事案件受理范围，且有利于纠正郭某雄的不良驾驶习惯，有利于消除道路交通安全隐患，故某公司的该项诉请法院予以支持。《民法典》第六条规定：“民事主体从事民事活动，应当遵循公平原则，合理确定各方的权利和义务。”一审法院认为，案涉合同约定的支付逾期租金和逾期返还车辆的违约金过高，予以调减，符合法律规定，二审法院予以维持。案涉合同约定逾期消除罚款和记分违约金为200元/天，明显高于车辆月租金3000元，该项违约金以100元/天为宜。案涉合同约定“如发生违章，由承租方在违章发生之日起15日内自行处理完毕，最晚不晚于合同终止后3日内处理完毕”。2021年3月8日，某公司将案涉车辆强制收回，该日应视为合同实际终止日，故违约金的起算点为2021年3月12日。某公司主张逾期消除罚款和记分违约金最高不超过39100元，系其对自身权利的处分，没有损害第三人利益、社会公共利益，符合法律规定，法院予以支持。

【案例注解】

因承租人怠于处理车辆租赁期间的交通违法事宜，导致租赁车辆无法正常上路行驶。司法实践中，对于出租人要求承租人处理罚款、记分的诉请，还存在认识上的分歧。如何落实公安机关交通管理部门的处罚措施，维护出租人的合法权益，是需要解决的关键问题。

一、公安机关交通管理部门作出罚款和记分惩处的对象是实际驾驶人

《道路交通安全法》第二十四条第一款规定：“公安机关交通管理部门对机动车驾驶人违反道路交通安全法律、法规的行为，除依法给予行政处罚外，实行累积记分制度。公安机关交通管理部门对累积记分达到规定分值的机动车驾驶人，扣留机动车驾驶证，对其进行道路交通安全法律、法规教育，重新考试；考试合格的，发还其机动车驾驶证。”《道路交通安全违法行为记分管理办法》第十三条第一款规定：“公安机关交通管理部门对机动车驾驶人的交通违法行为，在作出行政处罚决定的同时予以记分。”显然，记分处罚的对象是机动车驾驶人，更准确地说是违反道路交通法规的实际驾驶人。《道路交通安全法》第八十八条规定：“对道路交通安全违法行为的处罚种类包括：警告、罚款、暂扣或者吊销机动车驾驶证、拘留。”第九十条规定：“机动车驾驶人违反道路交通安全法律、法规关于道路通行规定的，处警告或者二十元以上二百元以下罚款。本法另有规定的，依照规定处罚。”同样，罚款、拘留等处罚也针对的是实际机动车驾驶人。实践中，既记分又实施处罚的情形比较多，以达到惩戒的效果，维护道路交通秩序，预防和减少交通事故，最终达到保护人身、财产安全的目的。但需要强调的是，这里的处罚对象是实际的驾驶人。

二、机动车所有人与实际驾驶人不一致时违章的处罚

对道路交通安全违法行为作出的罚款和记分具有极强的人身依附性，仅限于机动车实际驾驶人。机动车作为动产，在实际使用过程中，客观上存在着实际驾驶人并非机动车所有人、管理人的情况。当前，电子警察抓拍取证已成为认定道路交通违法行为的主要取证方式，其在提高执法工作效率的同时，也存在一定的缺陷：虽可以准确识别车辆牌号，但并不能识别驾驶人的身份。要确认实际的违法人员，必须到线下实地进行对比核实确认。在线下核实确认之前，只能记录车辆存在违法，将车辆所有人默认为应当接受处罚的驾驶人。如果不能及时处理处罚，一方面将影响车辆正常年检、运行；另一方面，车辆所有人将承担滞纳金和其他处罚。因此，存在记分处罚的情况下，车主和实际驾驶人须共同到公安机关交通管理部门现场处理。

实践中，一般的车辆借用行为，车辆所有人和实际驾驶人能够相互配合及时处理违章处罚。但是，对于租赁的车辆在租赁期间发生的违章处罚行为，如果承租人不积极处理罚款和记分，公安机关交通管理部门并不会主动确认实际驾驶人，而是始终将违章的处罚记录挂在租赁的车辆及车辆的所有人处。

本案中，郭某雄租赁陕 AE×××5 号车辆自 2019 年 4 月 4 日起至 2021 年 3 月 3 日止共有 37 条违法记录未处理，其中违法记分值为 78 分、罚款为 3950 元。虽然找回了租赁的车辆，但因郭某雄不能主动处理罚款和记分，已影响了该车辆的正常运营。

三、出租人诉请由承租人处理车辆租赁期间的违法事宜，属于人民法院的受案范围

《民事诉讼法》第三条规定："人民法院受理公民之间、法人之间、其他组织之间以及他们相互之间因财产关系和人身关系提起的民事诉讼，适用本法的规定。"本案承租人和出租人是平等的法律主体，一方为自然人，一方为企业法人。双方当事人因车辆租赁合同关系产生争议，涉及租金、违约金纠纷，是典型的财产纠纷。承租人在租赁车辆期间发生违章被公安机关交通管理部门罚款并记分，该罚款和记分行为属于行政执法部门作出的具体行政行为，如认为此具体行政行为违反法律规定从而产生争议，该争议则属于行政诉讼的受案范围，不属于民事案件的受案范围。但本案中，出租人要求承租人处理租赁车辆期间产生的罚款和记分行为，并不是对作出罚款和记分的具体行政行为有争议，而是对应由谁去处理罚款和记分这一问题产生争议，即此争议并不存在于公安交通管理部门与车辆驾驶人或者所有人之间，而是存在于车辆所有人与实际驾驶人这两个平等主体之间，实质是车辆驾驶人（承租人）不处理违章处

罚是否侵犯了车辆所有人（出租人）的合法民事权益，属于平等主体间既涉及财产关系又涉及人身关系的民事权益争议，属于民事案件的受理范围。一审法院认为处理交通违章事宜及逾期消除违章的惩罚措施是行政执法部门的职能范围，出租人要求承租人处理交通违章事宜并支付逾期消除违章违约金，非民事案件的受理范围错误。二审法院之所以认为承租人不处理驾驶承租车辆发生的违章罚款和记分侵犯了出租人的权益，理由有三：其一，租赁合同中明确约定："承租方需在违章发生之日起 15 日内自行处理完毕，如未处理，需向出租方支付每日 200 元的逾期处理违章的违约金。"该约定不违反法律法规强制性规定，也未侵害他人合法权益，合法有效。承租人不处理违章处罚属于违约行为，当然侵害了出租人的正当权益。其二，承租人不处理违章处罚，公安机关交通管理部门并不会主动确认实际的驾驶人，始终默认车辆的所有人为应当接受处罚的驾驶人，即使在已扣回车辆的情况下，如果一直不处理，将会导致租赁车辆不能正常运营。出租人请求承租人处理车辆租赁期间的违法事宜，属于请求排除妨害，也应予以支持。其三，为了维护自身的车辆运营利益，出租人代承租人处理了违章处罚，造成了自身损失，承租人构成不当得利。因此，无论是基于承租合同、排除妨害还是承租人的不当得利，都属于民事案件的受理范围。

四、承租人应当承担出租人代为缴纳的罚款及相关损失，或主动处理罚款事宜

正如前述，对于驾驶人员的违章惩戒，是通过车辆及车辆所有人传递的。如果是车辆所有人的驾驶违章，由其自行处理；如果造成违章的驾驶人与车辆所有人不一致，则车辆所有人必须督促驾驶人处理违章，保证车辆的正常运行。对于租赁车辆更是如此，承租人如不及时处理违章，该出租车辆就无法正常进行再次租赁。正是基于此，出租人会代为支付违章罚款。司法实践中，双方当事人如在租赁合同中有"可代为缴纳"的约定，即产生了代为缴纳罚款的合同之债，出租人享有追偿权；如合同中未约定"可代为缴纳"，则出租人产生实际损失，承租人构成不当得利。本案中，双方并未约定"可代为缴纳"，出租人代为缴纳罚款造成自身实际损失，此系承租人违反交通管理法规的行为所造成，因此承租人应承担出租人代为缴纳的罚款及相关损失，或主动处理罚款事宜。

五、承租人应当承担记分的责任

《道路交通安全违法行为记分管理办法》第二条规定："公安机关交通管理部门对机动车驾驶人的交通违法行为，除依法给予行政处罚外，实行累积记

分制度。”记分作为一种处罚制度，是为了纠正违法驾驶人的不良驾驶习惯，消除道路交通安全隐患，需要违法驾驶人现场亲自办理消除记分。《道路交通安全违法行为记分管理办法》第十七条规定第一款规定：“机动车驾驶人在一个记分周期内累积记分满12分的，公安机关交通管理部门应当扣留其机动车驾驶证，开具强制措施凭证，并送达满分教育通知书，通知机动车驾驶人参加满分学习、考试。”该条明确，累积记分12分的，将扣留其机动车驾驶证，需要参加学习、通过考试，才能领取被扣的驾驶证开车上路。本案中，承租人在两个记分周期内，被记分达78分，产生了严重的后果，依法除应参加理论学习考试外，还要参加场地驾驶技能和道路驾驶技能考试，此责任必须由实际驾驶人本人承担。实践中，为了车辆的正常运营，出租人会通过不正当的手段消除记分，一种方式是通过俗称“买分”的方式消除记分，另一种方式是直接消除记分，然后向违章的承租人主张“消分损失”。《道路交通安全违法行为记分管理办法》第三十条第一款规定：“机动车驾驶人请他人代为接受交通违法行为处罚和记分并支付经济利益的，由公安机关交通管理部门处所支付经济利益三倍以下罚款，但最高不超过五万元；同时，依法对原交通违法行为作出处罚。”显然，“买分”就是请他人代为接受交通违法行为处罚和记分，是违法行为，同样，通过非正常的途径直接消除记分也是违法的。如人民法院认可上述违法行为，并支持“消分损失”，则会产生用合法的形式支持了非法行为的问题，不具有合法性、正当性，不应支持。

（**一审法院合议庭成员** 李 凌 李宝军 秦亚粉
二审法院合议庭成员 杨耀武 李豪玲 徐新卫
编写人 陕西省渭南市中级人民法院 宁剑锋 亢俊谦
责任编辑 代秋影
审稿人 刘 敏）

商　事

恒某银行诉风某公司等金融借款合同纠纷案

——金融借款合同纠纷中刑民交叉"同一事实"的认定及对合同效力的影响

关键词：商事　金融借款合同　刑民交叉　"同一事实"认定　合同效力

【裁判要旨】

1. 刑民交叉案件中是否属于"同一事实"，要从行为主体、相对人以及行为本身三个方面具体判断。金融借款合同纠纷中，诉争借款系借款人的实际控制人和担保人的总经理共谋，利用质押虚假商业承兑汇票实施诈骗行为所致，虽然民事与刑事两案涉及同一笔借款，但涉及的法律关系并不完全同一，承担民事责任和刑事责任的主体并不完全相同。因此，本案不属于刑民交叉法律问题中的"同一事实"，符合《全国法院民商事审判工作会议纪要》（以下简称《九民纪要》）第一百二十八条规定的民商事案件与刑事案件分别审理的情形。

2. 在涉及刑民交叉问题的金融借款合同纠纷中，刑事认定结果只是民事审判的参考性事实而非决定性依据。无论是否涉及刑事犯罪，人民法院都应当依据《民法典》及相关民事法律确立的民事合同效力规范本身判断合同效力。金融机构在签订合同时存在受欺诈情形的，对金融借款合同享有撤销权，但并不必然导致合同无效。

【相关法条】

《中华人民共和国民法典》

第一百四十三条　具备下列条件的民事法律行为有效：

（一）行为人具有相应的民事行为能力；

（二）意思表示真实；

（三）不违反法律、行政法规的强制性规定，不违背公序良俗。

第一百四十六条 行为人与相对人以虚假的意思表示实施的民事法律行为无效。

以虚假的意思表示隐藏的民事法律行为的效力，依照有关法律规定处理。

第一百四十九条 第三人实施欺诈行为，使一方在违背真实意思的情况下实施的民事法律行为，对方知道或者应当知道该欺诈行为的，受欺诈方有权请求人民法院或者仲裁机构予以撤销。

第一百五十三条 违反法律、行政法规的强制性规定的民事法律行为无效。但是，该强制性规定不导致该民事法律行为无效的除外。

违背公序良俗的民事法律行为无效。

第一百五十四条 行为人与相对人恶意串通，损害他人合法权益的民事法律行为无效。

《中华人民共和国票据法》

第九条 票据上的记载事项必须符合本法的规定。

票据金额、日期、收款人名称不得更改，更改的票据无效。

对票据上的其他记载事项，原记载人可以更改，更改时应当由原记载人签章证明。

《全国法院民商事审判工作会议纪要》

128. 同一当事人因不同事实分别发生民商事纠纷和涉嫌刑事犯罪，民商事案件与刑事案件应当分别审理，主要有下列情形：

（1）主合同的债务人涉嫌刑事犯罪或者刑事裁判认定其构成犯罪，债权人请求担保人承担民事责任的；

（2）行为人以法人、非法人组织或者他人名义订立合同的行为涉嫌刑事犯罪或者刑事裁判认定其构成犯罪，合同相对人请求该法人、非法人组织或者他人承担民事责任的；

（3）法人或者非法人组织的法定代表人、负责人或者其他工作人员的职务行为涉嫌刑事犯罪或者刑事裁判认定其构成犯罪，受害人请求该法人或者非法人组织承担民事责任的；

（4）侵权行为人涉嫌刑事犯罪或者刑事裁判认定其构成犯罪，被保险人、受益人或者其他赔偿权利人请求保险人支付保险金的；

（5）受害人请求涉嫌刑事犯罪的行为人之外的其他主体承担民事责任的。

审判实践中出现的问题是，在上述情形下，有的人民法院仍然以民商事案件涉嫌刑事犯罪为由不予受理，已经受理的，裁定驳回起诉。对此，应予纠正。

【案件索引】

一审：北京市高级人民法院（2017）京民初134号（2022年6月30日）

【基本案情】

原告恒某银行诉称：2015年6月8日，恒某银行与金某公司签订《流动资金借款合同》，约定金某公司向恒某银行借款32800万元用于煤炭采购，借款期限自2015年6月10日至2016年6月10日，年利率为6.12%。为保障主债权的实现，恒某银行与金某公司签订《汇票质押合同》，约定金某公司以其合法取得的商业承兑汇票为主债权设立质押担保，汇票共19张，金额合计为35000万元，承兑人均为风某公司。金某公司向恒某银行交付了上述汇票。2015年6月10日，恒某银行按约定将合同项下的借款支付给金某公司。借款期限届满后，金某公司归还利息4446.42元、本金6500万元。其余借款本金及利息一直没有归还。汇票到期后，恒某银行向风某公司提示付款，风某公司拒绝付款并拒不出具拒绝付款理由书。故原告请求法院判决：（1）金某公司向恒某银行支付借款本金26300万元及借款期内利息20403709.99元、逾期罚息、复利；（2）本案律师费25万元由金某公司、风某公司承担；（3）风某公司向恒某银行承担19张商业汇票35000万元票据付款责任及迟延付款相应利息；（4）诉讼费用由金某公司、风某公司承担。

被告风某公司辩称：首先，恒某银行不享有票据权利，依法不能向风某公司主张票据权利付款，应当驳回恒某银行对风某公司的全部诉讼请求。（1）案涉19张商业汇票的承兑日期均被修改，承兑汇票为无效票据，不能取得票据权利。（2）案涉19张商业汇票于2015年6月8日的质押行为是虚假的，本案不构成票据质押。保存在恒某银行处的汇票上并无“质押”章，系恒某银行起诉前自行加盖。恒某银行对金某公司是先放款再质押，不构成票据质押。（3）恒某银行基于不洁票据取得汇票，构成重大过失，依法不能取得票据权利。其次，恒某银行和金某公司恶意串通，故意损害国家和风某公司利益，借款合同作为主合同无效，从合同质押合同也应该认定为无效。（1）恒某银行工作人员在这笔业务中收受金某公司的贿赂。（2）恒某银行违法、违规、违反合同约定进行授信、放款。（3）恒某银行违法违规进行事后化解，违法违规用恒某银行自有资金偿还出借款项，欲对案涉3.28亿元贷款进行内部化解。据此，风某公司不应当承担票据责任。

法院经审理查明：

一、关于合同签订及履行情况

2015 年 6 月 8 日，恒某银行与金某公司签订了《综合授信额度合同》，约定金某公司在授信额度使用期限内可向恒某银行申请使用 35000 万元综合授信额度，有效使用期限一年。同日，金某公司与恒某银行签订《流动资金借款合同》，借款金额 32800 万元，借款仅限用于煤炭采购，固定利率为 6.12%（年），逾期贷款的罚息利率按本合同约定利率上浮 50%，挪用贷款的罚息利率按本合同约定利率上浮 100%。

同日，金某公司（出质人）与恒某银行（质权人）签订了《汇票质押合同》，约定质押财产为商业汇票（以下简称汇票）。担保的主债权为主合同项下的本金 32800 万元，利率6.12%，到期日为 2016 年 6 月 10 日。担保范围为主合同项下本金及利息、复利、罚息、违约金、损害赔偿金、质押财产的保管费用、质权人实现债权和质权的费用等。出质人应在本合同签订之日起当日内将作为质押财产的汇票移交质权人。出质人在交付前应当在汇票上记载背书“质押”字样。保证期间为主合同项下债务履行期限届满之日起两年。该合同所附商业承兑汇票质押清单载明：19 张汇票的号码、汇票金额合计 35000 万元，承兑人均为风某公司。2015 年 6 月 10 日，恒某银行向金某公司放款 32800 万元。借款期限届满后，金某公司向恒某银行分别归还利息 4450 元，归还本金 6500 万元。

二、本案诉争情况

诉讼中，恒某银行提交了查复日期为 2015 年 6 月 3 日、盖有风某公司骑缝章的《恒某银行商业承兑汇票查询查复书》，以此证明恒某银行已就案涉汇票向风某公司进行了查询，风某公司声明案涉汇票为其签发并承兑，承诺将于汇票到期日无条件向持票人支付全部款项。风某公司对此拒不认可，认为查复书上没有记载承兑日期，与汇票上的记载不一致，该公司没有看到 19 张汇票，没有对改动后的 19 张票据进行查询。

恒某银行提交证据证明：汇票到期后，恒某银行曾多次向风某公司提示付款，已履行法定义务，但风某公司申请延缓付款，未依法履行票据义务。风某公司认可证据的真实性，但认为不能证明系恒某银行履行了提示付款义务，因为是该公司给恒某银行的函，不是恒某银行给该公司的函，且由于主合同尚未到期，恒某银行不能主张实现质权。

恒某银行提交了 19 张商业承兑汇票，日期均载明为 2015 年 6 月 3 日，其中“6”字明显为从“12”涂改后所得。对于该项涂改，恒某银行陈述系出票时即由风某公司自行涂改。风某公司拒不认可，认为系恒某银行涂改，并提交黑龙江省哈尔滨市中级人民法院（2019）黑01刑初162号刑事判决（以下简称162号刑事判决）作为证据。该判决载明：证人朱某新（恒某银行北京分行原客户经理，已判决）证言："我未发现汇票有涂改情况。"证人费某易（恒某银行北京分行工作人员）的证言："我在恒某银行北京分行工作，负责票据初审工作。金某公司向恒某银行提供的风某公司3.5亿元商业承兑汇票由我初审后交谷某复审，当时没有问题，票据没有涂改，后原件交李某处。我核对的汇票日期后来被别人改为2015年6月3日，与出票日期改为同一天，我不知道原因及被谁改动的。"证人谷某（恒某银行北京分行工作人员）的证言："我在恒某银行北京分行金融市场部工作，银行办理商业承兑汇票质押贷款业务应由营业部审核，但营业部人称不会，请我帮忙，我办理了金某公司在恒某银行贷款3.28亿元的复核工作，我审核时汇票原件没有被修改，我将汇票原件交给李某，之后日期为何被修改了我不知道。"

另外，19张汇票背面背书人签章处有金某公司的财务专用章及其时任法定代表人王某强的名章以及质押章，时间为2015年6月8日。对质押章，风某公司提出异议，认为该质押章是恒某银行自行盖的，并不是金某公司背书盖的，因此不构成票据质押法律关系，恒某银行基于不洁票据存在重大过失，依法不享有质押权利。

三、相关刑事案件情况

162号刑事判决中载明，金某公司实际控制人孟某、风某公司原总经理曹某利用商业承兑汇票实施贷款诈骗事实为：2015年年初，被告人孟某从恒某银行北京分行信贷部朱某新处获知可以用国企商业承兑汇票作质押从该分行贷款，遂找曹某提供风某公司的商业承兑汇票。同年6月3日，曹某配合孟某出具虚假贸易合同等材料，后又在明知风某公司无相应承兑能力的情况下，未经上级单位批准，擅自指示本公司财务人员以风某公司名义给金某公司开具了11张共计人民币3.5亿元的商业承兑汇票，孟某以此作质押，从恒某银行北京分行骗得贷款人民币3.28亿元。2017年3月17日，归还恒某银行北京分行6500万元，未归还2.63亿元。

黑龙江省哈尔滨市中级人民法院认定：孟某、曹某向恒某银行出具的商业承兑汇票无贸易背景且无兑付能力，二人使用此承兑汇票质押给恒某银行套取贷款，用于偿还逾期贷款、个人欠款的行为，构成贷款诈骗罪。曹某明知风某公司与金某公司之间无煤炭贸易，仍代表风某公司违规出具商业承兑汇票，且虚构承兑能力，故该商业承兑汇票形式真实亦不能掩盖孟某、曹某虚构事实的诈骗手段。二被告人在贷款诈骗中均起主要作用，均系主犯，对该损失应承担共同退赔责任。法院最终判决：被告人曹某、孟某犯贷款诈骗罪、合同诈骗罪、骗取贷款罪，决定执行无期徒刑，剥夺政治权利终身，并处没收个人全部财产。同时判决侦查机关在赵某清处扣押的涉案钱款1310万元依法返还恒某银行，责令孟某、曹某二人共同退赔恒某银行2.499亿元。经询问，恒某银行陈述其尚未收到款项。

【裁判结果】

北京市高级人民法院于2022年6月30日作出（2017）京民初134号民事判决：一、金某公司于本判决生效之日起10日内向恒某银行支付借款本金26300万元及借款期内利息20403709.99元；支付逾期罚息（以本金32800万元为基数，按年利率9.18%自2016年6月11日起算至2017年3月17日；以本金26300万元为基数按年利率9.18%自2017年3月18日起算至实际支付完毕之日止）；支付复利（以20403709.99元为基数按年利率9.18%自2016年6月11日起算至实际支付完毕之日止，根据相关刑事判决予以返还和退赔的钱款已经执行的部分则相应扣除）；二、金某公司于本判决生效之日起10日内向恒某银行支付本案律师费25万元；三、驳回恒某银行其他诉讼请求。一审判决后，当事人均未提起上诉，一审判决已生效。

【裁判理由】

本案系金某公司在《民法典》施行前因借贷合同和票据质押的履行及偿还而引起的法律纠纷，故应当适用《合同法》及《票据法》的规定。

一、本案合同效力问题

根据刑事判决的认定可以看出，本案诉争借款合同所涉款项与金某公司实际控制人孟某和风某公司原总经理曹某共谋利用质押虚假商业承兑汇票实施诈骗行为所涉款项系同一款项，孟某和曹某构成贷款诈骗罪。但本案系恒某银行根据借款合同要求金某公司承担民事责任，本案与上述刑事案件虽然涉及同一笔借款，但两案法律关系并不完全同一，且承担民事责任和刑事责任的主体并不完全相同。孟某和曹某的诈骗行为在合同法上构成单方欺诈。根据《合同法》第五十四条第二款“一方以欺诈、胁迫的手段或者乘人之危，使对方在违背真实意思的情况下订立的合同，受损害方有权请求人民法院或者仲裁机构变更或者撤销”之规定，恒某银行对案涉借款合同享有撤销权。因恒某银行未按照该条规定主张撤销合同，故应当认定本案借款合同有效。另外，案涉刑事判决并未认定恒某银行的相关工作人员共同构成贷款诈骗罪，恒某银行在本案贷款操作中虽有不规范之处，但不能就此认定恒某银行与金某公司存在恶意串通损害国家利益和风某公司利益的情形，案涉借款合同也不存在《合同法》第五十二条规定的其他导致合同无效的情形。故风某公司主张案涉借贷合同无效的主张，法院不予支持。

二、恒某银行能否要求金某公司偿还剩余本息

借款合同已经实际履行，恒某银行已经发放贷款，金某公司已经实际获得贷款利益，金某公司虽支付了部分贷款和利息，但未按约定偿还剩余本金及利息，已构成违约，应当按合同约定返还剩余借款及相应利息、罚息及复利。经核算，恒某银行主张的本金、期内利息及罚息符合合同的约定，法院予以支持。关于复利，恒某银行系以期内利息作为基数主张逾期罚息的复利，鉴于期内利息的金额少于应当支付的罚息金额，不损害债务人及担保人的利益，故法院予以支持。因案涉刑事判决已经判决扣押的涉案钱款 1310 万元返还给恒某银行并判决孟某和曹某退赔恒某银行人民币 2.499 亿元，对于刑事判决已经执行的部分应当相应扣除。

另外，根据恒某银行与金某公司签订的借款合同的约定，恒某银行要求金某公司支付律师费的主张有合同依据，法院予以支持。

三、恒某银行能否主张风某公司承担汇票责任

根据《票据法》第九条第二款、第三款的规定，票据金额、日期、收款人名称不得更改，更改的票据无效。对票据上的其他记载事项，原记载人可以更改，更改时应当由原记载人签章证明。本案中，案涉汇票的承兑日期明显被涂改，该事项属于不得更改事项，且没有证据证明该项涂改系由出票人风某公司作出，也没有风某公司签章证明，故该票据无效。恒某银行不能取得涉案票据的权利，其向风某公司主张质权担保，法院不予支持。

【案例注解】

一、刑民交叉问题中“同一事实”的认定

目前刑民交叉案件的一个基本规则是：刑事案件与民事案件涉及“同一事实”的，原则上应当通过刑事诉讼方式解决。但是否属于“同一事实”，要从行为主体、相对人以及行为本身三个方面进行具体判断。具体来说，从行为实施主体的角度看，“同一事实”指的是同一主体实施的行为，不同主体实施的行为不属于同一事实；从法律关系的角度看，刑事案件的受害人同时也是民

事法律关系的相对人的，可以认定为“同一事实”。从要件事实的角度看，只有民事案件争议的事实，同时也是构成刑事犯罪的要件事实的情况下，才属于“同一事实”。《九民纪要》第一百二十八条规定：“同一当事人因不同事实分别发生民商事纠纷和涉嫌刑事犯罪，民商事案件与刑事案件应当分别审理，主要有下列情形：……（2）行为人以法人、非法人组织或者他人名义订立合同的行为涉嫌刑事犯罪或者刑事裁判认定其构成犯罪，合同相对人请求该法人、非法组织或者他人承担民事责任的……”

本案中，诉争借款确系金某公司实际控制人孟某和风某公司原总经理曹某共谋利用质押虚假商业承兑汇票实施诈骗行为所致，孟某和曹某构成贷款诈骗罪。虽然本案与162号刑事案件涉及的是同一笔借款，但两案法律关系并不完全同一，本案的民事责任主体是单位即金某公司、风某公司，162号刑事案件的责任主体是个人即孟某、曹某。因此，本案民事诉讼中恒某银行与金某公司之间的金融借款事实，与孟某、曹某共谋利用质押虚假商业承兑汇票实施诈骗行为的事实并非刑民交叉法律问题中的“同一事实”。本案属于《九民纪要》第一百二十八条规定的民商事案件与刑事案件分别审理的情形。

二、刑民交叉问题对金融借款合同效力的影响

实践中，在涉及刑民交叉问题的金融借款合同纠纷中，借款人或担保人为免除还款或担保责任，往往主张案涉贷款系违法放贷或骗取贷款等情形，进而主张借款合同或担保合同无效，要求驳回金融机构起诉或将案件移送公安机关处理，以期达到拖延审判或免除担保责任的目的。但是，刑事认定结果只是民事审判的参考性事实而非决定性依据，无论是否涉及刑事犯罪，人民法院对合同效力的判断，都应当依据《民法典》及相关民事法律确立的民事合同效力规范本身进行判断。具体而言，主要有三类情形：

（一）意思表示不真实

《民法典》第一百四十三条将意思表示真实作为民事法律行为有效的条件之一，但不能对此作反向解释，认为只要意思表示不真实，合同就无效。当事人意思表示不真实订立的合同，也可能是可撤销的合同。合同一方当事人在刑法上构成诈骗罪，该犯罪行为在民法上同时构成民事欺诈。从受欺诈方的角度来看，不宜把欺诈等情形规定为合同当然无效，而应当给受欺诈方以选择权，由其在法定期限内衡量维护合同效力是否对自己更有利，进而决定是否行使撤销权。如果仅因民事欺诈构成诈骗罪，就断然认定合同无效，对受欺诈方的保护将无法周全。在合同一方主体构成金融诈骗犯罪的情况下，受欺诈方不行使撤销权的，如无其他法定合同无效情形，人民法院应依法认定该合同有效。当然，如果是双方以虚假意思表示订立合同，则应依据《民法典》第一百四十

六条第一款认定合同无效。但是，根据《民法典》第一百四十六条第二款的规定，如果当事人双方以虚假意思表示隐藏真实意思表示，则以该真实意思表示订立合同的效力，应根据《民法典》及其他民事法律关于合同效力的规定进行认定，不能再根据原《合同法》第五十二条第三项关于“以合法形式掩盖非法目的”订立的合同无效之规定认定真实意思表示订立的合同当然无效。

（二）恶意串通损害他人合法权益

当事人恶意串通损害他人合法权益订立的合同，即使双方当事人都构成犯罪，也应依据《民法典》第一百五十四条认定合同无效。在恶意串通无效的适用规则上，要严格审查合同主体与犯罪主体的一致性，并将适用情形严格限定在合同订立阶段。在合同订立时，如果只是合同一方的法定代表人或者职务代理人构成犯罪而单位未构成犯罪，就不应认定单位与合同相对方构成恶意串通而宣告合同无效。金融借款合同是以金融机构的名义而非法定代表人或者代理人个人的名义签订，难言损害“他人”合法权益。一旦认定金融借款合同无效，则担保也将被认定无效，这对金融机构而言有失公平，因此，将该金融借款合同认定为可撤销合同更为合理。至于担保人是否存在受欺诈的情形，则可依据《民法典》第一百四十九条的规定进行判断。如果出借人对欺诈情形知道或者应当知道，担保人可以请求撤销其与出借人之间订立的担保合同。

（三）违反法律、行政法规的强制性规定或者违背公序良俗

《民法典》第一百五十三条第一款规定，违反法律、行政法规的强制性规定的民事法律行为无效。但是，该强制性规定不导致该民事法律行为无效的除外。虽然任何犯罪行为都违反了法律、行政法规的强制性规定，但在金融审判中，既不能一概认定合同因犯罪而无效，也不能一概认定合同有效，而应从违法性程度和保护刑事被害人两个维度，具体情况具体分析。一般认为，合同内容本身约定的就是犯罪行为的；合同标的物属于法律、行政法规禁止或者限制流通物的；合同主体违反法律、行政法规关于国家限制经营、特许经营以及禁止经营等强制性规定的，应当认定合同无效。除以上情形外，一般不应以合同当事人构成犯罪而根据《民法典》第一百五十三条第一款的规定认定合同无效。此外，关于《民法典》第一百五十三条第二款违背公序良俗无效规则的适用，因公序良俗引致的是更为抽象的法律原则乃至法外道德，更加抽象和具有不确定性，在审理刑民交叉案件时，不能把合同主体构成犯罪与合同违背公序良俗画等号，而要根据犯罪所侵害的法益、所构成罪名的立法目的以及犯罪与合同的关系，审慎加以认定。

三、本案金融借款合同效力的认定及还款本息的确定

本案中，162 号刑事判决并未认定恒某银行的相关工作人员共同构成

贷款诈骗罪。恒某银行在本案贷款操作中虽有不规范的情形，但不能就此认定恒某银行与金某公司存在恶意串通损害国家利益和风某公司利益的情形，案涉借款合同也不存在原《合同法》第五十二条规定的其他导致合同无效的情形。因此，不能认定合同无效。另外，恒某银行在签订合同时存在受欺诈的情形，系在违背真实意思的情况下订立的合同，因此对案涉借款合同享有撤销权，但恒某银行并未按照该规定主张撤销合同，因此本案金融借款合同有效。

本案中的借贷合同实际已经履行，恒某银行已经发放贷款金额，无论是否涉及刑事诈骗行为，金某公司都已经实际获得贷款利益，金某公司虽支付了部分贷款和利息，但未按约定履行偿还剩余本金及利息的付款义务，已经构成违约，应当按照合同约定返还剩余借款及相应利息、罚息及复利，但对于刑事判决已经履行的部分应当相应扣除。

需要说明的是，在刑民交叉案件中，由于刑事案件和民事案件在所涉法律关系、法益保护方向以及裁判理念等方面上的差异，刑事案件中所作出的认定结果并不一定会成为民事案件的裁判依据。这也导致了刑民交叉案件中的民事纠纷往往难以取得服判息讼的结果。因为当事人无法理解为何在侦查机关或者检察机关已经认定案件相关方已涉嫌犯罪，甚至司法机关已经定罪的情况下，与犯罪行为相关的合同效力仍然会被认定为有效。尤其是在金融商事案件中，若具有缔约优势地位的金融机构在应对犯罪行为发生方面存在过错，而相关的合同却仍被判定为有效时，则更难令当事人信服裁判结果。因此，为了妥善处理此类纠纷，应当在法律适用的过程中辨明金融机构违反义务行为的类型以及民法上对应的法律效果，释明刑事案件和民事案件在裁判逻辑和法益保护等方面的区别，以此给予当事人充分的内心确信，提升司法的公信力和权威性。

（**一审法院合议庭成员** 陶志蓉 张 然 李 炜
编写人 北京市高级人民法院 陶志蓉 陈旭云
责任编辑 钟 莉
审稿人 刘 敏）

金某公司诉韦某某执行异议之诉案

——对追加为被执行人的第三人的利益在破产程序与执行程序并行中的保护

关键词：执行　追加执行　第三人利益　破产程序　执行程序　执行异议之诉

【裁判要旨】

债权人申请追加执行依据确定的被执行人之外的第三人作为被执行人，人民法院经审查，如有证据证明被追加的第三人已处于破产程序中，则依法不应追加其作为被执行人执行其财产。否则，无异于将执行依据确定的被执行人的个别债权人受偿权区别于被追加第三人的破产债权人的特殊地位，损害被追加第三人的其他债权人的合法权益，不符合破产程序债权公平受偿原则。

【相关法条】

《中华人民共和国企业破产法》

第十九条　人民法院受理破产申请后，有关债务人财产的保全措施应当解除，执行程序应当中止。

第九十二条　经人民法院裁定批准的重整计划，对债务人和全体债权人均有约束力。

债权人未依照本法规定申报债权的，在重整计划执行期间不得行使权利；在重整计划执行完毕后，可以按照重整计划规定的同类债权的清偿条件行使权利。

债权人对债务人的保证人和其他连带债务人所享有的权利，不受重整计划的影响。

《全国法院民商事审判工作会议纪要》

110. 人民法院受理破产申请后，已经开始而尚未终结的有关债务人的民事诉讼，在管理人接管债务人财产和诉讼事务后继续进行。债权人已经对债务人提起的给付之诉，破产申请受理后，人民法院应当继续审理，但是在判定相关当事人实体权利义务时，应当注意与企业破产法及其司法解释的规定相协调。

上述裁判作出并生效前，债权人可以同时向管理人申报债权，但其作为债权尚未确定的债权人，原则上不得行使表决权，除非人民法院临时确定其债权额。上述裁判生效后，债权人应当根据裁判认定的债权数额在破产程序中依法统一受偿，其对债务人享有的债权利息应当按照《企业破产法》第46条第2款的规定停止计算。

人民法院受理破产申请后，债权人新提起的要求债务人清偿的民事诉讼，人民法院不予受理，同时告知债权人应当向管理人申报债权。债权人申报债权后，对管理人编制的债权表记载有异议的，可以根据《企业破产法》第58条的规定提起债权确认之诉。

《最高人民法院关于适用〈中华人民共和国民事诉讼法〉的解释》(2020年修正)

第五百一十五条第一款[①] 被执行人住所地人民法院裁定受理破产案件的，执行法院应当解除对被执行财产的保全措施。被执行人住所地人民法院裁定宣告被执行人破产的，执行法院应当裁定终结对该被执行人的执行。

《最高人民法院关于民事执行中变更、追加当事人若干问题的规定》

第三十二条第一款 被申请人或申请人对执行法院依据本规定第十四条第二款、第十七条至第二十一条规定作出的变更、追加裁定或驳回申请裁定不服的，可以自裁定书送达之日起十五日内，向执行法院提起执行异议之诉。

第三十三条第一款第一项 被申请人提起的执行异议之诉，人民法院经审理，按照下列情形分别处理：

（一）理由成立的，判决不得变更、追加被申请人为被执行人或者判决变更责任范围；

【案件索引】

一审：广西壮族自治区金秀瑶族自治县人民法院（2020）桂1324民初588号（2020年11月23日）

① 本条对应《最高人民法院关于适用〈中华人民共和国民事诉讼法〉的解释》（2022年修正）第五百一十三条："被执行人住所地人民法院裁定受理破产案件的，执行法院应当解除对被执行人财产的保全措施。被执行人住所地人民法院裁定宣告被执行人破产的，执行法院应当裁定终结对该被执行人的执行。被执行人住所地人民法院不受理破产案件的，执行法院应当恢复执行。"

二审：广西壮族自治区来宾市中级人民法院（2021）桂13民终243号（2021年4月19日）

再审：广西壮族自治区高级人民法院（2021）桂民再784号（2022年3月28日）

【基本案情】

原告（上诉人、再审申请人）金某公司诉称：金某公司在申请破产时已明知通某公司资不抵债，应对该公司未缴纳的出资债务进行确认，但资产管理人未处置和披露，不能将风险转嫁至重整投资人鱼某公司。且通某公司仍有可供执行的财产，不应将金某公司列为被执行人。故请求法院判令：撤销（2020）桂1324执恢51号执行裁定书，终止对金某公司的执行行为，并立即解除对金某公司账户的查封。

被告（被上诉人、被申请人）韦某某辩称：法院已穷尽对通某公司财产的执行，通某公司未能将其财产与其全资股东金某公司的财产区分。

法院经审理查明：韦某某与通某公司建设工程施工合同纠纷一案，于2015年12月11日，经法院调解作出民事调解书，该调解书确认韦某某对通某公司享有债权且已生效。此后，韦某某向法院申请强制执行，因通某公司无财产可供执行，于2016年6月2日裁定终结本次执行程序。2020年6月10日，韦某某以通某公司为一人有限责任公司，注册资本为6000万元，金某公司作为通某公司的唯一股东，未缴纳出资，应在未缴纳出资的范围内对通某公司的债务承担连带责任为由，向法院申请恢复执行，并请求追加金某公司为被执行人。广西壮族自治区金秀瑶族自治县人民法院作出（2020）桂1324执恢51号裁定，追加金某公司为被执行人，并冻结了金某公司的银行账户。对此，金某公司向法院提出异议，请求撤销前述裁定书，终止对金某公司的执行行为，并解除对金某公司银行账户的冻结措施。金秀瑶族自治县人民法院作出裁定：驳回金某公司的异议申请。金某公司不服，提起本案诉讼。

另查明：2018年11月5日，广西壮族自治区柳州市中级人民法院作出（2017）桂02破3号之四民事裁定，裁定批准金某公司重整计划；终止金某公司重整程序。该裁定所附的《金某公司重整计划》中，载明："十、其他说明事项……（二）尚未申报债权以及尚未依法得到确认债权的清偿未在债权申报期限内申报但仍受法律保护的债权，以及申报后暂未得到管理人确认的债权，在重整计划执行过程中和执行完毕后，因诉讼未决、未申报等原因待定的债权，待其经法院生效判决确认后，按同类债权的清偿条件受偿，但不予债转股……"

【裁判结果】

广西壮族自治区金秀瑶族自治县人民法院于2020年11月23日作出（2020）桂1324民初588号民事判决：驳回金某公司的诉讼请求。

一审宣判后，金某公司提出上诉。广西壮族自治区来宾市中级人民法院于2021年4月19日作出（2021）桂13民终243号民事判决：驳回上诉，维持原判。

二审宣判后，金某公司申请再审。广西壮族自治区高级人民法院于2022年3月28日作出（2021）桂民再784号民事判决：一、撤销广西壮族自治区来宾市中级人民法院（2021）桂13民终243号民事判决及金秀瑶族自治县人民法院（2020）桂1324民初588号民事判决；二、不得追加金某公司为（2015）金民初字第431号案件的被执行人。

【裁判理由】

法院生效裁判认为：根据《企业破产法》第十九条“人民法院受理破产申请后，有关债务人财产的保全措施应当解除，执行程序应当中止”，以及《最高人民法院关于适用〈中华人民共和国民事诉讼法〉的解释》（以下简称《民诉法解释》）第五百一十五条第一款“被执行人住所地人民法院裁定受理破产案件的，执行法院应当解除对被执行财产的保全措施……”之规定，本案中，经审查，广西壮族自治区金秀瑶族自治县人民法院于2020年6月10日对（2015）金民初字第431号民事调解书所确定的债权债务，在执行过程中作出了（2020）桂1324执恢51号执行裁定，即追加金某公司作为被执行人、冻结了金某公司的银行账户之前，柳州市中级人民法院已于2018年11月5日作出（2017）桂02破3号之四民事裁定：一、批准金某公司重整计划；二、终止金某公司重整程序。结合《金某公司重整计划》的内容，人民法院在受理企业破产案件后，对债务人财产的其他执行程序应当中止，对债务人全部债务的管理、变价和分配等事务，应当通过破产程序处理。因此，原审未考虑金某公司破产重整的重要事实，在金某公司已进入破产程序的情况下，裁定将金某公司追加为（2015）金民初字第431号案件的被执行人，无异于赋予韦某某的债权受偿有别于金某公司破产债权人的特殊地位，不符合破产程序债权公平受偿的原则。根据《最高人民法院关于民事执行中变更、追加当事人若干问题的规定》（以下简称《变更、追加规定》）第三十二条第一款“被申请人或申请人对执行法院依据本规定第十四条第二款、第十七条至第二十一条规定作出的变更、追加裁定或驳回申请裁定不服的，可以自裁定书送达之日起十五日内，向执行法院提起执行异议之诉”，以及第三十三条第一款第一项“被申请人提起的执行异议之诉，人民法院经审理，按照下列情形分别处理：（一）理由成立的，判决不得变更、追加被申请人为被执行人或者判决变更责任范围”之规定，金某公司的主张有事实和法律依据，应予支持。

【案例注解】

变更、追加被执行人异议之诉，是司法解释创设的一种新的诉讼类型。执行程序中因被执行人不能继续清偿债务的情形出现时，债权人债权的清偿会受到阻碍，此时，在执行程序中变更案外人以替代原被执行人履行债务的法律制度就显得尤为重要。2016 年 12 月 1 日起施行的《变更、追加规定》，对在执行程序中变更、追加被执行人的法定事由、程序及其救济路径进行了规定，有利于确保执行程序更加规范合法。《九民纪要》施行以来，在民事执行实践中适用公司人格否认制度追加相关股东作为被执行人，提高了执行效率，维护了申请执行人的合法权益。执行实践中，在强调对债权人保护的同时，亦不能忽略对被执行人，特别是被变更、追加的股东作为执行当事人的适格性审查。本案着重分析民事执行追加被执行人程序中的相关法定事由的扩展性解释，进一步完善执行程序与破产程序的转换衔接，以明确案外第三人合法利益在两种程序并行时如何得以有效保护，努力实现保护当事人合法权益、提高执行效率、节约司法资源和维护法律权威的有机统一。

一、变更、追加被执行人的诉讼救济保护

在执行程序中变更、追加被执行主体，其本质是扩张生效法律文书的既判力和执行力，为此，必须以法律规定为依据，不能随意变更、追加被执行人，避免滥用自由裁量权。根据《变更、追加规定》第三十二条的规定，被申请人或申请人对执行法院依据本规定第十四条第二款、第十七条至第二十一条规定作出的变更、追加裁定或驳回申请裁定不服的，可以自裁定书送达之日起 15 日内，向执行法院提起执行异议之诉。该条确定了对该类争议采用执行复议为主，执行异议之诉为辅的救济原则，更是第一次在我国民事执行程序中引入了被申请人提起执行异议之诉（债务人异议之诉），在实体权利的诉讼保护上，为案外第三人被追加为被执行人后提供了诉讼抗辩的公平机会，进一步完善了我国执行异议之诉制度。

本案中，韦某某了解到通某公司为一人有限责任公司，以金某公司作为通某公司唯一股东未缴纳出资，应在尚未缴纳出资的范围内对通某公司的债务承

担连带责任为由，向法院申请追加金某公司作为被执行人。广西壮族自治区金秀瑶族自治县人民法院作出（2020）1324执恢51号执行裁定，确定金某公司为被执行人。金某公司作为追加被执行人，不服追加裁定从而提起本案执行异议之诉，其起诉符合《变更、追加规定》第十七条、第三十二条规定的法定事由，以及提起执行异议之诉的法定条件。一审法院依法受理本案，有效保护了被追加当事人的诉讼权利，为依法公正审理被追加当事人的诉讼请求提供了诉讼权利保障。法院经过实体审理以判决方式处理本案纠纷，在程序上具有合法性。

二、被追加的当事人处于破产程序对案件处理的影响

（一）执行程序与破产程序对于债权清偿的区别

执行程序，是由人民法院运用国家强制力根据生效裁判文书的规定，强制民事义务人履行所负义务的程序。而破产程序，是指对资不抵债的企业依法清理债务的司法程序，破产程序包括：破产重整、和解和破产清算三种相互联系的司法程序。

执行程序与破产程序都属于债权清偿程序，都是为了债权人的合法权益能够通过法律的形式得以保护这一终极目标的实现，但二者仍存在很多不同之处。执行程序是对债务人财产进行个别执行，以实现特定债权人债权的程序。而破产程序是对债务人的全部财产进行的概括执行，实现对所有登记债权人债权的程序，注重对所有债权的公平清偿，具有对特定债务清偿（包括执行程序）的排他性。而法院受理破产是一个广义的概念，既包括债权人提出破产申请，也包括债务人提出破产申请，特殊情况下还包括清算人提出破产申请；既包括对债务人的破产清算，也包括债务人的破产重整或有关当事人之间达成的破产和解。破产程序作为概括的执行程序，保护全体债权人利益是其立法价值之一，平等保护全体债权人的受偿利益必然产生对单个执行程序以及特定债务清偿程序的排斥。

（二）执行程序与破产程序对于债权清偿的衔接

虽然《变更、追加规定》中对于执行程序与破产程序如何衔接没有作出规定，但根据《民诉法解释》第五百一十三条第一款“被执行人住所地人民法院裁定受理破产案件的，执行法院应当解除对被执行人财产的保全措施。被执行人住所地人民法院裁定宣告被执行人破产的，执行法院应当裁定终结对该被执行人的执行”以及《企业破产法》第十九条“人民法院受理破产申请后，有关债务人财产的保全措施应当解除，执行程序应当中止”的规定，实际上，上述法律、司法解释的规定已经协调了执行程序与破产程序的关系，即一旦被执行人进入破产程序，则应以“相应债权债务关系均在破产程序中解决”为

原则。同时，根据《企业破产法》第九十二条“经人民法院裁定批准的重整计划，对债务人和全体债权人均有约束力。债权人未依照本法规定申报债权的，在重整计划执行期间不得行使权利；在重整计划执行完毕后，可以按照重整计划规定的同类债权的清偿条件行使权利。债权人对债务人的保证人和其他连带债务人所享有的权利，不受重整计划的影响”，以及《九民纪要》第一百一十条关于受理后有关债务人诉讼的处理规定，也都体现了保护全体债权人平等受偿、一体化解决的原则。根据上述规定，人民法院受理破产申请后，有关对债务人的保全措施应当解除，对被执行人的执行程序应当中止。

（三）被追加当事人处于破产程序构成不得变更、追加为被执行人的其他法定事由

1.《变更、追加规定》的适用阶段及条件。

《变更、追加规定》作为规范人民法院执行行为的司法解释，适用该规定的前提条件是“执行过程中”。本案中，金某公司并不是执行依据（2015）金民初字第431号民事调解书的债务人。由于变更、追加被执行人的目的，是通过变更、追加程序使本不属于被执行人身份的第三人成为案件的被执行主体。《变更、追加规定》采取列举的方式规定了变更、追加被执行人的法定事由，有利于在司法实践中具体掌握裁判标准，但由于执行中涉及法律关系多样复杂，法院执行工作既繁重又严格，列举性规定很难包罗万象，需要不断总结审判实践经验，根据立法精神和原则，从维护执行当事人和案外第三人合法权利、提高执行效率、实现依法公正执行目标任务的要求出发，总结发现不得变更、追加被执行人的法定情形，确保执行依法公正。

本案中，2018年10月30日，金某公司管理人以重整计划已经债权人会议通过为由，请求法院批准重整计划。法院于2018年11月5日作出（2017）桂02破3号之四民事裁定，批准金某公司重整计划。该重整计划经过人民法院裁定批准，对债务人和全体债权人均有约束力。该裁定所附的《金某公司重整计划》，明确针对金某公司的债权求偿，只能按照同类债权的清偿条件受偿。根据《企业破产法》的规定，申请执行人韦某某所提出的金某公司应对通某公司所负债务承担执行责任的请求，应通过破产程序主张。但一、二审法院均忽略了韦某某向法院申请将金某公司追加作为本案被执行人之前，金某公司早已进入破产程序，申请执行人申请追加为被执行人的对象处在“破产程序”这一重要事实，因而裁定追加金某公司作为被执行人、冻结其银行账户。这一裁定违反《企业破产法》的规定，使处于破产重整期间的金某公司恢复了对单一特定民事债务的执行，直接赋予了韦某某对其债权的受偿权区别于金某公司其他众多破产债权人的特殊地位。相较于金某公司对其破产债权人的债务清偿率平均仅约为25%的情况，如支持韦某某的追加申请，则其享有的一般债权无须参与申报和按

比例清偿，债务清偿率可达100%。其结果与破产程序的立法目的完全相反，不仅违反法律规定，严重损害金某公司其他债权人的合法权益，还会形成不良的示范效果，容易引发其他债权人为了获取最大化利益如法炮制的道德风险，造成司法不公，降低执行效率，浪费司法资源。

2. 不得变更、追加为被执行人的其他法定事由。

为避免上述偏颇执行的情况出现，人民法院在对此类案件的审查中，应当重视变更、追加被执行人不仅需要符合《变更、追加规定》的相关规定，同时也应当符合《企业破产法》的规定。债权人将不属于执行依据确定的被执行人之外的第三人追加为被执行人，法院经审查如有证据证明被追加的第三人处于破产程序中，包括和解、重整、破产清算，则基于该公司全部债权债务的管理、变价、分配等事务均应当通过破产程序处理。为此，人民法院依法不能追加其作为被执行人。再审法院依据《企业破产法》以及相关司法解释的规定纠正了原一审、二审的追加裁判，使执行程序和破产程序有机衔接起来，维护了法律适用的统一。

三、执行程序与破产程序之间的配套衔接

《变更、追加规定》中对于执行程序与破产程序如何配套衔接没有明确规定，但《企业破产法》第十九条、第九十二条、《九民纪要》第一百一十条等的规定，已充分体现了执行程序与破产程序之间的衔接关系，以及当该两种程序冲突时的有效解决方式。2015年《民诉法解释》确定了执破衔接制度。执破衔接制度是执行程序和破产程序的融合，也是执行权与审判权的相互作用，[①] 其确立的本意是要求人民法院在两种程序并行时，及时引导部分案件当事人通过破产程序解决问题。当然，执行转破产只是一种选择，并不是必经程序，执行程序与破产程序也无交叉关系，一切均以不损害当事人的合法权利为前提。《最高人民法院关于执行案件移送破产审查若干问题的指导意见》（法发〔2017〕2号）对执行案件移送破产审查的工作原则、条件与管辖，执行法院的征询、决定程序，移送材料及受移送法院的接收义务，受移送法院破产审查与受理，受移送法院不予受理或驳回申请的处理及其审查监督等方面均作出了具体明确的规定。并且，要求执行程序与破产程序之间的转换衔接，不同法院之间，同一法院内部执行部门、立案部门、破产审判部门之间，应坚持依法有序、协调配合、高效便捷的工作原则，防止推诿扯皮，影响司法效率，损害当事人的合法权益。

根据《企业破产法》第十二条第二款规定，人民法院受理破产申请至

① 郑光辉：《论民事诉讼中执行程序与破产程序的衔接》，载《法制与经济》2017年第12期。

破产宣告前，经审查发现债务人不符合该法第二条规定情形的，可以裁定驳回申请。因此，破产案件受理后债务人企业仍有退出破产程序的可能，一旦退出，执行程序应当恢复。人民法院宣告企业破产，则进入破产清算程序。因此，申请执行人的权益保护路径与被执行人财产能力存在重大关联，人民法院在案件执行中应当关注、重视与之相关的破产程序情况变化，依法作出处理。

四、变更、追加被执行人异议之诉审理中应当注意的问题

（一）变更、追加被执行人异议之诉案件在审理中，应当注意审查被变更、追加的当事人是否处于破产程序等情况

依照我国《公司法》的规定，公司在重大事项发生变更时，应当向工商行政管理机关申请变更登记。破产程序中企业的商事登记变更与重整计划执行有着密切关系，特别是在引入第三方投资人的重整中，在需要对破产企业原股东权益进行调整时，采取的方式通常包括债转股、增资扩股、股权全部或部分让渡、股权拍卖等，均涉及企业股权的商事变更登记。因此，在审理中要求当事人提供相应的工商登记情况也很有必要。通过要求当事人举证或者依职权查询了解被变更、追加的当事人是否处于破产程序状态下，可以有效预防因为当事人主体不适格导致的执行程序违法，影响执行公正和效率。

（二）判决主文表述方面应注意的问题

变更、追加被执行人异议之诉的关键争点是被变更、追加的主体是否适格，即变更、追加被执行人是否有事实和法律依据，这也是这类执行异议之诉的诉讼标的。其诉讼功能在于给执行当事人的实体利益提供司法救济路径，通过诉讼来判定第三人是否要对债权人承担义务，从而化解执行中的争议，为执行程序的顺利进行扫清障碍。① 当案件经过审理，法院应作出同意或不同意变更、追加的裁判，但在是否应当一并撤销法院执行阶段所作的变更、追加裁定这一问题上仍有较大分歧和不同认识，故在各地法院作出的裁判中以判项直接撤销执行裁定的写法较多。《变更、追加规定》第三十三条第一款明确了裁判表述内容，即对于理由不成立的，判决驳回其诉讼请求；对于理由成立的，判决不得变更、追加被申请人为被执行人或者判决变更责任范围。回溯本案，金某公司通过诉讼获得不得追加该公司为被执行人的胜诉判决时，意味着判决宣告其不受执行依据的执行力的约束，该公司从而可以退出执行程序，故再审法院针对本案诉讼作出的判决准确表述为“不得追加金某公司为金秀瑶族自治

① 程晓斌、杜依霖：《许可执行之诉：诉讼机理与程序展开》，载《民事程序法研究》2019 年第 2 期。

县人民法院（2015）金民初字第431号案件的被执行人”，不仅凸显变更、追加被执行人异议之诉特有的实现排除执行功能，也对规范法律文书制作起到指导作用。

（**一审法院合议庭成员** 苏成德 黄志兰 黄一帆
二审法院合议庭成员 罗永森 覃学敏 田宁芳
再审法院合议庭成员 程丽文 李 延 陈 丹
编写人 广西壮族自治区高级人民法院 李 延 曾亦桦
责任编辑 钟 莉
审稿人 刘 敏）

李某某等诉申某执行异议之诉案

——股东对公司的债权可否转化为实收资本以及认定完成转化的条件分析

关键词：商事　认缴资本制　出资义务　破产债权　股东欠缴出资　股东债权

【裁判要旨】

在破产程序之外，对公司享有债权的股东可以其对公司的债权抵销出资义务，但需要满足不同种类之债抵销行为的生效要件，包括债权真实、协商一致、不影响其他债权人公平受偿。

【相关法条】

《中华人民共和国民法典》

第五百六十八条　当事人互负债务，该债务的标的物种类、品质相同的，任何一方可以将自己的债务与对方的到期债务抵销；但是，根据债务性质、按照当事人约定或者依照法律规定不得抵销的除外。

当事人主张抵销的，应当通知对方。通知自到达对方时生效。抵销不得附条件或者附期限。

第五百六十九条　当事人互负债务，标的物种类、品质不相同的，经协商一致，也可以抵销。

《中华人民共和国企业破产法》

第二条　企业法人不能清偿到期债务，并且资产不足以清偿全部债务或者明显缺乏清偿能力的，依照本法规定清理债务。

企业法人有前款规定情形，或者有明显丧失清偿能力可能的，可以依照本法规定进行重整。

《最高人民法院关于民事执行中变更、追加当事人若干问题的规定》

第十七条　作为被执行人的营利法人，财产不足以清偿生效法律文书确定的债务，申请执行人申请变更、追加未缴纳或未足额缴纳出资的股东、出资人或依公司法规定对该出资承担连带责任的发起人为被执行人，在尚未缴纳出资的范围内依法承担责任的，人民法院应予支持。

第二十四条 执行过程中，第三人向执行法院书面承诺自愿代被执行人履行生效法律文书确定的债务，申请执行人申请变更、追加该第三人为被执行人，在承诺范围内承担责任的，人民法院应予支持。

《全国法院民商事审判工作会议纪要》

6. 在注册资本认缴制下，股东依法享有期限利益。债权人以公司不能清偿到期债务为由，请求未届出资期限的股东在未出资范围内对公司不能清偿的债务承担补充赔偿责任的，人民法院不予支持。但是，下列情形除外：

（1）公司作为被执行人的案件，人民法院穷尽执行措施无财产可供执行，已具备破产原因，但不申请破产的；

（2）在公司债务产生后，公司股东（大）会决议或以其他方式延长股东出资期限的。

《公司注册资本登记管理规定》①

第七条 债权人可以将其依法享有的对在中国境内设立的公司的债权，转为公司股权。

转为公司股权的债权应当符合下列情形之一：

（一）债权人已经履行债权所对应的合同义务，且不违反法律、行政法规、国务院决定或者公司章程的禁止性规定；

（二）经人民法院生效裁判或者仲裁机构裁决确认；

（三）公司破产重整或者和解期间，列入经人民法院批准的重整计划或者裁定认可的和解协议。

用以转为公司股权的债权有两个以上债权人的，债权人对债权应当已经作出分割。

债权转为公司股权的，公司应当增加注册资本。

【案件索引】

一审：湖南省怀化市中级人民法院（2021）湘12民初478号（2022年6月7日）

二审：湖南省高级人民法院（2023）湘民终6号（2023年4月5日）

---

① 该规定已废止。可参见《市场主体登记管理条例实施细则》。

【基本案情】

原告李某某、易某某诉称：（2020）湘12执异83号执行裁定书认为，李某某、易某某在成立千某公司时，认缴出资却未足额出资，影响了债权人在该公司的债权利益实现，应当在未缴纳出资的范围内依法承担责任。但事实是李某某、易某某认缴期限为2023年5月15日，在出资时间未到之前享有的期限利益应受法律保护。对于注册资本增加后认缴的金额，已经通过债权转实收资本的方式完成了出资义务。且千某公司尚有洪某某（2013）第133号国有土地使用权及其他财产可以执行，不符合《最高人民法院关于民事执行中变更、追加当事人若干问题的规定》（以下简称《变更、追加规定》）第十七条及其他法律规定，执行部门在未查清事实的前提下作出裁定，对此应当撤销。故李某某、易某某诉请法院：（1）依法撤销（2020）湘12执异83号执行裁定书关于追加易某某、李某某为申请执行人申某与被执行人千某公司商品房销售合同纠纷一案的被执行人的裁定内容；（2）本案诉讼费由申某负担。

被告申某辩称：湖南省怀化市中级人民法院（2020）湘12执异83号执行裁定书认定的事实清楚，适用法律正确，应予维持。请求依法驳回李某某、易某某的诉讼请求。

法院经审理查明：千某公司成立于2003年10月28日，注册资本200万元，股东为易某某（占60%股份）、李某某（占40%股份）。2014年5月15日，千某公司召开股东会并形成决议：公司注册资本从200万元增加至3000万元，此次增加注册资本为2800万元分别由股东易某某增加注册资本1680万元，出资方式为货币，出资时间为2023年5月15日，出资比例为60%；李某某增加注册资本1120万元，出资方式为货币，出资时间为2023年5月15日，出资比例为40%。2014年9月26日，千某公司变更原股东为易某某、李某某、李某杏。2015年2月25日，李某杏将股权转让给易某某、李某某，李某杏退出千某公司。千某公司2016年公布的企业年报显示，易某某认缴出资额1800万元，实际出资额511.5375万元，李某某认缴出资额1200万元，实际出资额438.4625元。该年报同时显示认缴期限为2023年10月28日。该公司2017年、2018年未公布企业年报。2020年5月18日公布的2019年企业年报显示，易某某、李某某已履行全部出资义务。

另查明：2013年7月28日，申某委托申某平（系申某之兄）与千某公司签订《门面买卖合同》，约定将坐落于湖南省怀化市鹤城区某路一栋总层高12层房屋中的建筑面积为302.57平方米的商用门面房出卖给千某公司，出让总价为438万元。千某公司先后向申某支付购房款108万元。2014年7月25日千某公司出具《承诺书》，承诺按合同在2014年7月27日后60日内支付200万元、在2014年8月1日前支付30万元、余款保证在60日内付清。因千某公司一直未按期支付余款，故申某于2014年9月24日诉至法院。法院于2014年12月11日作出（2014）怀中民一初字第34号民事判决，判决千某公司支付申某购房欠款330万元及利息。该判决生效后，申某于2015年3月24日向法院申请执行。法院于2015年11月13日对案涉门面进行评估、拍卖，拍卖所得款为276万元，法院将该款支付给了另案优先受偿人陈某，陈某自愿从优先受偿款中代千某公司偿还了申某50万元。法院于2016年8月5日作出（2015）怀中执字第45号执行裁定，以千某公司已无其他财产可供执行为由，终结申请执行人申某与被执行人千某公司房屋买卖合同纠纷一案的本次执行程序。2017年2月14日，易某某出具《还款计划书》，就千某公司欠申某欠款一事，承诺从2017年2月开始每月支付申某5000元。易某某个人愿意承担2017年2月14日承诺的2017年全年还款，合计6万元。申某认可偿还了2个月共计1万元。2018年7月27日易某某出具《承诺书》，承诺代千某公司偿还申某欠款，已经偿还1万元，剩余5万元，按月支付5000元，直至还完此次承诺的5万元为止。双方均认可2019年还了5000元。2020年8月21日，申某以易某某、李某某等虚假出资等为由向湖南省怀化市中级人民法院提交申请，请求追加易某某、李某某为申某与千某公司房屋买卖合同纠纷一案的被执行人。该院作出（2020）湘12执异83号执行裁定，追加易某某、李某某为该案的被执行人。李某某、易某某不服该执行裁定，提起本案诉讼。

【裁判结果】

湖南省怀化市中级人民法院于2022年6月7日作出（2021）湘12民初478号民事判决：不得追加易某某、李某某为湖南省怀化市中级人民法院执行的申某与被执行人千某公司商品房销售合同纠纷一案的被执行人。

宣判后，申某不服，提起上诉。湖南省高级人民法院于2023年4月5日作出（2023）湘民终6号民事判决：一、撤销湖南省怀化市中级人民法院（2021）湘12民初478号民事判决；二、追加易某某为申某与千某公司商品房销售合同纠纷一案的被执行人，易某某在80万元范围内承担偿还责任；三、不追加李某某为申某与千某公司商品房销售合同纠纷一案的被执行人；四、驳回李某某、易某某的其他诉讼请求。

【裁判理由】

法院生效裁判认为：

一、关于千某公司是否已经具备破产原因

《全国法院民商事审判工作会议纪要》（以下简称《九民纪要》）第六条中规定的第一种例外情形中的“已具备破产原因”，是指符合《企业破产法》第二条第一款的规定，即“企业法人不能清偿到期债务，并且资产不足以清偿全部债务或者明显缺乏清偿能力的”。《最高人民法院关于适用〈中华人民共和国企业破产法〉若干问题的规定（一）》［以下简称《破产法解释（一）》］第二条规定：“下列情形同时存在的，人民法院应当认定债务人不能清偿到期债务：（一）债权债务关系依法成立；（二）债务履行期限已经届满；（三）债务人未完全清偿债务。”第三条规定：“债务人的资产负债表，或者审计报告、资产评估报告等显示其全部资产不足以偿付全部负债的，人民法院应当认定债务人资产不足以清偿全部债务，但有相反证据足以证明债务人资产能够偿付全部负债的除外。”第四条规定：“债务人账面资产虽大于负债，但存在下列情形之一的，人民法院应当认定其明显缺乏清偿能力：……（三）经人民法院强制执行，无法清偿债务……”本案中，（1）申某对千某公司的债权已经湖南省怀化市中级人民法院生效判决予以确认，符合《破产法解释（一）》第二条规定，可以认定千某公司不能清偿到期债务。（2）易某某、李某某提交的（2014）第173号审计报告明确载明，截至2014年7月31日，千某公司资产总额为82881721.48元，负债总额102245966.48元，净资产为－19364245.48元。易某某、李某某亦未提供其他相反证据证明2014年之后公司扭亏为盈，符合《破产法解释（一）》第三条规定，可以认定千某公司资产不足以清偿全部债务。（3）申某已经就其对千某公司的债权于2015年向湖南省怀化市中级人民法院申请强制执行，但一直未执行到位，湖南省怀化市中级人民法院于2016年8月5日作出（2015）怀中执字第45号执行裁定终结本次执行程序，符合《破产法解释（一）》第四条规定的情形，可以认定千某公司明显缺乏清偿能力。因此，千某公司已经符合《企业破产法》第二条第一款“企业法人不能清偿到期债务，并且资产不足以清偿全部债务或者明显缺乏清偿能力的”规定，具备破产原因。虽然千某公司主张其有土地等财产可供执行，但从湖南某商业银行与千某公司等金融借款合同纠纷一案的执行情况可以看出，对千某公司土地使用权拍卖所得价款具有优先受偿权的湖南某商业银行，亦因案涉土地被其他执行案件查封以及财产无法处置，而撤销执行申请。

因此虽然千某公司名下有土地使用权，但并不能改变千某公司具备破产原因的事实。截至目前，千某公司并未申请破产，其债权人也未向人民法院申请千某公司破产。千某公司未进入破产程序。综上，千某公司符合具有破产原因但不申请破产的情形。

二、易某某、李某某是否已经以债权转实收资本的方式履行了出资义务

易某某、李某某主张，对于尚未完成实缴的金额，已经通过债权转实收资本的方式完成了出资义务。经查，2014 年 8 月 12 日湖南某会计师事务所作出的湘方会审字（2014）第 173 号《审计报告》显示，截至 2014 年 7 月 31 日，公司实收资本 14732485 元，其中易某某 10047860 元，李某某 4684625 元。该审计报告形成于公司 2014 年注册资本增加后股东变更前，系为公司引进战略合作伙伴而作出，没有证据证明该《审计报告》存在伪造和内容虚假的情况，可以用来认定 2014 年易某某、李某某实缴资本的情况。对于债权转实收资本的问题，根据《公司注册资本登记管理规定》第七条第一款规定“债权人可以将其依法享有的对在中国境内设立的公司的债权，转为公司股权”，股东对公司的债权转为股东对公司的出资，其实质在于股东对公司的债权用于抵销其出资义务，一般需要满足不同种类之债抵销行为的生效要件，包括债权真实、协商一致、不影响其他债权人公平受偿。

本案中，（1）对于李某某：根据 2014 年《审计报告》可知，截至 2014 年 7 月 31 日，李某某实缴资本为 4684625 元，则李某某至此的认缴资本为 7315375 元。李某某提交的《股东会决议》显示，2017 年 5 月 3 日，千某公司召开股东会，同意将千某公司借李某某的个人资金 7315375 元转为实缴资本。公司 2017 年 5 月 31 日的记账凭证，也明确记载李某某个人借款转实收资本 7315375 元。可见，李某某对千某公司的债权转为公司实收资本，已经通过股东会决议得到公司全体股东的一致同意。至于千某公司与李某某之间债权的真实性，李某某已经提交了多份千某公司的记账凭证，李某某银行转账流水，银行结算业务申请书，交付时间、支付金额和记账凭证能够一一对应，可以证明借款事实的存在并已实际交付。在李某某本身与公司存在借款关系以及代公司清偿了债务的情况下，转为实收资本，会消灭公司已经存在的对外债务，提高公司运行效率，不损害债权人申某的利益。尽管千某公司在股东会同意李某某用债权冲抵实收资本后，没有及时向公司登记机关进行备案，而是在 2020 年 5 月 28 日向公司登记机关报送 2019 年年报时才将注册资本实缴情况进行备案。但在注册资本认缴制下，资本实缴情况并非《公司登记管理条例》规定的必须及时办理变更登记的事项，因此，千某公司在 2020 年 5 月才进行补登，不影响其行为的效力。因申某提出追加李某某为被执行人的申请系在2020年8月，晚于千某公司向公司登记机关就实缴资本进行备案的时间，排除了李某某、易某某为了应对诉讼而作出申报的可能性。至于2014年股东会决议的出资方式为货币，而实缴资本的出资方式为债权，二者存在区别的问题，因李某某的出资方式得到了股东会的一致同意，因此并不妨碍其将债权转为实收资本的效力。因此，将李某某对公司的债权转为实收资本，不违反法律和行政法规的禁止性规定，合法有效。

（2）对于易某某：根据2014年《审计报告》可知，截至2014年7月31日，易某某实缴资本为10047860元，则易某某至此的认缴资本为7952140元。易某某主张对于7952140元，已经通过代千某公司偿还陈某、米某某欠款7152140元和代千某公司偿还某市单位的欠款80万元完成实缴。经查，对于其中的7152140元，虽然没有证据证明易某某债权转实收资本经过了公司股东会决议，但是千某公司2017年5月31日的记账凭证显示易某某个人购酒转公司入库还米某某、陈某欠款，科目为实收资本，金额7152140元，易某某在一审提交的两份湖南省怀化市中级人民法院执行裁定书，其中（2015）怀中执字第24号显示："申请执行人米某某与被执行人千某公司达成执行和解协议，两次流拍后的九套商品房以300万元抵押给申请人，被执行人尚欠米某某100万元本金及利息171.5万元及米某某垫付的一审诉讼费、本案评估费、执行费等费用，千某公司以其生产的白酒共计2400件（每件6瓶白酒，抵债价格双方已商定）给米某某予以清偿。双方在协议中约定，双方债务支付不再由人民法院追偿，本案已执行完毕"；（2015）怀中执字第25号显示："申请执行人陈某与被执行人千某公司达成执行和解协议，……千某公司尚欠陈某借款本金202万元及利息168.9万元以及陈某垫付的一审诉讼费、本案评估费、执行费等费用，千某公司以其生产的白酒共计3200件（每件6瓶白酒，抵债价格双方已商定）给陈某予以清偿。双方在协议中约定，双方债务支付不再由人民法院追偿，本案已执行完毕"。上述裁定书可以证明发生过以酒抵债的事实，且价格经过申请执行人和千某公司协商认可。两份裁定书记载的清偿金额也与记账凭证金额基本吻合。因此，记账凭证和法院裁判文书能够相互印证，证明易某某对公司债权的真实性。对于另外80万元，易某某主张系用其代偿某市单位的借款来抵销，但易某某并没有提交其他证据证明其债权的真实性以及与公司达成抵销的合意，仅有2020年《关于对千某公司注册资本实收情况的专项审计报告》中有此记载，且该记载并没有附相关的审计资料和原始凭证。因《关于对千某公司注册资本实收情况的专项审计报告》的作出时间仅早于易某某提起本案诉讼前3天，届时湖南省怀化市中级人民法院已经作出追加易某某为被执行人的执行裁定，因此，仅凭该专项审计报告尚不能认定易某某债权转实收资本当时已经得到了公司全体股东同意或者股东与公司达成了合意。易某某二审中经法院合法传唤无正当理由拒不到庭，人民法院庭后亦在易某某与人民法院联系时向其释明需要提交相关证据，其亦未向二审法院提交，对此应当承担举证不能的法律后果。

三、关于易某某是否存在书面承诺代为履行债务的情形

在申某与千某公司商品房销售合同纠纷一案的执行过程中，易某某承诺代千某公司偿还欠款 6 万元，实际仅偿还 1.5 万元，根据《变更、追加规定》第二十四条“执行过程中，第三人向执行法院书面承诺自愿代被执行人履行生效法律文书确定的债务，申请执行人申请变更、追加该第三人为被执行人，在承诺范围内承担责任的，人民法院应予支持”的规定，易某某亦应在 4.5 万元范围内承担偿还责任。

综上，本案中，虽然千某公司具备破产原因却未申请破产，但因为李某某已经在认缴期限内履行了出资义务，不满足《九民纪要》第六条的规定，故不应追加李某某为被执行人。易某某未完全履行出资义务以及承诺自愿代为履行部分债务，可以被追加为被执行人，其应在其欠缴的 80 万元范围内承担偿还责任。

【案例注解】

公司资本制度变革将传统的法定资本制下的股东出资方式由实际缴纳改为认缴，由此股东未到位的出资数额在公司注册资本中比例上升，成为公司资产的重要组成部分，股东对公司认缴而未实缴的出资义务从债权角度可以被视作其对公司的出资债务。与此同时，在公司经营及存续过程中，公司也会出现对股东负有债务的情况，例如，股东因从事公司的其他职务而为公司垫付款项或是公司向股东直接借款等。如上述情形所言，当公司与某一股东互负债务时，自然而然就会有一方想到用抵销的方式来消灭债权债务关系。但是公司法中公司与股东“我中有你，你中有我”的地位关系，相对于民法上平等的主体关系而言，显得复杂和特殊很多。于是，民法中抵销成立的要件在公司法中能否适用，如何适用才能达到最好的效果就成了一个新的问题。抵销方股东的出资义务与股东权利、公司法人的财产独立性、其他股东以及公司债权人的利益都需要被纳入考虑。

一、实务分歧

司法实践中，因被执行人的财产不足以清偿生效法律文书确定的债务，申

请执行人多另辟蹊径，通过变更、追加其他被执行人的方式实现债务清偿。此类纠纷，以追加公司股东及其连带责任主体最为典型、最为复杂。公司破产程序中，股东债权与股东出资义务不可抵销，无论是立法还是实践都没有争议，出于对公司债权人受偿权的保护，破产债权与出资义务都不可抵销。那么，未进入破产程序，公司与股东互负债务的能否相互抵销，实践中存在争议，有以下两种不同意见：

肯定意见：首先，根据《企业破产法》第四十条的规定，债权人在破产申请受理前可向管理人主张抵销的除外情形中不包括认缴出资期限届满，而股东未履行或者未全面履行出资义务对公司所负的债务。其次，根据《民法典》第五百六十九条的规定来看，当事人互负债务，即使标的物种类、品质不同，经协商一致，也可以抵销。

否定意见：股东债权与股东出资义务之间不具有对等性，前者是约定义务，后者是法定义务，二者不能相互抵销。因股东出资构成公司的责任财产，系公司对外偿债能力的保障，若允许相互抵销易发生股东通过欺诈方式抽逃出资的行为，实属对债权人不利。

二、股东欠缴出资之债的抵销是否有违公平清偿原则

否定说认为，股东对公司欠缴的出资之债，由于股东对公司的出资形成的是公司用于独立经营并独立对外承担责任的财产，属于担负着特殊目的及担保公司债权人债权实现目的的特别财产，股东欠缴公司的出资之债，已经不单纯是公司之债，而是演变成对公司债权人的间接之债，其主体是延伸至公司的全体债权人，而非仅是公司。笔者认为，从这方面来说，股东对公司欠缴出资之债与其他公司债权不存在本质区别。因为其他的公司债权也是公司的合法财产，是有限责任公司所有一般财产的一部分，担保着公司债权人的债权实现。在公司不主张上述债权的情况下，公司债权人可以行使债权人代位权，担保债的实现；在公司破产时，公司的其他债权也被纳入破产财产，担保用于清偿公司债权人的债权，依否定说之逻辑，该债的主体自然延伸至公司的全体债权人。

笔者认为，股东欠缴的出资之债与其他对企业的债务存在以下区别：

其一，主体不同。股东认缴的出资乃基于股东之间的出资协议而产生，其主体首先表现为股东与股东。在公司设立后，基于公司独立的法人资格，新设立的公司可以基于股东的认缴出资协议，要求股东承担出资义务，股东的认缴出资之债又构成了股东对公司之债，拘束着股东和公司。在公司对外发生债务后，公司的债权人可以要求公司的股东缴纳认缴的出资，以清偿其债权。在公司股东未按约定认缴出资的情况下，其他股东可以依据出资协议要求其承担违

约责任，公司可以要求股东根据《公司法》规定足额缴纳出资，公司其他债权人亦可以要求未缴纳相应出资的股东缴纳出资，也可以要求其他股东承担连带出资责任。因此，股东欠缴出资之债，债的主体实际上涉及多方当事人，包括股东与其他股东、公司及公司债权人。而他人对企业的债务从形式上来看，债的直接权利主体是企业，间接涉及公司债权人，一般与公司股东无关。

其二，私密性不同。股东认缴的出资，记载于股东名册、公司章程等之上，可供查询，对外具有公示性。而其他对公司的债务则不需要公开，亦无法定的公开渠道，具有私密性。

其三，诉讼时效适用不同。缴付出资请求权不适用诉讼时效的规定，否则，有违公司资本充足原则，且不利于对其他足额出资的股东及公司债权人的保护。而一般的债权请求权以财产利益为内容，不具有支配性，若权利人长期怠于行使权利，会使法律关系处于不确定的状态，不利于社会交易秩序稳定，故适用诉讼时效。

从股东欠缴的出资之债与其他对企业的债务的区别来看，笔者认为，可以允许公司在未进入破产程序，且在满足一定的形式要件下，公司与股东互负债务能够相互抵销。因为，主体上二者均涉及公司主体和债权人主体，并无实质区别；从私密性与否的角度来看，在查明属实的情况下，亦无区别对待之必要性。诉讼时效适用规则虽然不同，但在抵销时，两种债均是法律之债。故而否定说从性质上否认股东欠缴出资之债理由并不成立。具体而言：

首先，尚无法律法规明文禁止股东在公司进入破产程序前以债权抵销出资，故原则上理应尊重当事人的意思自治，否则将违背“法无禁止皆可为”的民法精神。

其次，公司与股东互负债务抵销仅是简化了双方债权债务关系，并未造成公司资本的减少，公司仍以其全部财产对公司的债务承担责任，难谓对债权人不利。

最后，《公司法》不禁止公司与股东的交易，双方正常业务往来中达成的合同合法有效。在非破产程序中，不存在股东与债权人群体的身份对立，股东所享有的债权应当受到法律的平等保护，其作为债权人股东当然有权主张抵销。

三、股东欠缴出资之债抵销的构建

（一）股东欠缴出资之债抵销的意义

从上述分析可以看出，在现有的主流制度下，并不存在股东欠缴出资之债抵销的制度和理论障碍，从现实来看，符合相关的立法目的，积极意义明显。

其一，《公司法》改实缴资本制为认缴资本制，给予多数出资宽限期，其目的在于降低组建公司的条件，给予股东出资时间的宽限，促进经济繁荣。在认缴资本制度下，股东可以根据公司规模，按进度出资，以节约资金成本。在认缴的宽限期内，部分股东尚未完全缴纳出资，若出现商机，一般来不及履行出资手续，即投入有关资金，在财务记录上对公司债权进行处理。该种情况下，若否定股东欠缴出资之债抵销，则对股东甚为不公，也有违认缴出资制度建立的初衷。另外，否定股东欠缴出资之债的抵销，可能使得股东或公司的经营者因面临超出注册资本外的巨额资金风险，最终放弃交易，从而损害经济活力。相反，如果认可股东认缴出资之债的抵销，则有利于提高效力，促进经济发展。

其二，为鼓励创业，激发经济活力，《公司法》大幅调低注册资本金。而实际资金需要远多于最低注册资本金，在私营企业融资困难的情况下，往往由股东出面借款投入到企业中去，转化为对公司的债权，一旦公司破产，股东往往面临较大的风险。若还不允许股东就认缴出资予以抵销，则将使得股东承担更大的风险，其承担的责任远超过注册资本金，有违股东以认缴的注册资本为限承担责任的制度。如果认可股东出资之债抵销，则将减少股东风险，鼓励股东为企业生产经营融资。

（二）股东欠缴出资之债抵销的设想

因股东对公司的债权形式多样，若允许股东对公司的债权抵销股东欠缴出资之债，则确实存在虚设债权，违背资本充实原则，并损害公司债权人利益的可能。因此，必须予以限制，以平衡各方利益。

其一，股东对公司转移现金产生的债权，必须限于在本金范围内予以抵销。如股东以借款名义出借给公司资金用于公司经营，若约定利息的，基于资本充实原则，仅在借款本金范围内予以抵销，不得计算利息、违约金等。

其二，股东对公司转移货物产生的债权，必须在使公司实际产生现金利益的范围内予以抵销。如股东出售某物品给公司，尚未收取货款，则需要对该出售的货物按照低于或等于市场价计，股东承担举证责任和有关费用履行与按实物出资相同的手续。

其三，股东以受让方式取得对公司的债权的，应限制抵销，以保障其他债权人公平受偿。

其四，股东以对公司提供服务的方式取得债权，原则上禁止抵销，除非该服务有市场价格，且在公司经营过程中为必需。

其五，股东对公司的债权系基于自身人身权利受到侵犯而产生（限于自然人股东），基于人身权优先于财产权的理论，建议可以用于抵销。

四、认定完成转化的条件

债权人股东虽有权主张抵销，但若想达到抵销目的，则需要满足一定的形式要件。《民法典》中的抵销分为法定抵销和约定抵销，鉴于股东债权与其出资义务并非同一法律关系，二者并不具有关联性，不属于法定抵销的债权债务，故应当适用《民法典》第五百六十九条约定抵销。具言之，笔者认为，股东将其对公司享有的债权转化为对公司的实缴出资需满足如下条件：

（一）股东对公司享有真实合法的债权，且达到与实缴出资同等的效果

股东实缴出资后，其所出资的货币或其他财产将转化为公司资本，股东是否实缴出资直接影响公司能否正常经营以及对外偿债的能力。因此，股东将其对公司享有的债权转化为对公司的实缴出资的前提条件为股东对公司享有真实合法的债权，且达到与实缴出资同等的效果。例如，公司在经营过程中向股东的借款，相关款项由股东支付到公司账户，实际达到了股东向公司实缴出资的效果。在诉讼过程中，股东需提供债权产生的基础交易凭证等证据用以证明此项条件。

（二）股东与公司就出资义务与公司债务抵销事宜形成一致的意思表示

股东对公司的出资义务与股东对公司基于借款等事实形成的债权属于不同性质的债权债务关系，不适用《民法典》第五百六十八条关于法定抵销的规定。因此，股东与公司应当根据《民法典》第五百六十九条关于意定抵销的规定就债务抵销事宜形成一致意思表示。同时，公司应当依据法律规定及公司章程的规定召开股东会议，就抵销事宜作出同意的股东会决议。

（三）需取得全体股东的一致同意

根据《公司法》及相关法律规范，股东认缴出资后不仅对公司负有实缴出资义务，对其他已经实缴出资的股东亦负有按照出资协议或公司章程实缴出资的合同义务。股东将其对公司享有的债权转化为对公司的实缴出资，实质上变更了与其他股东在出资协议中关于实缴出资的约定，因此需要征得其他股东的同意。

（四）公司未进入破产程序

在公司进入破产程序的情况下，股东主张以对公司享有的债权直接抵销其实缴出资义务构成个别清偿，损害其他债权人利益，故不应予以支持。根据《最高人民法院关于适用〈中华人民共和国企业破产法〉若干问题的规定（二）》第四十六条之规定，债务人的股东主张以欠缴债务人的出资与债务人对其负有的债务相抵销，管理人提出异议的，人民法院应予支持。因此，破产

程序中，股东将其对公司享有的债权转化为对公司的实缴出资受到限制。

（五）抵销行为不存在导致合同效力瑕疵的情形

若股东的抵销行为存在欺诈、胁迫、与相对人恶意串通损害他人合法权益等情形，相关当事人有权依据相关法律规定主张抵销行为可撤销或无效。

（**一审法院合议庭成员** 陈利建 曹 阳 夏英姿
二审法院合议庭成员 覃开艳 张赛红 李俊颖
编写人 湖南省高级人民法院 覃开艳
责任编辑 钟 莉
审稿人 刘 敏）

鲍某某诉黄某某、添某实业有限公司股权转让纠纷案

——对赌协议下股权回购权的行使规则

关键词：商事　对赌协议　股权回购权　合理期限　行使规则

【裁判要旨】

对赌协议中回购条件成就时，权利人应在合理期限、范围内行使回购权，以确保商事交易的稳定性，避免权利义务处于不确定状态，以最大限度地保障投资方和目标公司的合同期待。

【相关法条】

《中华人民共和国民法典》

第一百三十二条　民事主体不得滥用民事权利损害国家利益、社会公共利益或者他人合法权益。

《最高人民法院关于适用〈中华人民共和国民法典〉总则编若干问题的解释》

第三条　对于民法典第一百三十二条所称的滥用民事权利，人民法院可以根据权利行使的对象、目的、时间、方式、造成当事人之间利益失衡的程度等因素作出认定。

行为人以损害国家利益、社会公共利益、他人合法权益为主要目的行使民事权利的，人民法院应当认定构成滥用民事权利。

构成滥用民事权利的，人民法院应当认定该滥用行为不发生相应的法律效力。构成滥用民事权利造成损害的，依照民法典第七编等有关规定处理。

【案件索引】

一审：江西省靖安县人民法院（2021）赣0925民初419号（2022年5月

16 日）

二审：江西省宜春中级人民法院（2022）赣 09 民终 2690 号（2022 年 12 月 30 日）

【基本案情】

原告鲍某某诉称：2015 年 7 月 9 日，原告与被告黄某某签订了一份《股权转让协议》，约定被告将添某实业有限公司（以下简称添某公司）100 万元股本金以 6 倍价格转让给原告。如两年内公司无溢价，未达到原告投资本金 600 万元，则被告无条件回购，以保障原告投资款得以收回。协议签订后，原告分三次将 600 万元股权转让款汇给被告黄某某。可目标公司两年内不仅没有溢价，还不断向外举债，原告不仅收不回投资款，还要不断按股权比例继续出资。故请求法院依法判令被告黄某某无条件回购上海恒某新能源有限公司（以下简称恒某公司）100 万元股本金，并返还 600 万元股权转让款，被告添某公司承担连带责任。

被告黄某某辩称：其签订协议的行为系履行职务行为，相应法律后果应由被告添某公司承担。2017 年 3 月 6 日，两年即将届满时，原告与被告添某公司签订《股权转让协议》并办理股权变更工商登记，此时公司股价高达 8 元/股，股权权益已超 600 万元，故原告鲍某某办理股权变更登记的行为证明原告已放弃 2015 年《股权转让协议》中的股权回购权，原告的诉请无事实和法律依据。

被告添某公司辩称：两份股权转让协议均履行完毕，原告已经取得恒某公司股权并登记成为股东，原告的诉请没有事实和法律依据。

法院经审理查明：原告鲍某某与被告黄某某原系朋友关系，被告黄某某系添某公司的法定代表人。2015 年 7 月 9 日，被告黄某某与原告鲍某某签订了一份《股权转让协议》（以下简称《2015 年协议》），协议载明：“……一、甲方将持有恒某公司所持有的 1500 万元人民币股本金，转让 100 万元人民币股本金给乙方（以 6 倍价格转让给乙方，即乙方出 600 万元人民币购得甲方 100 万元人民币股权）。二、如两年内公司无溢价，未达到乙方投资本金 600 万元，甲方无条件回购，以保障乙方投资款得以收回。”协议签订后，原告分三次将 650 万元汇给被告黄某某，其中 50 万元系借款。

2015 年 8 月中旬，原告通过案外人郑某生以 350 万元的价格受让了被告添某公司 100 万元股本金。黄某某收到了该转让款，双方未签订书面协议。2017 年 3 月 6 日，原告与被告添某公司就前述 200 万元股权签订《股权转让协议》（以下简称《2017 年协议》），协议主要条款如下：“恒某公司注册资本

7000 万元人民币，甲方（添某公司）出资 1500 万元人民币，占 21.43%。甲方将所持标的公司 2.86% 股权作价 200 万元人民币转让给乙方（鲍某某）……”同日，恒某公司股东会决定，同意被告添某公司的股权转让，原告鲍某某在恒某公司章程上签字，公司股东名录记载原告鲍某某系该公司股东，出资额 200 万元。同年 4 月 18 日，恒某公司向上海市嘉定区市场监督管理局办理公司出资情况变更、主要成员、章程备案登记。

2017 年 11 月 3 日，恒某公司召开全体股东会议，会议决议：“1. 认定原注册资本 7000 万元人民币为 7000 万股，每一元人民币为一股；2. 同意新增 1000 万股，即原 7000 万股变成 8000 万股；3. 新增 1000 万股作价 8000 万元人民币，即新增的每一股作价 8 元人民币；4. 股东根据持股比例，同比例认购，如股东放弃认购，其他股东享有优先认购权，其他股东优先认购股数按放弃认购权股东以外的持股比例认购……”根据 2018 年 6 月 13 日北京东某会计师事务所作出的验资报告显示，鲍某某在 2017 年 11 月 3 日向恒某公司转入 228.568 万元，其中认缴新增注册资本 28.571 万元，出资溢价 199.997 万元转入资本公积金，其共持有恒某公司股份 2.8571%①。2017 年 10 月 15 日至 2017 年 10 月 26 日期间，黄某某以高于 6 倍注册资本的价格受让何某运、刘某、上海曼某投资有限公司持有的恒某公司股权。2019 年 12 月 26 日，经原、被告双方共同选定江西同某资产评估咨询有限公司（以下简称江西同某公司），对恒某公司股东全部权益价值及在 2017 年 7 月 31 日的市场价值进行价值分析评估，出具的《恒某公司股东全部权益价值咨询项目价值分析报告》（以下简称《价值分析报告》）载明：2017 年 7 月 31 日的市场价值的估算值为 8606.78 万元，较账面价值增加 564.33 万元，增值率为 7.02%。

【裁判结果】

江西省靖安县人民法院于 2022 年 5 月 16 日作出（2021）赣 0925 民初 419 号民事判决：驳回原告鲍某某的诉讼请求。

宣判后，原告鲍某某不服，提出上诉。江西省宜春市中级人民法院于 2022 年 12 月 30 日作出（2022）赣 09 民终 2690 号民事判决：驳回上诉，维持原判。

---

① 与前述“2.86%”系同一数字，2.86% 是 2.8571% 的四舍五入。

【裁判理由】

法院生效裁判认为：本案争议焦点在于鲍某某是否享有股权回购权。

首先，根据《2015 年协议》的约定，如两年内无溢价，未达到鲍某某的投资本金 600 万元，则由黄某某无条件回购，以保障鲍某某的投资款得以收回。依照《合同法》第四十五条第一款“当事人对合同的效力可以约定附条件。附生效条件的合同，自条件成就时生效。附解除条件的合同，自条件成就时失效”及第四十六条“当事人对合同的效力可以约定附期限。附生效期限的合同，自期限届至时生效。附终止期限的合同，自期限届满时失效”之规定以及当事人的约定，若恒某公司两年内股本价值没有达到 6 倍的涨幅，则黄某某无条件回购的条件成就。从股权价值是否溢价 6 倍来看，根据公司年度财务报表、股东全部权益价值资产评估报告以及其他股东未行使优先购买权的事实行为来看，可以认定恒某公司于 2017 年 7 月 9 日的股本价值没有达到原股本价值的 6 倍，原告要求被告黄某某、添某公司依约回购股权的条件成就。

其次，从原告请求回购的事实经过来看，《2015 年协议》签订时，原告认为恒某公司是科技股公司，发展前景很好，公司一定会上市，但如果公司上市后股值未超过溢价的 6 倍，则为保障其投资权益，故与黄某某约定回购，该约定的事实基础为“协议签订二年内股值未超溢价的六倍”。依据前述认定，2017 年 7 月 9 日即协议签订两年时回购的条件成就，原告本可要求回购，但其在参加增资决议的股东大会时，在所有参会股东均表示公司亏损、明知公司经营困难的前提下仍认缴新增注册资本，放弃回购，继续期待“公司上市，股权溢价”。其后要求行使回购权，依据的事实基础已变更为“增资后股值未超溢价的六倍”，这与《2015 年协议》约定的回购事实不是同一事实基础。现原告单方认为其仍享有股权回购权，但原、被告并未在增资后就对赌期情势变更、期限延长进行协商并达成一致意见，恒某公司增资后，其注册资本增加，公司的经营、发展均出现实质性变化，若双方仍受《2015 年协议》约定的对赌条款约束，既与双方订立协议时的真实意思表示不一致，亦不符合公司的客观发展情况，故现原告鲍某某要求行使回购权已突破协议约定，缺乏权利行使的事实基础。

再次，从股东的权利义务来看，2017 年 11 月 3 日，恒某公司召开股东大会，决定恒某公司增资，并以原股本 1：8 的比例扩资，若股东无意扩资，其他股东有优先收购权，但是鲍某某认为恒某公司发展前景好，公司还有上市的可能，故既没有要求黄某某回购，也没有放弃增资扩股的权利，而是继续履行了股东的权利。若鲍某某在 2017 年 7 月 9 日即两年期满时及时行使股权回购权，2017 年 11 月 3 日涉案增资增股的决定权应当由添某公司决定。鲍某某行使本应该由添某公司行使的权利，履行2017年11月3日增资的行为，排除了添某公司行使涉案股权的权利，鲍某某以自己的事实行为作出了放弃要求添某公司和黄某某回购股权的承诺。

最后，从目的解释的角度看，回购条件满足后投资方若不尽快作出是否回购的意思表示，将使恒某公司的经营处于不确定状态，若给予投资方无任何期限限制的回购权，亦会造成双方合同权利义务的严重失衡。结合被告黄某某在2017年10月分别受让了何某运、上海曼某公司共计5.3081%的股份，该份额超出约定回购的原告份额的相关事实，推定黄某某当时存在回购能力，而原告在增资后一年多才来法院起诉要求回购，在《2015年协议》既没有约定股权回购权行使时限，被告添某公司或被告黄某某也没有发出催告的情形下，根据原《民法总则》第一百三十二条规定的禁止权利滥用原则衍生的权利失效规则，无限期行使股权回购权不利于维护股权交易市场和公司经营的稳定，有违公平、诚信的民事活动原则。关于原告鲍某某述称认购增资时不清楚恒某公司经营情况，不知道股本是否达到6倍的涨幅的意见。原告作为公司股东，参加了股东会议，应当清楚恒某公司的经营状况，且每年收到财务报表，作为担任过公司法定代表人的原告，其应当有相应的财务基础。原告在诉状及庭审中多次诉称增资是公司没钱，集资用于公司运营，就可以推断原告溢价认缴出资时了解公司经营困难的现状，故法院对该意见不予采信。综上，原告的诉讼请求缺乏事实和法律依据，法院予以驳回。

【案例注解】

对赌协议涉及合同法和公司法的交叉领域，对赌条款具有个性化、多样性等特征，较为复杂。目前我国法律法规未就对赌协议的履行问题作出明确规定，以至于对赌协议的履行问题一直是理论界、实务界的热点、难题。本案系一起典型的股权回购型对赌协议案件，该案争议焦点在于原被告约定的股权回购条件成就后，原告是否可以无限制条件地请求被告回购股权？

一、对赌条件成就时请求股权回购权行使的实践争议

目前，实践中关于未明确约定期限情况下请求股权回购的规则主要有三种观点：

第一种，无固定期限说。该观点认为投资方可以在回购条件成就后随时向回购义务主体主张行使回购权，诉讼时效自投资方第一次主张行使回购权宽限

期届满之日起计算。①

第二种，固定期限说。该观点认为投资方行使回购权期限应适用诉讼时效的规定，自投资方知道或者应当知道回购条件成就之日起计算。

第三种，区别对待说。该观点认为投资方在回购条件成就后，应结合对赌协议相关约定的不同，适用不同的民事规则合理行使权利。②

本案即采第三种观点。笔者认为请求股权回购权应合理行使权利，股权回购型对赌协议是组织逻辑与契约逻辑的结合体，应当同时遵守组织秩序与契约秩序。故在审理此类案件时，应秉持商事的审判思维，在尊重当事人意思自治的情况下，恰当运用与对赌协议约定的法律事实对应的法律规则，确保商事交易的稳定性，避免权利义务处于不确定的状态，以最大限度地保障投资方和目标公司的合同期待。

二、对赌协议下行使股权回购权的法理分析

本案中，鲍某某与黄某某签订并获得添某公司事后追认的《2015 年协议》，对鲍某某购买恒某公司股权后各方的权利义务作了明确的约定，包括溢价 6 倍的承诺以及未达到 6 倍业绩承诺的估值调整方式，俗称“对赌协议”。③对赌协议在我国资本市场颇为普遍，常见于私募股权投资和风险投资（PE/VC）、上市公司重大资产重组等领域，其也被称为“估值调整机制”（Valuation Adjustment Mechanism）。根据《全国法院民商事审判工作会议纪要》（以下简称《九民纪要》）第二部分“关于公司纠纷案件的审理”下“（一）关于‘对赌协议’的效力及履行”④ 的规定，对赌协议下行使股权回购权应视具体情形适用相关的民事法律规定。由于当事人设计的回购条款各不相同，导致法院对投资方请求回购股权的裁判观点也各不相同。笔者认为，对赌协议下行使股权回购权应结合对赌协议有关条款的约定，综合考量权利的性质以及相关权利行使原则。

（一）约定回购权行使条件的权利行使规则

1. 权利性质认定：形成权。

如果明确约定了权利行使期限，当回购条件触发时，投资方享有回购权行

---

① 参见湖南省长沙市中级人民法院（2018）湘 01 民终 2413 号民事判决书。

② 参见安徽省高级人民法院（2019）皖民终 540 号民事判决书。

③ 实践中俗称的“对赌协议”，又称估值调整协议，是指投资方与融资方在达成股权性融资协议时，为解决交易双方对目标公司未来发展的不确定性、信息不对称性以及代理成本的顾虑，而设计的包含了股权回购、金钱补偿等对未来目标公司的估值进行调整的协议。

④ 其中规定：“人民法院在审理‘对赌协议’纠纷案件时，不仅应当适用合同法的相关规定，还应当适用公司法的相关规定。”

使的权利。从权利行使效果来看，如投资人主张继续，不行使回购权，其将继续作为股东参与公司的经营管理；如投资人主张退出，回购权成功行使，则导致投资人与回购义务人以及公司的关系发生转变：第一，投资人将与回购义务人订立新的合同，即股权转让合同，回购义务人需以约定的价款受让投资人的股权；第二，投资人通过将其股权转让给回购义务人，退出标的公司，不再享有股东地位和股东权利。此种情形下，投资方能够按照自己的意愿以单方的意思表示产生变动原法律关系的效果，使得双方订立一个新的股权回购合同，而回购义务人没有选择的权利。因此，无论当事人的条款内容如何表述，如果明确约定了权利行使期限，那么此种情况下的回购权性质上便属于形成权。

2. 权利性质认定：请求权。

如果双方明确约定了义务履行期限或者投资方请求回购义务人履行新合同权利义务的请求权，当回购条件触发时，投资方将与回购义务人缔结股权转让合同，股权转让的价款即为投资人和回购义务人在股权回购条款中约定的价款。基于此，义务履行期限届满或投资方选择“退出”之后，产生了一项新的权利：基于股权转让合同而产生的价款给付请求权。此种情形下，同回购条件触发时的选择权不同，投资方对于法律关系的变更不再具有支配力，只能请求回购义务人履行，性质上属于请求权。

（二）未约定回购权行使条件的权利合理行使规则

所谓合理行使规则，是指行为人在对赌条件成就后，应当在合理期限内且不影响公司正常继续经营以及公司股东正常履行股东权利之基础上，及时作出是否进行股权回购的意思表示。如果双方对权利行使与义务履行均未约定，或已经约定但履行过程中发生较大争议时，法院在裁判此类案件时应基于利益衡平原则与禁止权利滥用原则，对投资方行使股权回购权予以综合考量。股权回购权赋予权利人单方形成之力，但在法律无规定、当事人未约定亦未催告的情形下，并不意味着权利人可以无限期行使权利。为合理保护相对人，并维护合同法律关系的明确与安定，防范机会主义行为，其权利行使应受到限制。若权利人无限期行使股权回购权，会导致合同关系一直处于极不确定的状态，不利于维护股权交易市场和公司经营的稳定，有违公平、诚信的民事活动原则，亦会造成双方合同权利义务的严重失衡。在股权转让合同纠纷中，股权回购权的行使会引起公司股东关系、公司具体经营发生重大变化，是故，权利人应合理行使回购请求权。

本案属于未约定回购权行使条件的情形。本案中，一方面，鲍某某在公司可能亏损、经营困难但具备回购条件时怠于行使权利，却在公司无力回购股权时行使权利，不合乎正常的市场交易秩序，有违公平原则；另一方面，条件成就后，恒某公司召开股东代表大会决定增资时，鲍某某不仅没有要求黄某某回购其股权，反而继续履行股东权利按原股本 1：8 的比例进行增资，此时应视为其放弃要求黄某某回购股权的权利。故鲍某某未能在回购条件成就时合理、及时地行使权利，应视为放弃要求股权回购权利。

三、对赌协议中股权回购权有效行使的裁判路径

本质上，对赌协议是当事人就权利与义务在投资法律关系中的个性化设定。在不违反法律强制性规定的前提下，法律允许且保护当事人在意思自治的范围内将对赌条件及形式、权利行使期限等进行多样化组合。实际上，对赌条件成就与权利行使是两个相互独立的法律事实。对赌条件成就时，除了出现行使股权回购权但履行不能的法律后果外，还会出现因未及时行使或者滥用股权回购权而导致权利失效的法律后果。因此笔者认为，对对赌协议中股权回购权的行使是否予以支持，应坚持抽丝剥茧、层层递进的裁判路径。

（一）要件识别：审查协议效力及回购条件是否成就

其一，法院在审查协议效力时，一方面，可以从《民法典》规定的合同无效情形的角度，对投资方与目标公司签订的对赌协议进行效力审查，若对赌协议中存在有悖于社会公共利益、扰乱金融资本市场秩序、违背公序良俗等导致法定无效的事由，则应当认定为无效合同；另一方面，根据《九民纪要》的相关指导意见，人民法院应当审查涉案情形是否符合《公司法》关于“股东不得抽逃出资”及股份回购的强制性规定，如违反相关规定，应当认定当事人相关约定无效，如目标公司未完成减资程序的，应驳回请求回购股权的诉讼请求。①

其二，判断对赌协议的条件是否成就。股权回购型对赌协议是当目标公司实际经营业绩或估值未能达到投资方的理想目标时，投资方可以通过对赌协议设置的股权回购条件，实现退出公司的目的。关于目标公司的经营业绩或估值，可以结合专业机构的评估报告以及目标公司自身的经营情况，如业绩报告、股权转让价款的支付情况、交易股权的过户情况等综合判断。

（二）规则适用：审查行使股权回购权的具体约定

如经过审查，对赌协议有效，且回购条件业已成就，投资方可根据行使股权回购权的具体约定要求回购义务主体进行回购。

1. 针对约定权利行使期限的情形应适用除斥期间的规定。

如前文所述，投资方的选择权为形成权，投资方有权选择是否要求义务主体回购股权，若投资方未在约定的行权期限内行使权利，则权利归于消灭。在此情形下，法院在裁判中遇到的争议焦点常为“投资方是否应当在双方约定

① 王东敏：《风险投资的司法保护与“对赌协议”的效力认定》，载最高人民法院民事审判第二庭编：《最高人民法院商事裁判观点》总第1辑，法律出版社2015年版，第143页。

的权利行使期限内行使权利，或是超过该权利行使期限后，投资方要求义务人回购股权的权利是否消灭”。例如，在（2020）渝民终1811号案件中，合同已经约定当条件达成时投资人有权在90个工作日内行使赎回权和回售权，重庆市高级人民法院认为投资人选择行使回购权的，应当举证证明在前述期限内已通知实际控制人回购股权。

2. 针对约定义务期限的情形应适用诉讼时效的规定。

如前文所述，投资方基于股权转让合同而产生的价款给付请求权，法院一般适用诉讼时效的规定，以约定的履行期限届满之日起算诉讼时效。如在《最高人民法院关于审理民事案件适用诉讼时效制度若干问题的规定》第六条的释义中，最高人民法院提及“一般而言，‘履行期限’的届满日是起算、确定诉讼时效的不可或缺的时间基点”“当合同约定的履行期限届满时，如当事人仍不履行其承诺的义务，则认定权利人‘知道或者应当知道’其权利受到侵害，与该‘时间点’相衔接而起算的诉讼时效期间，在实务操作中具有客观性、确定性、唯一性和实用性的特点。因此，对于因该类合同发生争议而提起民事诉讼的案件，人民法院应以合同约定的履行期限届满日，作为诉讼时效期间的起算日，这在理论上及实务操作上均无异议”。①

3. 针对无约定的情形应合理行使权利。

在对回购权履行约定不明的情况下，当回购条件触发时，投资方享有主动权，有权选择行使回购权，此时权利性质为形成权，但是投资方应合理行使权利。法院在审查投资方行权行为时，需要结合合同目的、回购条款的内容与性质、合同履行情况、市场变化情况与股价波动情况等因素综合判定。如投资方以通知形式作出“继续经营”的意思表示，则回购权消灭；如投资方以通知形式作出“退出公司”的意思表示，则意味着投资方选择行使回购权，投资方获得基于股权转让合同而产生的价款给付请求权，此时则开始适用诉讼时效的规定。

（三）合理限度：权利失效规则的具体适用

关于利益衡平原则，《九民纪要》指出，人民法院在审理对赌协议纠纷案件时，既要坚持鼓励投资方对实体企业特别是科技创新投资原则，从而在一定程度上缓解企业融资难问题，又要贯彻资本维持原则和保护债权人合法权益原则。因此，在对赌协议的履行过程中，股权回购权的行使会引起公司股东关系、公司具体经营状况发生重大变化，回购请求权的行使应在合理限度内。禁止权利滥用原则在《民法典》第一百三十二条亦有体现。《最高人民法院关于适用〈中华人民共和国民法典〉总则编若干问题的解释》第三条规定，人民

① 最高人民法院民事审判第二庭编著：《最高人民法院关于民事案件诉讼时效司法解释理解与适用》，人民法院出版社2015年版，第116页。

法院可以根据权利行使的对象、目的、时间、方式、造成当事人之间利益失衡的程度等因素作出认定。构成民事权利滥用的，人民法院应当认定该滥用行为不发生相应的法律效力，此为权利失效规则的法律基础。

权利失效规则具体是指，权利人在相当期间内不行使其权利，依特别情势足以使义务人正当相信权利人不欲其履行义务，基于诚信原则不得再进行主张。权利失效规则的构成要件有三个方面：（1）权利人不行使权利。即权利人在能行使权利的情况下不行使权利，应排除客观不能行使的情况。（2）义务人确信权利人不欲再行使权利。“确信”具有一定的推断性，是根据现有条件使义务人达成内心的确认，而非权利人主动向义务人表达放弃行使权利的意思表示。主动表示放弃，系弃权行为。（3）若继续允许权利人行使权利，会造成当事人之间的利益失衡。权利失效规则为投资方以明示或默示的行为放弃行使回购权提供了理论支撑。

法院在适用权利失效规则时，要注重对义务人“确信”的审查，因此需要综合考量使义务人达成内心确认的现有条件。一方面审查权利人（投资人）有无明确表示放弃行使股权回购请求权；另一方面权利人（投资人）审查有无默认放弃行使股权回购请求权：（1）当回购条件成就时，权利人有无以股东身份继续参加股东会参与决策公司经营事宜；（2）当回购条件成就时，权利人有无继续追加投入资本等。同时，为了确保客观公正，法院还须审查行使股权回购请求权的基础事实有无变更等。

具体到本案，法院从利益平衡、维护交易安全的角度，依据权利失效规则认为权利人不得再为主张回购权：（1）权利人在协议签订两年时回购的条件成就未及时行使权利；（2）权利人本可要求回购，但其在参加增资决议的股东大会时，不仅未请求回购，反而进行相反行为，认缴新增注册资本，继续期待“公司上市，股权溢价”，使义务人认为其放弃回购；（3）权利人增资后要求行使回购权，依据的事实基础已变更为“增资后股值未超溢价的六倍”，与原约定的回购事实不是同一事实基础。因此，本案从利益平衡、维护交易安全的角度，结合双方交易习惯认定：权利人的不行使或怠于行使权利，足以使义务人正当信任权利人不欲其履行义务时，权利行使期限即应终止。

（**一审法院合议庭成员**　贾小义　舒敬讲　周　彭
二审法院合议庭成员　刘　挺　李湘宜　刘思婷
编写人　江西省宜春市中级人民法院　晏乃曦
江西省铜鼓县人民法院　袁永胜
责任编辑　钟　莉
审稿人　刘　敏）

南京高某股权投资合伙企业诉房某某等其他合同纠纷案

——IPO未清理的挂钩市值对赌协议效力的认定

关键词：商事　上市公司　挂钩市值对赌协议　效力认定

【裁判要旨】

当事人隐瞒上市前必须依规予以清理的对赌条款，则对条款效力的认定应充分考察上市审核规则所体现的公共法益、金融安全及社会影响等方面的内容。首次公开发行时未清理的与股票市值直接挂钩的回购条款，存在投资人为追求自身投资利益而故意在行权期内操纵二级市场股票交易价格的潜在风险，对证券市场的交易秩序、公众投资者的财产性权益等公共利益造成损害，应认定为无效条款。

【相关法条】

《中华人民共和国民法总则》

第八条[①]　民事主体从事民事活动，不得违反法律，不得违背公序良俗。

《中华人民共和国合同法》

第七条[②]　当事人订立、履行合同，应当遵守法律、行政法规，尊重社会公德，不得扰乱社会经济秩序，损害社会公共利益。

---

① 对应《民法典》第八条："民事主体从事民事活动，不得违反法律，不得违背公序良俗。"

② 该法已失效，参见《民法典》第八条："民事主体从事民事活动，不得违反法律，不得违背公序良俗。"

第五十二条[①] 有下列情形之一的，合同无效：

（一）一方以欺诈、胁迫的手段订立合同，损害国家利益；

（二）恶意串通，损害国家、集体或第三人利益；

（三）以合法形式掩盖非法目的；

（四）损害社会公共利益；

（五）违反法律、行政法规的强制性规定。

【案件索引】

一审：上海市第二中级人民法院（2020）沪02民初234号（2021年8月27日）

二审：上海市高级人民法院（2021）沪民终745号（2022年9月30日）

【基本案情】

原告南京高某股权投资合伙企业（有限合伙，以下简称高某企业）诉称：本案各方当事人签订的《修订合伙人协议》合法有效，房某某、梁某某、绍兴闰某生物医药股权投资合伙企业（有限合伙，以下简称绍兴闰某）应按约办理对应江苏硕某生物科技股份有限公司（以下简称江苏硕某）股权份额的质押登记手续，同时应在高某企业发出回售通知后按照协议约定的计价方式、支付期限向高某企业支付回购合伙份额的价款。故请求法院判令：（1）房某某、梁某某、绍兴闰某共同向高某企业支付合伙份额的回售价款499023228.60元；（2）房某某、梁某某、绍兴闰某共同向高某企业赔偿因逾期支付回售价款导致的利息损失；（3）绍兴闰某协助高某企业办理绍兴闰某所持江苏硕某204.0995万股股份的质押登记手续。

被告房某某、梁某某、绍兴闰某共同辩称：（1）《修订合伙人协议》设定上市后合伙份额的"回售权"，目的是在获准上市公开发行股票后，高某企业能通过主张对其所持绍兴闰某的合伙份额进行回售的方式，规避对应所持有江苏硕某股份的36个月锁定交易期限，违规提前套现，故协议违反《证券法》第三十六条的规定。（2）《修订合伙人协议》约定的股份回购条款与市值挂

① 参见《民法典》第一百四十四条："无民事行为能力人实施的民事法律行为无效。"第一百四十六条："行为人与相对人以虚假的意思表示实施的民事法律行为无效。以虚假的意思表示隐藏的民事法律行为的效力，依照有关法律规定处理。"第一百五十三条："违反法律、行政法规的强制性规定的民事法律行为无效，但是该强制性规定不导致该民事法律行为无效的除外。违背公序良俗的民事法律行为无效。"第一百五十四条："行为人与相对人恶意串通，损害他人合法权益的民事法律行为无效。"

钩，根据上海证券交易所上市审核的要求，该协议属于发行人在申报科创板股票发行上市前必须清理的对赌协议，但该协议未依法披露，破坏了证券市场监管规则，损害公众投资者权益和公共利益，有违公序良俗，应属无效。

法院经审理查明：2016 年 12 月，房某某、梁某某与高某企业、南京高某公司（以下简称高某公司）签订协议约定，高某企业、高某公司认购绍兴闰某新增出资 1 亿元（绍兴闰某是江苏硕某的股东之一），对江苏硕某进行股权投资。此后，各方签订《修订合伙人协议》，其中第 4.2 条“上市后回售权”约定：在江苏硕某完成合格首次公开发行之日起 6 个月的届满之日，投资方有权要求任一回售义务人（房某某、梁某某或绍兴闰某）按照规定的价格购买其全部或部分合伙份额对应的收益权；上市后回售价款以按发出回售通知之日前 30 个交易日江苏硕某在二级市场收盘价的算术平均值作为计算依据。

2019 年 12 月，江苏硕某在上海证券交易所科创板上市。根据《上海证券交易所科创板股票发行上市审核问答二》第十条的规定，前述第 4.2 条约定属于发行人在申报科创板股票发行上市前应予以清理的对赌协议。但江苏硕某在申报发行过程中，未按监管要求对回购条款予以披露和清理。2020 年 7 月 13 日，高某企业、高某公司向房某某、梁某某、绍兴闰某发出《回售通知书》，要求绍兴闰某履行上市后回购义务。当日，江苏硕某盘中的股票交易价格达到历史最高价 476.76 元。此前 30 个交易日，江苏硕某的股票价格涨幅达 155%。次日起，江苏硕某股价一直处于跌势，直至 2020 年 9 月 11 日交易收盘价为 183.80 元。因房某某、梁某某、绍兴闰某未于高某企业发出回售通知后 3 个月内支付相应回购价款，高某企业遂提起本案诉讼。

【裁判结果】

上海市第二中级人民法院于 2021 年 8 月 27 日作出（2020）沪 02 民初 234 号民事判决：驳回高某企业的全部诉讼请求。

宣判后，高某企业提出上诉。上海市高级人民法院于 2022 年 9 月 30 日作出（2021）沪民终 745 号民事判决：驳回上诉，维持原判。

【裁判理由】

法院生效裁判认为：本案争议焦点为《修订合伙人协议》关于上市后回售权条款的效力认定。高某企业主张其所持合伙企业份额对应的江苏硕某的股份权益在上市交易锁定期内的“上市后回售权”，其实质系高某企业通过主张回售绍兴闰某合伙企业份额的方式，就其基于该合伙企业份额所对应持有的江苏硕某 204.0995 万股股份权益，在该股份权益的上市禁售期内提前进行转让后获利。通常在司法实践中，在绍兴闰某已就高某企业主张回售的合伙份额作出诸如同意退伙、减资清算等程序性安排，且无其他无效事由的情况下，对于高某企业主张的其与房某某、梁某某、绍兴闰某协议约定的案涉回售事项应认定有效而予以判决履行。但本案的问题在于：系争回购条款属于江苏硕某股票发行上市前应当披露，且应在申报前予以清理的对赌条款。系争条款约定的回售价格直接与二级市场短期内的股票交易市值挂钩，存在投资人为追求自身投资利益而故意在行权期内操纵二级市场的股票交易价格，致使二级市场的股票交易价格背离目标公司的正常市场交易估值，造成股票交易市场的其他公众投资者因参与该股票的买卖交易而不当致损的潜在风险，进而对股票市场的交易秩序、公众投资者的财产性权益等公共利益造成损害，属于《合同法》第五十二条第四项所规定的合同无效之情形，应属无效条款。鉴于价格条款是系争回购条款的核心要件，故对于高某企业依据《修订合伙人协议》要求房某某、梁某某、绍兴闰某共同向其支付合伙份额回售价款的诉请，法院不予支持。

【案例注解】

对赌协议，又称估值调整协议，系为解决交易双方对目标公司未来发展不确定性、信息不对称以及代理成本顾虑而设计的包括股权回购、金钱补偿等未来目标公司估值进行调整的协议，其实质是对商业经营中价值风险判断的合意行为，系投融资双方的一种创新型融资约定。

在股权投资领域，目标公司多为未上市的初创企业，兼具高成长性与高风险性，投融资双方信息不对称，存在估值困境与代理成本。[①] 因此，股权投资者为保护自己的利益，在对目标公司注资时，往往会与目标公司或者原股东签订对赌协议。在私募股权投资领域，甚至存在“凡投资，必对赌”一说。如今，我国私募股权基金行业的基金数量和规模已跃居世界前列，其中涉及的对赌协议不计其数，诉至法院的对赌纠纷亦逐年增长。同时，国家多次出台政策支持股权融资，股权市场的健康成长将成为我国经济高质量发展的新动能之一，而这进一步推动了我国私募股权和创投基金行业的高速发展。不可否认的是，我国现有的金融体系和融资渠道仍无法满足各类企业的融资需求，传统银行以资产负债表所体现的盈利能力为主要依据的融资方式无法适应初创企业的

① 参见张群辉：《对赌协议的规范分析与适法路径》，载《金融发展研究》2019 年第 7 期。

发展需要，[①]一些民营高科技企业融资难题依旧存在，可以预见，在未来一段时间内，对赌协议仍会是企业融资的常用工具。

在逐年增长的涉对赌协议纠纷案件中，对赌协议的效力认定始终是当事人的争议焦点及司法裁判的重点难点，而目标公司上市后对赌协议的效力认定，不仅涉及公司内部治理问题，还可能涉及社会公共利益，故应结合当事人主观过错，行权的可行性，股价波动情况，对证券交易市场、国家金融秩序及社会公众财产权益的影响等因素，作个案的判断。本案系全国首例上市后对赌协议效力认定案，以下笔者结合本案案情，从对赌协议效力的司法审查及适用原则出发，就上市后对赌协议效力认定的基本思路、具体规则作简要论述，以期发挥司法审判对于涉对赌纠纷的正向规范引导作用，服务保障股权投资领域的营商环境。

一、对赌协议效力的司法审查及适用原则

我国立法对赌协议没有专门规定，由此造成实践中的司法判决各有不同。近年来，影响较为深远的几个案件可大致反映不同时期的司法取向。2012 年，被称为“对赌协议第一案”的海某案[②]确立了“投资方与公司对赌无效，与股东对赌有效”的裁判思路。2019 年华某案[③]中，法院认可了与目标公司对赌协议的效力，并直接判令目标公司向投资方支付股份回购款。此后，2019 年 11 月发布的《全国法院民商事审判工作会议纪要》（以下简称《九民纪要》）[④]进一步表达了与目标公司签订的对赌协议原则上有效的观点，将协议效力与协议履行区分看待。《九民纪要》虽不是司法解释，无法作为裁判依

① 参见张新民、金瑛：《资产负债表重构：基于数字经济时代企业行为的研究》，载《管理世界》2022 年第 9 期。

② （2012）民提字第 11 号，海某公司与目标公司、目标公司股东迪某公司签订增资协议入股，并约定了业绩目标。后因目标公司未达到业绩目标，海某公司要求目标公司及其股东履行补偿义务。法院生效判决认为：世某公司、海某公司、迪某公司、陆某在《增资协议书》中约定，如果世某公司实际净利润低于 3000 万元，则海某公司有权从世某公司处获得补偿，并约定了计算公式。这一约定使得海某公司的投资可以取得相对固定的收益，该收益脱离了世某公司的经营业绩，损害了公司利益和公司债权人利益，协议中该部分条款无效。

③ （2019）苏民再 62 号，华某集团与目标公司、目标公司全体股东签订增资扩股协议，后因目标公司未完成协议约定的业绩目标，华某集团要求目标公司及目标公司全体股东按约承担股权回购责任。法院生效判决认为：我国《公司法》并不禁止有限责任公司回购本公司股份，有限责任公司回购本公司股份并不当然违反《公司法》的强制性规定。有限责任公司在履行法定程序后回购本公司股份，不会损害公司股东及债权人的利益，也不会构成对公司资本维持原则的违反。

④ 《九民纪要》第五条第一款规定，投资方与目标公司订立的“对赌协议”在不存在法定无效事由的情况下，目标公司仅以存在股权回购或者金钱补偿约定为由，主张“对赌协议”无效的，人民法院不予支持，但投资方主张实际履行的，人民法院应当审查是否符合《公司法》关于“股东不得抽逃出资”及股份回购的强制性规定，判决是否支持其诉讼请求。

据，但是对于统一各级法院裁判思路，规范法官自由裁量权，增强民商事审判的可预期性具有重要意义，自此，对赌协议的效力认定在全国司法层面有了较为统一的裁判标准。

目前司法审判实践中，对于对赌协议效力的法律适用参照我国《民法典》合同编、《公司法》的相关规定，既要坚持鼓励投资方对实体企业（尤其是科技创新企业）投资的原则，从而在一定程度上缓解企业融资难问题，也要贯彻资本维持原则和保护其他中小投资人以及公司债权人合法权益原则，依法平衡投资方、其他中小投资人、公司债权人、公司之间的利益。

本案中，作为投资方的高某企业在与房某某、梁某某就案涉股权投资达成融资性协议时，为了解决协议双方对江苏硕某未来经营发展的不确定性即能否完成首次对外公开发行股票并上市交易，以及信息回馈不对称和自身投资回报等问题，设计了包含投资权益回购、金钱补偿等对目标公司江苏硕某未来的估值进行调整的协议条款。系争条款符合估值调整协议即对赌协议的基本特征，主体一方为房某某、梁某某、绍兴闰某，另一方为高某企业、高某公司。

二、上市后股权回购条款的效力认定思路

（一）上市交易规范对回购义务的限制

“对赌”所涉回购股权系上市公开发行股份的，回购义务的约定应考量法律、行政法规、交易所规范等对信息披露、股票转让的规制和限定，如《证券法》《全国中小企业股份转让系统股权转让细则》《首发业务若干问题解答》等。回购条款的设置如果违反了证券交易规范，往往容易引发条款效力的争议，主要表现为以下三种：

1. 未披露回购条款。对赌条款系当事人之间就回购或业绩补偿达成的约定，具有相对性和隐蔽性，而公开发行股份对信息披露有较为严格的要求，回购义务方常以回购条款违背信息披露规范、违反社会公共利益为由主张条款无效。

2. 未清理对赌协议。证监会于2019年3月25日发布的《首发业务若干问题解答》中规定，投资机构在投资发行人时约定对赌协议等类似安排的，原则上要求发行人在申报前清理，但同时满足以下要求的可以不清理：（1）发行人不作为对赌协议当事人；（2）对赌协议不存在可能导致公司控制权变化的约定；（3）对赌协议不与市值挂钩；（4）对赌协议不存在严重影响发行人持续经营能力或者其他严重影响投资者权益的情形。在当事人之间存在对赌协议又未在上市之前进行清理的情况下，对赌义务人可能会以证监会上述规定予以抗辩，主张对赌协议无效。本案中，房某某、梁某某、绍兴闰某的主要辩称意见即为案涉《修订合伙人协议》约定的回购条款与目标公司江苏硕某的股票市

值挂钩，履行该协议会导致公司控制权发生变化，进而损害证券交易市场秩序和社会公共利益。

3. 不符合协议转让数额及金额的限定条件。公开发行的股份原则上应当通过公开市场在特定交易场所进行竞价交易，证监会对特定主体间的协议转让作了相应的限制。如《全国中小企业股份转让系统股权转让细则》第七十三条规定，单笔申报数量不低于10万股，或转让金额不低于100万元人民币的股票转让，可以进行协议转让。在回购所涉股权未达到相应金额和数额的情形下，容易引发协议效力的争议。①

基于上述规范要求，实践中如拟上市公司作为对赌当事人的，按照监管要求应当彻底清理。如对赌一方为公司股东或实际控制人的，在上市申报时通常有两种解决方式：一是对赌双方签署补充协议，补充约定附条件恢复效力条款，即自公司向证券监管机构申报材料并获受理之日起，对赌协议中止履行；公司公开发行股票上市之日起，对赌协议终止履行；若公司未上市成功，自上市未成功的时间节点起，对赌协议恢复效力。二是签署补充协议约定彻底终止对赌协议，并确认对赌自始无效。

然而实践中，有些投资方为保障己方利益，违反证券监管机构的要求，刻意隐瞒上市前应当依规清理的对赌条款，在目标公司上市后，又依据应当被清理的对赌条款来主张权利。对于此类情况，在发生争议时，能否得到法院支持？

（二）上市交易规范难以作为认定回购条款效力的直接法律依据

以往的审判实践通常认为，对赌条款的披露、对赌协议的清理以及协议转让的限制，涉及的是投资者利益保障及社会公众监督，系属证券监管机构对上市公司规范发行及运作的行政监督管理范畴，② 与回购条款本身的效力并无关联，监管部门也未因上述情况的出现而否定对赌协议的效力，本案中高某企业亦以此为由提出抗辩。

本案中，系争上市后回购条款与目标公司江苏硕某的股票市值挂钩，根据证监会《首发业务若干问题解答》、上海证券交易所《科创板股票发行上市审核规则》《科创板股票发行上市审核问答（二）》的相关规定，发行人在申报前应当披露且予以清理。但证监会《首发业务若干问题解答》作为规范性文件，《科创板股票发行上市审核规则》《科创板股票发行上市审核问答（二）》

---

① 参见上海市第二中级人民法院《2015—2019年涉“对赌”纠纷案件审判白皮书》。

② 参见刘俊海：《上市公司股份回购方案的法律性质与规制策略——民法、公司法与证券法的三重维度》，载《当代法学》2022年第5期。

作为证券交易所制定的自律监管规则，均难以作为认定合同无效的直接法律依据。①

（三）对系争回购条款的合法性进行实质审查

然而，上市后对赌协议的效力认定，不仅涉及公司内部治理问题，还可能涉及社会公共利益及公序良俗，故法院除审查回购条款是否符合当事人的意思自治之外，不能囿于规章本身的层级效力以及审核规则的条文内容，② 还应当树立穿透式审判思维，明确上市交易规则的规范目的，充分考量规则背后所保护的法益，结合当事人主观过错程度，行权的可行性，股价波动情况，对证券交易市场、国家金融秩序及社会公众财产权益的影响等因素，对系争回购条款的合法性进行实质审查。若相关规则内容涉及金融安全、市场秩序、国家宏观政策等社会公共利益或公序良俗的，则应当认定违反相应规则的回购条款无效。

1. 应然之义——探究上市交易规范保护的法益。

本案中，高某企业主张的回售价格的计算方式与江苏硕某发行上市后的股票交易市值直接挂钩，而此种对赌协议条款内容原本属于江苏硕某在申报作为科创板股票发行上市前依规应予清理的对赌事项，对应要求清理的法规制定原意在于防止投资人为追求自身投资利益而故意在行权期内操纵二级市场的股票交易价格，致使二级市场的股票交易价格背离目标公司的正常市场交易估值，造成股票交易市场的其他公众投资者因参与该股的买卖交易而不当致损，进而对股票市场的交易秩序、公众投资者的财产性权益等公共利益造成损害，乃至涉及危害国家金融安全等公序良俗的问题。可以看出，证监会、证券交易所在《证券法》授权之下制定的前述发行上市审核及监管规则，其目的是加大对证券市场违法违规行为的规制，保障广大投资者准确评估证券价值和风险，维护证券市场的正常交易秩序，保护公众投资者的财产性权益，因而具有规范意义上的强制性效力。而江苏硕某在申报发行过程中，未按监管要求对系争回购条款予以披露和清理，显然违反了证券监管的强制性规则，进而对规则背后所保护的法益造成了实质损害。③

2. 实然状态——判断当事人是否存在主观恶意及操纵股价的可能。

本案中，房某某、梁某某未按要求在发行人申报前清理其与投资方之间的对赌协议，并在发行上市申请期间持续隐瞒存在相关对赌协议的事

① 参见季奎明：《金融市场基础设施自律管理规范的效力形成机制》，载《中外法学》2019 年第 2 期。

② 参见汪君：《民事裁判援引规章及行政规范性文件的审查义务》，载《法学研究》2021 年第 5 期。

③ 参见张阳：《金融司法监管化的边界约束》，载《清华法学》2023 年第 2 期。

实，具有重大过错，致使招股说明书中关于发行人股东签署对赌协议情况的信息披露存在遗漏，相关风险揭示不到位。而系争对赌协议相对方高某企业作为专业的投资机构，对于证监会和证券交易所的信息披露要求、相关对赌条款的清理要求、系争对赌协议的触发条件和产生后果等事项应属明知，其亦未配合江苏硕某完成历史上对赌协议的签署及清理情况的披露义务，主观故意明显。

从江苏硕某股票在高某企业发出回购通知前后的价格走势来看，江苏硕某上市当日的开盘价为52.33元/股，在高某企业发出回购通知前30个交易日内其股价一路高涨，直至高某企业发出回购通知当日达到最高点469元/股，发出回购通知次日，江苏硕某股价开始持续下跌，2个月即下跌至184元/股。不难看出，系争上市后回购条款已经背离了估值调整协议中“估值补偿”的基本属性，且根据前述价格走势，本案不排除存在人为操纵江苏硕某股价的可能。

3. 反刍思维——认定系争回购条款有效将损害多方利益。

从微观层面来看，若系争回购条款被认定有效，可能导致上市公司股权结构发生重大变化，影响公司经营稳定性。本案中，梁某某、房某某持有的绍兴闰某合伙份额及绍兴闰某所持江苏硕某高达6.82%的股份均被冻结。面对高额的回购价格，回购人需要进行股票质押或者在二级交易市场大量抛售股票以筹措资金，甚至回购人被冻结的股份面临强制执行，在抛售、质押风险处置、强制执行过程中，回购义务人极有可能失去对江苏硕某的控制权，进而损害上市公司和其他股东的利益。

从宏观层面来看，若系争回购条款被认定有效，其他投资人会纷纷效仿，在上市申报时隐瞒依规必须清理的对赌协议，避开证监会、证券交易所的相关发行上市审核规定，在上市后通过司法认定将对赌协议合法化。这样的裁判结果将滋生虚假披露和欺诈发行，助长市场主体通过“抽屉协议”等隐蔽手段规避证券监管，侵蚀注册制以信息披露真实性、准确性、完整性为核心的制度根基。

综上所述，可以认定系争上市后回购条款扰乱了证券市场的正常交易秩序和金融安全稳定，损害社会公共利益，符合合同无效的法定情形，应认定为无效条款。在目标公司隐瞒、未披露系争回购条款，违规获取上市发行资格的情况下，高某企业依据应当被清理的系争回购条款来主张权利，人民法院不应予以支持。

三、结语

本案通过司法裁判对规避证券监管要求的行为给予否定性评价，与证券监管部门监管规则保持了一致，其典型意义在于：（1）堵上了变相规避“必须清理的对赌协议”的漏洞，保障金融监管要求不被架空，尤其在当前 IPO 注册制背景下，对于维持公众对 IPO 信息披露的信赖具有积极意义；（2）有助于规范金融市场秩序，推动金融服务实体经济、服务经济高质量发展。

（**一审法院合议庭成员**　高增军　肖光亮　童娴妮
二审法院合议庭人员　壮春晖　俞　佳　陆　烨
编写人　上海市第二中级人民法院　高增军　施凌波
责任编辑　钟　莉
审稿人　刘　敏）

知识产权

广州虎某信息科技有限公司诉陈某、上海寻某信息技术有限公司不正当竞争纠纷案

——网店向用户提供虚假实名认证服务的不正当性的认定

关键词：知识产权　网络直播平台　虚假实名认证　反不正当竞争　原则性条款的适用

【裁判要旨】

网络直播治理的关键在于直播平台，而直播平台对主播的监管则是平台治理责任的核心。提供虚假实名认证服务行为虽然发生在网络领域，但从其行为性质和表现形式来看，其并非网络领域特有的、利用专业技术手段实施的行为，该行为实质是一般不正当竞争行为在网络领域的延伸，在虚假实名认证服务不能适用《反不正当竞争法》第十二条关于网络领域不正当竞争行为规定的情况下，可以适用《反不正当竞争法》的第二条（一般条款）审查被诉侵权行为的正当性。主播虚假实名认证将损害直播平台的平台准入规则、惩罚机制、主播信用管理体系等直播生态环境，直播平台经营者、用户及合规主播的正当权益将会受到损害，影响网络直播行业的良性发展，构成不正当竞争。

【相关法条】

《中华人民共和国民法典》

第一千一百九十七条　网络服务提供者知道或者应当知道网络用户利用其网络服务侵害他人民事权益，未采取必要措施的，与该网络用户承担连带责任。

《中华人民共和国反不正当竞争法》

第二条第一款　经营者在生产经营活动中，应当遵循自愿、平等、公平、

诚信的原则，遵守法律和商业道德。

第十二条 经营者利用网络从事生产经营活动，应当遵守本法的各项规定。

经营者不得利用技术手段，通过影响用户选择或者其他方式，实施下列妨碍、破坏其他经营者合法提供的网络产品或者服务正常运行的行为：

（一）未经其他经营者同意，在其合法提供的网络产品或者服务中，插入链接、强制进行目标跳转；

（二）误导、欺骗、强迫用户修改、关闭、卸载其他经营者合法提供的网络产品或者服务；

（三）恶意对其他经营者合法提供的网络产品或者服务实施不兼容；

（四）其他妨碍、破坏其他经营者合法提供的网络产品或者服务正常运行的行为。

第十七条第三款、第四款 因不正当竞争行为受到损害的经营者的赔偿数额，按照其因被侵权所受到的实际损失确定；实际损失难以计算的，按照侵权人因侵权所获得的利益确定。经营者恶意实施侵犯商业秘密行为，情节严重的，可以在按照上述方法确定数额的一倍以上五倍以下确定赔偿数额。赔偿数额还应当包括经营者为制止侵权行为所支付的合理开支。

经营者违反本法第六条、第九条规定，权利人因被侵权所受到的实际损失、侵权人因侵权所获得的利益难以确定的，由人民法院根据侵权行为的情节判决给予权利人五百万元以下的赔偿。

《中华人民共和国电子商务法》

第三十八条第一款 电子商务平台经营者知道或者应当知道平台内经营者销售的商品或者提供的服务不符合保障人身、财产安全的要求，或者有其他侵害消费者合法权益行为，未采取必要措施的，依法与该平台内经营者承担连带责任。

【案件索引】

一审：广东省广州市南沙区人民法院（2021）粤 0115 民初 14031 号（2021 年 12 月 30 日）

二审：广州知识产权法院（2022）粤 73 民终 2619 号（2023 年 2 月 28 日）

【基本案情】

原告（上诉人）广州虎某信息科技有限公司（以下简称虎某公司）诉称：虎某公司系虎某直播平台的经营者和管理者，虎某直播平台是以游戏直播为主的多元化、弹幕式互动直播平台，虎某公司制定并公示了各种平台规则，并积极开展平台治理，包括在用户进行账号注册、直播功能开通环节设置了身份验证作为平台准入机制。上海寻某信息技术有限公司（以下简称寻某公司）为拼某某平台的经营者和管理者，陈某在拼某某平台开设的“网络好服务”网店，宣传销售“虎某直播开通”商品，为各平台主播开通直播功能提供虚假实名认证代开服务，该行为直接导致包括未成年人和违规被禁播的主播在内的不符合开播条件的用户能够开通虎某直播功能，从而破坏了各直播平台的市场准入机制和平台惩罚措施，干扰了直播平台的正常治理，损害了各直播平台诚信、安全的平台生态，损害了消费者的合法权益，违反诚信原则，构成不正当竞争行为。请求法院判令：（1）陈某立即停止不正当竞争行为，包括但不限于删除商品链接、停止宣传、关闭店铺等；（2）陈某在《中国知识产权报》显著位置以及新浪、网易顶部通栏刊登声明，消除影响；（3）陈某赔偿原告经济损失及合理维权支出50万元；（4）判令寻某公司立即关闭涉案店铺，删除相关商品链接。

被告（被上诉人）陈某未答辩。

被告（被上诉人）寻某公司辩称：（1）寻某公司并非本案适格被告。寻某公司系拼某某平台经营者，系第三方入驻模式的电子商务平台，平台上商品由第三方入驻商家直接销售，根据《拼某某平台合作协议》，寻某公司仅负责平台日常维护、技术支持，作为非自营电子商务交易平台的网络服务提供者，不可能实施被诉侵权行为。（2）寻某公司无过错。寻某公司在商家入驻时要求其提供个人或企业证照信息、相关资质证明文件，通过平台审核后方可开店经营。平台内有500多万个入驻商家，有过亿的在线商品和服务，且平台数据实时变化，寻某公司客观上无法做到全面、实质性审查。寻某公司已在官方平台公开《知识产权投诉指引》，收到权利人有效投诉后立即采取下架、断开链接等有效处理措施；寻某公司不知晓虎某公司的权利状况和侵权信息存在，收到起诉材料后已及时采取了有效的处理措施，已尽到事前审查、事后合理审慎的注意义务，没有过错。（3）被诉侵权行为已不存在。寻某公司收到起诉后，立即核实商品信息，及时删除、屏蔽链接。

法院经审理查明：（2021）泸卢证经字第813号公证书载明，徐某藜使用其手机安装“虎某助手”，查看“虎某用户服务协议”“用户隐私政策概要”

“虎某平台主播开播协议”“虎某主播违规管理办法”等规定，徐某藜在拼某某网站“网络好服务”网店购买链接名称为“虎某直播开通虎某直播权限虎某直播代开虎某直播号开通直播”的商品，徐某藜使用上述商品的虚假实名认证代开服务成功代开通直播功能。（2021）泸卢证经字第 814 号公证书载明，徐某藜在拼某某网站“网络好服务”网店购买链接名称为“虎某直播开通虎某直播权限虎某直播代开虎某直播号开通直播”的商品，徐某藜使用上述商品的虚假实名认证代开服务成功代开通直播功能。2021 年 9 月 28 日，联合信任时间戳中心可信时间戳显示：拼某某“网络好服务”网店已拼 2774 件，256 人关注，全部商品中包括“快某开通直播快某直播权限”“哔某哔某直播开通哔某开通直播……”“抖某直播抖某开通直播抖某”“虎某直播斗某直播代开哔某”“企某电竞开通直播企某电竞直……”“虎某直播权限游某直播斗某”等多款商品链接，均为直播平台开通相关商品，其中链接名称为“虎某直播斗某直播代开哔某哔某直播权限 C 某开通直播西某映客”的商品，价格为 39. 9 元起，已拼 758 件，商品评价 303 条；链接名称为“虎某直播权限游某直播斗某西某火某代开直播企某电竞直播开通”的商品，价格为 60 元起，已拼 20 件，商品评价 9 条，上述两款商品链接“商品评价”图片显示，房间号为 25216825、24244634、25345518、23932110 等多个房间号认证成功。寻某公司对该证据真实性、合法性予以确认，确认 2021 年 9 月 28 日被控侵权“网络好服务”网店仍有两款商品链接提供了虎某直播账号的人脸识别认证服务，但主张其亦已对上述链接采取了禁售措施；虎某公司主张，经对上述两款商品链接评论图片进行整理，其共为 56 个虎某直播账号虚假认证成功，并确认上述两款商品链接现已下架。

一审庭审中，虎某公司称：虎某直播账号必须经实名认证才能直播，实名认证包括三个步骤，第一步是对账号绑定的手机号码进行验证，第二步是填写身份信息（包括姓名、身份证号等），第三步是人脸核验。被控侵权行为的具体步骤是，客户（即被控侵权链接的购买者）注册虎某账号并绑定手机号，在被控侵权网店链接下单购买后，向该网店客服提供虎某账号及其绑定的手机号码，先向其发送验证码登录虎某账号；再向其提供验证码完成第一步直播手机验证码验证；随后由该网店完成第二步身份信息填写、第三步人脸核验后，该账号即认证完成显示可以直播，客服将虎某认证成功的截图发送给客户，客户可使用该账号进行直播。

【裁判结果】

广东省广州市南沙区人民法院于 2021 年 12 月 30 日作出（2021）粤 0115

民初 14031 号民事判决：一、陈某自本判决生效之日起 7 日内向虎某公司赔偿经济损失及合理费用共计 8 万元整；二、驳回虎某公司的其他诉讼请求。

宣判后，虎某公司向广州知识产权法院提出上诉。广州知识产权法院于 2023 年 2 月 28 日作出（2022）粤 73 民终 2619 号民事判决：一、维持广东省广州市南沙区人民法院（2021）粤 0115 民初 14031 号民事判决第一项；二、撤销广东省广州市南沙区人民法院（2021）粤 0115 民初 14031 号民事判决第二项；三、陈某在本判决生效之日停止实施不正当竞争行为，即关闭拼某某平台“网络好服务”店铺；四、寻某公司在本判决生效之日注销陈某经营的拼某某“网络好服务”店铺账号；五、驳回虎某公司的其他诉讼请求。

【裁判理由】

法院生效裁判认为：提供虚假实名认证服务行为虽然发生在网络领域，但其从行为性质和表现形式来看，其并非网络领域特有的、利用专业技术手段实施的行为，该行为实质是一般不正当竞争行为在网络领域的延伸，在虚假实名认证服务不能适用《反不正当竞争法》关于网络领域不正当竞争行为规定的情况下，可以适用《反不正当竞争法》的一般条款审查被诉侵权行为的正当性。陈某在其经营的拼某某店铺为网络用户开通包括虎某直播平台在内的主播开播实名认证服务，破坏了虎某直播平台的主播准入机制、惩罚机制、主播信用管理体系，违背诚信原则和商业道德，损害了互联网经营者的合法权益和直播平台使用者的合法权益，对互联网直播生态将会造成严重损害，构成不正当竞争。同时，鉴于虚假实名认证服务对直播商业模式和正常运营秩序的危害，以及对直播行业生态损害的严重性，同时考虑到陈某存在对虎某直播以外的其他网络直播经营者提供虚假实名认证服务，有必要预防、警示和遏制类似涉案不正当竞争行为的重现，故对虎某公司上诉主张陈某及寻某公司关闭店铺的请求，予以支持。

综上，虎某公司的上诉请求部分成立，应予以支持。依照相关规定，判令陈某停止侵权，即关闭店铺并赔偿 8 万元；寻某公司注销店铺账号。

【案例注解】

本案系网络直播领域首例虚假实名认证服务不正当竞争纠纷案件，对主播虚假实名认证的不正当性进行了充分论证，并首次判令提供虚假实名认证的网络服务平台商承担关闭被诉店铺的责任，为网络直播健康生态体系的构建提供了一个重要分析样本。结合本案案情，从以下几方面对当前网络直播的现状及直播平台治理相关法律问题进行分析。

一、网络直播发展现状

直播的技术和概念起源于广告直播和电视直播。网络直播，是指基于互联网，以视频、音频、图文等形式向公众持续发布实时信息的活动，是一种新兴的在线娱乐或服务方式。网络直播涉及网络直播平台经营者（即互联网直播服务提供者）、主播（即互联网直播发布者）和用户。

2012 年，YY 直播在国内开启了网络直播时代。2016 年网络直播业务爆发，营利性网络直播平台发展迅速，直播亦从电脑端延伸至手机端，“全民直播热”兴起。根据中国互联网络信息中心（CNNC）第 51 次《中国互联网络发展状况统计报告》，截至 2022 年 12 月，我国网络直播用户规模达 7.51 亿，占网民总体的 70.3%，其中电商直播用户规模为 5.15 亿、游戏直播用户规模为 2.66 亿、真人秀直播用户规模为 1.87 亿、演唱会直播用户规模为 2.07 亿、体育直播用户规模为 3.73 亿。与此同时，由于传统政府监管模式的滞后，加之网络直播本身的特点所带来的监管难度，网络直播乱象层出不穷，严重影响了直播行业的健康有序发展。

根据网络直播内容的类型，网络直播平台大致包括五大类别。第一类为电商直播，即在直播平台展示商品或服务，通过直播推销商品的一种方式。第二类为秀场直播，即通过直播展示主播个人才艺或者提供聊天服务等。第三类为游戏直播，即以游戏内容为载体，通过直播平台展示主播或选手自己玩游戏的操作技术和解说。第四类为泛娱乐类直播，也称泛生活类直播，内容涵盖美食、时尚、户外、音乐、绘画等各个方面。第五类为垂直领域类直播，主要涉及专业领域，如财经类、新闻类、教育类等领域。网络直播的快速发展主要得益于用户需求得到了多元化的满足、商业资本助推直播行业发展以及技术进步降低了准入门槛等多方面的因素。

二、网络直播治理存在的困境

当前，直播行业存在的问题主要集中在以下几方面：

一是直播内容低俗色情。从主播言语污秽到用户弹幕互动内容涉黄涉暴力，从直播色情表演到直播造人，从直播飙车到直播胃插管，一系列突破道德和法律底线的内容比比皆是，挑逗、宣泄、起哄等网络行为随处可见。秀场直播、泛娱乐直播的内容离不开聊天、唱歌跳舞等，直播内容同质性较高，也是导致乱象的原因之一。

二是直播盈利模式单一。网络直播盈利模式主要包括：（1）打赏收入，即用户付费充值购买礼物送给主播，平台将礼物转化成虚拟币，主播对虚拟币提现，由平台抽成；（2）广告收入，即直播平台负责在App中、直播室中或直播礼物中植入广告，按照展示、点击或购买情况与广告主结算广告费；（3）电商收入，主播在自己的店铺或者其他店铺通过主播推荐店铺商品，由用户直接购买，主播与直播平台按照既定比例分成；（4）会员增值服务，会员包括主播和用户，在付费成为会员后获得专属特权。如会员主播直播室开放更多功能权限，会员用户可以个性点赞、拥有入场特效或观看指定付费内容等。这些盈利模式简单粗放，造成平台对主播的依赖性大，平台对主播的监管流于形式。

三是直播竞争生态有待优化。数据造假营造虚假繁荣，一些直播平台为吸引用户，为主播或其经纪公司购买直播人气数量；打造虚假“网红”主播引流，一些经纪公司通过低价购买虚拟礼物或虚假宣传炒作，把主播打造成“网红”，吸引用户打赏；有的直播平台直接通过高薪挖走其他平台优质主播，实现快速增加流量的同时，亦削弱了竞争对手。直播平台盈利模式简单，盈利能力不足，市场竞争激烈，高品质的直播生态系统尚未完全形成。

四是直播违法侵权层出不穷。不同类型的网络直播所涉及的纠纷类型亦不同，如电商直播，更多涉及销售假冒伪劣产品、侵害商标权、虚假宣传等方面的纠纷；秀场直播、游戏直播，更多涉及侵害他人著作权等方面的纠纷；泛娱乐类直播，更多涉及侵害他人隐私权等方面的纠纷；不同类型直播都会涉及数据造假、不正当竞争等方面的问题。

网络直播乱象反映了网络直播治理存在的问题，厘清网络直播治理的困境，有助于构建完善的网络直播治理体系。直播行业治理困境体现在五个方面：

1. 内容实时传播增加了监管难度。

网络直播中一个重要的传播特征就是实时性。预防性的事前监管对内容的监管基本失效，即使通过实时监督的事中监管亦难以避免负面影响的扩大，也就是说，即便监管部门责令平台关停直播间、断开链接并删除内容，也无法消除关停前那段时间内视频对用户所造成的影响，更为严重的是违法违规内容可能以截图或转录的方式继续传播。以“斗某直播造人事件”为例，事发时间在凌晨却引来了数千人围观，不少网友还在微博等社交平台上公布了大量截图，而斗某直播官方却是在收到举报后才关闭了该直播间。

2. 监管主体多元降低了监管效果。

对网络直播行业进行监管的部门包括文化和旅游部、国家广播电视总局、国家互联网信息办公室、全国“扫黄打非”办公室、公安部、工业和信息化部等。各个监管主体在资质授予、内容监督等方面的职能权限存在交叉和重叠，多部门监管既可能存在监管过度，也可能造成监管缺位，甚至出现监管权力的争抢，降低了监管的效力和效率。

3. 法律体系不完善减弱了监管效力。

自2016年7月起，我国多个部门颁布了一系列的通知、规定等，如《互联网直播服务管理规定》《互联网信息服务管理办法》《文化部关于加强网络直播管理工作的通知》等，各个监管主体根据各自职责，针对网络直播行业，通过自己发布的法规明确了监管对象。然而，由于监管主体不同，导致了不同法规之间存在术语不统一、不明确的问题；同时，又由于相关行政法规的处罚力度等问题，一般采取罚款、警告、封号等措施，导致现有行政法规对直播平台、主播的约束力不足。

4. 技术水平有限削弱了监管效率。

监管技术水平的提高既包括直播平台，亦包括监管部门。对直播平台而言，应当具备即时阻断互联网直播推流的技术能力，并加强对评论、弹幕等直播互动环节的实时管理，同时对于主播的实名认证也应通过技术手段增强识别效率。但是由于直播的实时性特点，无论是直播平台还是监管部门，很难在技术上通过敏感词搜索或画面识别方式等拦截全部违规内容。在直播过程中，通过图像识别、视频检测、语音分析等技术实现监控，也有赖于相应的技术能力的提高。

5. 主体间利益纠葛增加了监管的复杂性。

网络直播涉及用户与主播、主播与平台、平台与政府等不同主体，用户为满足猎奇心理诱导主播违法直播，主播为了流量游走于灰色地带，平台为了增加盈利放任甚至诱导主播违规直播，不同主体的利益纠葛增加了监管的难度。以平台和主播为例，直播平台和主播在吸引流量和获取利润方面是利益共同体，直播平台的营利模式导致平台对主播的依赖性较大，利益上的纠葛导致直播平台对头部主播采取选择性管理，不采取实时性的处罚。

三、加强直播平台在网络直播治理中的责任

网络直播的治理困难重重，如果仅仅依靠政府监管，如前所述，存在技术问题等监管难点，因此，应当借助直播行业特别是直播平台实现行业自治和自律。网络直播平台作为直播行为的平台提供者和直接管理者，在直播治理中具有天然的优势。因此，既要加强直播平台的自治，也要落实平台治理的责任。

（一）网络直播治理中主播和平台的角色

主播是网络直播的核心主体，网络直播治理的一个核心环节就是对主播的管理，而在主播管理上，直播平台是最直接的规制者。

1. 主播是直播平台的核心商业资源。

网络直播平台的盈利模式主要依赖于流量与主播分成，在商业价值实现

上，以优质直播内容吸引用户购买平台虚拟货币在直播间内消费是直播平台商业模式中的重要一环。主播是直播平台最核心的商业资源，用户是直播平台实现商业利益的重要来源，直播平台商业价值的实现有赖于用户和主播在平台内交互，主播不断提升直播内容质量，平台持续优化用户体验，不断提升用户消费意愿。直播平台的经营者如何规范主播行为提升直播内容，增强用户的信赖度，从而营造健康的网络生态环境，核心在于如何规范主播行为举止，落实主播的主体责任，并为平台内的主播提供公平、公正的竞争环境。

2. 直播平台是网络主播审核的直接规制者。

与传统媒体时代不同，作为信息生产和传播“管道”掌握者的网络平台是私主体，与网络监管和执法部门间并不存在行政隶属关系或经济控股关系，网络监管和执法部门无法通过事前许可加事后审查的行政手段，对网络空间中的有害内容进行直接高效的监督和治理。因此，在网络媒体时代，传统的由行政执法部门行使的传媒监督管理权在网络实践中已经主要由网络平台经营者代为行使。理论上，有学者将这种私主体行使公权力的行为称为“私人规制”，即“虽然在性质上是私主体，但是其制定规则、标准，实施监督和惩戒的行为，具有客观‘公权力’的效果”。为了更好地利用网络平台，加强网络直播内容审查，为网络平台行使相应监管权提供法律正当性基础，各国纷纷致力于通过立法的形式给网络平台商设定网络信息内容审查的法定义务。如《互联网直播服务管理规定》第十四条规定，互联网直播服务提供者应当对违反法律法规和服务协议的互联网直播服务使用者，视情采取警示、暂停发布、关闭账号等处置措施，及时消除违法违规的直播信息内容，保存记录并向有关主管部门报告。

（二）明确直播平台的治理责任

根据网络直播行业的特点，我国逐步建立起以直播平台义务为主体的互联网直播法律规制体系。在这一体系中，直播平台对主播审核的法律义务从事后协助义务不断扩充至事前审查和事中监管义务。就主播监管方面，直播平台责任主要体现在以下几方面：

1. 建立主播资格准入制度。

首先，严格落实实名认证规则。《互联网直播服务管理规定》第十二条第一款规定，互联网直播服务提供者应当按照“后台实名、前台自愿”的原则，对互联网直播用户进行基于移动电话号码等方式的真实身份信息认证，对互联网直播发布者进行基于身份证件、营业执照、组织机构代码证等的认证登记。互联网直播服务提供者应当对互联网直播发布者的真实身份信息进行审核，向所在地省、自治区、直辖市互联网信息办公室分类备案，并在相关执法部门依法查询时予以提供。第十五条还规定了黑名单管理体系等。可见，该规定从实名制、黑名单制度等落实主播责任及平台管理权限等。在此背景下，包括虎某、Y×、快某等在内的多个直播平台均制定了各自的平台规则，以主播实名认证作为直播开播的必要条件。其次，对于特定内容或特殊行业的直播，如教育、医疗、公益等内容的直播，除了实名认证外，应当增加学历、职业或技能等方面的证明，完善主播个人信息。

2. 建立主播信用评价体系。

首先，应当建立信用等级管理体系。《互联网直播服务管理规定》第十五条第一款规定，互联网直播服务提供者应当建立互联网直播发布者信用等级管理体系，提供与信用等级挂钩的管理和服务。可见，直播平台可以针对主播建立信用等级体系，设定相应的信用等级标准和评分规则。当主播出现违规行为时，根据评分规则扣除其账户相应的信用分，不同等级的信用分值对应不同的信用等级。平台对不同信用等级的主播进行不同程度的管理，重点监管信用等级低或受过违规处罚的主播，对于信用等级较低的主播或出现严重违规的主播给予暂停直播直至关闭直播间的处罚。其次，应当落实黑名单制度。《互联网直播服务管理规定》第十五条第二款规定，互联网直播服务提供者应当建立黑名单管理制度，对纳入黑名单的互联网直播服务使用者禁止其重新注册账号，并及时向所在地省、自治区、直辖市互联网信息办公室报告。可见，禁止被记入黑名单的使用者重新注册账号将根治目前主播被封停账号后，以另一种虚假身份重回平台的恶性循环。因此，黑名单制度是对实名制的补充和落实。

3. 建立全行业的主播档案。

《互联网直播服务管理规定》第十八条规定，鼓励支持相关行业组织制定行业公约，加强行业自律，建立健全行业信用评价体系和服务评议制度，促进行业规范发展。2022 年，曾因直播涉及色情低俗而被抖某等平台相继封禁的直播“凡达”，在某直播平台换“马甲”“复活”，一场 5 个多小时的“回归”直播，收获热度超过 1410 万，按照平台既有热度换算，仅这场直播就获得 200 万元的打赏。“复活”后的“凡达”在直播“PK”中仍使用“牙刷刷脚后跟再刷牙”的恶俗账号。可见，“直播被封账号变相转世”时有发生。为杜绝此类情况，应当通过行业自治和行业公约，建立跨平台的主播管理档案，避免主播在多个 ID 的掩护下逃脱监管，或者换个“马甲”在其他平台“复活”。在实名认证的基础上，通过跨平台主播档案的建立，主播的违规违法行为被记录在档案内，实现全覆盖式监控，对严重违法主播实现永久禁播，增加了处罚的力度和威慑力。

（三）加大对直播平台自治的司法救济

如前所述，网络直播治理的关键在于直播平台，而直播平台对主播的监管则是平台治理责任的核心。因此，有必要对直播平台的自治提供有效的司法保护，本案通过判令提供虚假实名认证的平台承担关闭店铺的责任，向直播行业发展释放了积极的信号。

1. 提供虚假实名认证服务具有不正当性。

第一，提供虚假实名认证服务违背诚信原则和商业道德。如前所述，互联网直播发布者即主播在开播前进行实名认证，已经是直播行业的商业道德和行为准则。被诉"网络好服务"店铺为包括虎某直播在内的多个直播平台提供主播开播虚假实名认证服务，为自己牟取商业机会和利益，违反了《互联网直播服务管理规定》，违背了诚信原则和商业道德，其不正当性显而易见。

第二，提供虚假实名认证服务损害互联网经营者的合法权益。网络直播商业模式的良性运行有赖于安全、诚信、健康的直播平台生态环境，而主播虚假实名认证将损害直播平台的平台准入规则、惩罚机制、主播信用管理体系等，直播平台经营者、用户及合规主播的正当权益将会受到损害。因此，直播经营者通过构建主播、用户、平台三者的良好生态逐步将虎某直播经营成为有影响力、号召力的直播平台，直播经营者对其商业模式及其互联网产品或服务享有合法的权益。

第三，虚假实名认证必然增加互联网经营者的经营成本及风险。直播平台的经营者，通过平台准入机制、惩罚机制、信用管理体系等对主播进行规范，而实名认证机制是直播平台实施上述平台规则、维护平台生态健康的基础。首先，为维护公平、健康的直播秩序，直播平台运营商必然要投入大量成本、组织一定力量遏制和打击虚假实名认证主播违规开播等行为，应对用户、平台内其他主播投诉等，这也会损害直播平台的正常经营管理秩序，增加平台运营维护成本。

第四，虚假实名认证将会导致直播平台服务质量的降低。一方面，通过虚假实名认证开播的主播的违法违规行为使得主播考量其直播行为影响的激励机制失效，同时禁播主播通过虚假实名认证逃脱了"黑名单制度"的惩罚，这也将破坏直播平台的主播信用等级体系，进而损害平台内主播的公平竞争环境；另一方面，在经虚假实名认证的主播的违法违规行为不能得到有效抑制的情况下，失效的处罚机制、信用等级体系亦可能导致"劣币驱逐良币"，即使得优质主播退出平台，从而降低直播的服务质量，长此以往，必然发生用户和消费者降低对直播服务的信用评价，直播平台运营商的合法权益必将遭受损害。

2. 提供虚假实名认证服务损害直播平台使用者的合法权益。

网络直播平台使用者包括主播和用户，虚假实名认证行为将损害直播平台使用者的合法权益。首先，虚假实名认证行为损害了直播平台内普通主播的合法权益及正常的直播秩序。虚假实名认证行为破坏了黑名单制度和信用管理体系的实施效果。黑名单制度是对实名制的补充和落实，目的是根治主播被封停账号后以另一种虚假身份重回直播平台的恶性循环，而信用等级管理体系则有利于增强平台内主播的自律意识。使用虚假实名认证的主播，通过绕过平台准入机制、黑名单机制从而逃避主播主体责任，这不仅破坏了直播行为本身的平衡性、竞争的公平性及正常的直播环境和直播秩序，缺乏优质主播和直播内容的平台，还会降低用户（消费者）的互动体验和直播观看兴趣，可能使用户对直播平台失去信心甚至致其最终退出直播平台。从长远来看，虚假实名认证行为还会给直播产业的发展带来不良影响。其次，虚假实名认证的主播开播侵害了消费者的知情权和选择权。消费者享有知悉其购买、使用的商品或者接受的服务的真实情况的权利，我国法律法规在不同层面都赋予网络用户和消费者对互联网产品或服务享有知情权和选择权，如《消费者权益保护法》第八条、《电子商务法》第十七条等相关规定。通过虚假实名认证服务的主播开播，以虚假身份欺骗和误导用户和消费者，如黑名单上的主播、未成年人主播等，无疑是对用户和消费者的知情权和选择权的侵害。

3. 关闭被诉店铺的必要性。

第一，被诉店铺以提供虚假实名认证服务为主。现有证据显示，被诉店铺存在同一个商品链接针对多个直播平台提供虚假实名认证服务，以及不同商品链接均指向各个直播平台的虚假实名认证服务情况，即被诉店铺主要以提供虚假实名认证服务为主。

第二，寻某公司采取的现有措施不足以制止被诉行为。现有证据显示，从寻某公司对涉案店铺从一审至二审期间采取的措施看，其亦是从禁售含“虎某直播”商品链接到采取限制店铺功能（禁止上新、禁止上架），即其所采取的限制措施随着被诉行为发生的具体情形而逐步严厉。而寻某公司对被诉店铺采取的针对“虎某直播”等特定商品的禁售以及关闭店铺部分功能等限制措施，均不足以制止陈某通过被诉店铺继续实施被诉行为。

第三，采取关闭店铺措施符合寻某公司制定的拼某某平台治理规则。根据《拼某某禁发商品及信息管理规定》，虚假实名认证服务系拼某某平台的禁售商品，依据平台规则，可以采取“清退商家”等措施。在涉案店铺前端已无商品在售且不能上架销售商品，即涉案店铺已停止销售商品、终止交易及售前售后服务的情况下，采取关闭店铺措施并不违反拼某某平台规则。

第四，寻某公司未采取必要措施，依法应承担关闭店铺的民事责任。根据《民法典》第一千一百九十七条、《电子商务法》第三十八条的规定，寻某公司作为拼某某平台的经营者，其所采取的多个措施均不足以制止陈某继续实施销售提供虚假实名认证服务的违法行为，特别是陈某在上述限制措施后仍通过被诉店铺客服功能实施被诉行为。在寻某公司确认无法关闭涉案店铺的客服功能情况下，关闭涉案店铺是制止被诉行为的必要措施。

（一审法院独任审判员　赵　丽
二审法院合议庭成员　彭　盎　江闽松　裘晶文
编写人　广州知识产权法院　彭　盎
责任编辑　姚俊萍
审稿人　丁文严）

四川不某知识产权服务有限公司、夏某某诉湖南快某投资发展有限公司、广州网某有限公司侵害信息网络传播权纠纷案

——“旅游攻略地图”作品性的司法认定

关键词：知识产权　旅游攻略地图　独创性　权利边界　著作权

【裁判要旨】

1. 普通旅游者创作的旅游攻略地图，通过空间点、线、几何图形、注记等符号对地理要素进行平面展示，属于具有独创性的作品，应受《著作权法》保护。

2. 对于以客观信息为基础创作的作品，应当谨慎认定其中的作品性元素，区分著作权权利对象与公共资源。

【相关法条】

《中华人民共和国著作权法》

第三条　本法所称的作品，是指文学、艺术和科学领域内具有独创性并能以一定形式表现的智力成果，包括：

（一）文字作品；

（二）口述作品；

（三）音乐、戏剧、曲艺、舞蹈、杂技艺术作品；

（四）美术、建筑作品；

（五）摄影作品；

（六）视听作品；

（七）工程设计图、产品设计图、地图、示意图等图形作品和模型作品；

（八）计算机软件；

（九）符合作品特征的其他智力成果。

《中华人民共和国著作权法实施条例》

第四条 著作权法和本条例中下列作品的含义：

……

（八）美术作品，是指绘画、书法、雕塑等以线条、色彩或者其他方式构成的有审美意义的平面或者立体的造型艺术作品；

……

（十二）图形作品，是指为施工、生产绘制的工程设计图、产品设计图，以及反映地理现象、说明事物原理或者结构的地图、示意图等作品；

……

【案件索引】

一审：湖南省长沙市开福区人民法院（2022）湘0105民初1132号（2022年5月6日）

【基本案情】

原告四川不某知识产权服务有限公司（以下简称不某公司）、夏某某诉称：原告不某公司是专业的知识产权服务公司，原告夏某某系不某公司的股东。原告夏某某将其名下出版物及发布于今日头条、微博、百度、马蜂窝等网站的所有原创文章、视频、图片、短图文等作品依法转让给原告不某公司。原告不某公司依法取得了涉案作品在法律允许转让范围内的所有权利。被告快某投资发展有限公司（以下简称快某公司）未经许可，将原告夏某某所创作的旅游攻略类作品《22条西部自驾线路图，每一幅都是经典自驾环线！》剽窃至自身运营的网站/自媒体上发布，侵犯了二原告的著作权。二原告特起诉至法院，请求法院判令：（1）被告赔偿侵权赔偿金及维权成本合计5万元；（2）被告书面赔礼道歉；（3）被告立刻停止侵权。

被告快某公司辩称：（1）原告不某公司不是本案的适格主体。根据二原告提交的证据，二原告之间系知识产权的管理与被管理的关系。原告夏某某将已创作的作品交由原告不某公司进行管理维权，而非基于创作人在其公司任职或作为入股出资的资产，原告不某公司的工商登记信息中也没有原告夏某某的名字。原告不某公司实质上没有取得实体性权利，而是以商业经营的方式在展开维权，客观上是一种商业策略和谋利手段，不符合法律的强制性规范要求。因此，原告不某公司不具有本案的适格主体身份。（2）原告夏某某不享有涉案作品的著作权。原告夏某某提交的证据不能证明原告夏某某系原始创作者。

地图作品应在整体构图、客观地理要素的选择和表现形式上体现独创性。公知地理信息的简单组合不具有独创性，不构成著作权法意义上的地图作品。收集、提供地图现实资料以及核对资料有无遗漏或者错误的行为属于辅助绘制地图的工作，不能视为创作行为。因此，原告提交的图片信息不属于《著作权法》保护的范围。(3) 原告主张的赔偿金额没有事实和法律依据。涉案作品主要为旅游线路图片的制作，复杂性及独创性极低。目前市场在售的旅游景点地图基本可囊括涉案的所有作品线路。被告快某公司转载的作品从数据的点击量、转载量来看几乎为零，且涉案时间短。被告快某公司的行为没有获得任何实质性的收益，也没有发布拥有付费收益的文章，未给原告造成任何经济损失。目前，涉案作品已经删除下架，消除了影响。

被告广州网某有限公司（以下简称网某公司）辩称：(1) 原告夏某某非本案的适格原告。根据《知识产权授权合同》的约定，原告夏某某已经将涉案作品在法律允许转让范围内的所有权利转让给原告不某公司，并独家授权原告不某公司维权。原告夏某某已无权作为共同原告起诉，非本案的适格原告。(2) 二原告未提交作品权属的初步证据，不能证明原告夏某某对涉案作品享有著作权。(3) 原告不某公司并无任何授权、使用、传播知识产权的渠道及行为。原告不某公司通过签订《知识产权授权合同》获得诉权，违反了《著作权法》第八条及《著作权集体管理条例》第二条、第六条的规定。原告不某公司意图通过批量诉讼恶意维权，不应得到支持。(4) 案涉侵权作品虽在网易号平台发布，但网易号是提供网络信息存储空间的网络服务提供者，且被告网某公司未对网络用户收取任何费用，也未从涉案作品中直接获得经济利益，应适用“避风港原则”。被告网某公司于2021 年11 月10 日收到法院寄送的诉前调解通知后立即进行核实，并于当日下线案涉作品，已经尽到了“通知—删除”义务。故被告网某公司不构成侵权，原告主张停止侵权、赔礼道歉及损失赔偿的诉请没有事实和法律依据。同时，因被告网某公司已经下线案涉作品，原告要求停止侵权的诉讼请求已无处理的必要。

法院经审理查明：

一、关于权属事实

今日头条账户“夏主编旅游攻略”系原告夏某某所有。该账户于2019 年9 月25 日在“今日头条”网站上发表文章《30 幅西藏新疆青海川西旅游地图，自驾稻城色达川藏线，高清珍藏版》。

2021 年5 月30 日，原告夏某某与原告不某公司签订《知识产权授权合同》，约定原告夏某某授权原告不某公司行使原告夏某某出版物及发布于今日头条等网站的所有原创文章、视频、图片、短图文等作品在法律允许转让范围内的所有权利，并授权原告不某公司对任何侵犯原告夏某某作品的著作权行为进行维权，制止侵权行为及获得相应补偿或赔偿。原告夏某某常用网名为“夏主编旅游攻略”；授权期限自本协议签署之日起至标的作品著作权年限到期为止。

二、与被控侵权行为相关的事实

二原告向法院提交杭州互联网公证处出具的《电子数据取证与区块链存证证书》，该证书取证时间为2021年8月2日，取证页面显示账户名为“约你游”的网易用户于2021年4月8日在“网易号”上发布文章《22条西部自驾线路图，每一幅都是经典自驾环线!》，该文章注明转载来源于“夏主编旅游攻略”。经比对，该文内容与原告夏某某在今日头条网站上发表的《30幅西藏新疆青海川西旅游地图，自驾稻城色达川藏线，高清珍藏版》文章的部分内容一致。网易号“约你游”账户的持有者为被告快某公司，被告快某公司亦认可其在网易号上发布了涉案文章。

经庭审确认，涉案文章的链接已断开。

三、与原告诉讼请求相关的其他事实

二原告提交《“夏主编旅游攻略”旅游自媒体行业知名度及作品价值说明》以及原告不某公司与信某科技（江阴）有限公司签署的《版权授权协议（图片）》，用以证明诉争图片具有较高的市场价值。

二原告主张差旅费用支出8000元，并提供部分费用的支付凭证。被告快某公司认为，该消费记录明显超出合理范围，无法证明该票据与本案有关。

另查明：(1) 被告快某公司成立于2012年6月13日，注册资本为5000万元人民币，经营范围包括露营基地经营；国内旅游业务；品牌策划咨询服务等。(2) 被告网某公司成立于1997年6月24日，注册资本2000万元人民币，经营范围包括软件和信息技术服务业等。

【裁判结果】

湖南省长沙市开福区人民法院于2022年5月6日作出（2022）湘0105民初1132号民事判决：一、被告快某公司于本判决生效之日起10日内赔偿原告不某公司经济损失及为制止侵权行为支出的合理费用合计人民币8000元；二、驳回原告不某公司、夏某某的其他诉讼请求。宣判后，原、被告双方均未上诉，该判决现已生效。

【裁判理由】

法院生效裁判认为：关于本案诉争文章是否构成受《著作权法》保护的作品。我国《著作权法》所称作品，是指文学、艺术和科学领域内具有独创性并能以一定形式表现的智力成果，保护的是具有独创性的表达。本案中，涉案文章《30 幅西藏新疆青海川西旅游地图，自驾稻城色达川藏线，高清珍藏版》系原告夏某某原创，文中所涉地图是以为旅游者提供地理指示功能的旅游示意图图形作品。文中地图通过所选取的客观地理要素以及线条、符号、文字注记、图片、色彩等表达元素进行构图、安排、组合形成整体图形，既包含了具体地理信息，又以空间的点、线、几何图形、注记等符号对地理要素进行了平面的展示。虽然地图中的具体地理信息是客观存在的，但对于地理信息的筛选、取舍、排列以及表达方式，仍体现了作者的个性化选择。其在整体图形效果、地理要素安排等方面具有独创性表达，符合《著作权法》中关于作品独创性的要求，属于应当受《著作权法》保护的作品。

关于被告快某公司是否构成侵权。被告快某公司未经权利人许可，在其所管理、经营的网易号上发布涉案文章，使公众可以在其个人选定的时间和地点获得涉案作品，侵犯了原告不某公司享有的信息网络传播权，应承担停止侵权、赔偿损失的侵权责任。鉴于本案被诉侵权行为已经停止，故法院对于原告不某公司关于停止侵权的诉讼请求不再支持。关于原告夏某某主张被告快某公司侵犯其作品修改权，因被告快某公司未对涉案文章内容进行修改，只是删减了部分图片，不构成对作品修改权的侵犯，故法院对于原告夏某某主张的赔礼道歉的诉讼请求不予支持。

被告网某公司是否构成侵权。被告网某公司是否构成侵权，主要看被告网某公司是否适用"避风港原则"。《民法典》第一千一百九十五条第一款、第二款规定："网络用户利用网络服务实施侵权行为的，权利人有权通知网络服务提供者采取删除、屏蔽、断开链接等必要措施。通知应当包括构成侵权的初步证据及权利人的真实身份信息。网络服务提供者接到通知后，应当及时将该通知转送相关网络用户，并根据构成侵权的初步证据和服务类型采取必要措施；未及时采取必要措施的，对损害的扩大部分与该网络用户承担连带责任。"《信息网络传播权保护条例》第二十二条规定："网络服务提供者为服务对象提供信息存储空间，供服务对象通过信息网络向公众提供作品、表演、录音录像制品，并具备下列条件的，不承担赔偿责任：（一）明确标示该信息存储空间是为服务对象所提供，并公开网络服务提供者的名称、联系人、网络地址；（二）未改变服务对象所提供的作品、表演、录音录像制品；（三）不知道也没有合理的理由应当知道服务对象提供的作品、表演、录音录像制品侵权；（四）未从服务对象提供作品、表演、录音录像制品中直接获得经济利益；（五）在接到权利人的通知书后，根据本条例规定删除权利人认为侵权的作品、表演、录音录像制品。”本案中，被告网某公司提交的《网易号媒体开放平台注册协议》可以证明涉案网站具有用户发布和存储信息的功能，且被告网某公司提供的后台注册信息显示，涉案网易号的账户主体为被告快某公司，可以证明被告网某公司在本案中提供的是信息存储空间服务。

被告网某公司作为经营信息存储空间的网络服务提供者，不负有对网络用户上传的作品进行事先审查、监控的义务。被告快某公司转载上传被控侵权文章后，被告网某公司没有对被控侵权文章进行过修改、编辑等操作，也没有从中直接获取经济利益，且在接到原告的通知后已经及时删除了被控侵权文章链接，尽到了合理的注意义务，可适用“避风港原则”，不应承担侵权责任。

【案例注解】

现代社会，艺术创作和技术传播互相影响、共同发展，新的作品形式和类型不断涌现。法律因其本身具有的滞后性特点，无法具体地预设所有的作品形式，司法在面对未曾出现过的表达类型时，该如何平衡创作者和公众的利益、如何对其性质进行认定成为司法实践新的难题。本案中的“旅游攻略地图”并非新兴事物，其编绘过程相较于传统地图看似较为简单，并且与公众朴素观念中的“具有艺术审美性的作品”相去甚远，在以往的司法案件中鲜有涉及。但是，《著作权法》中的“作品”概念有其特定含义，对于新的表达的著作权属性的认定，应当在《著作权法》的框架下谨慎审查。本案通过厘清此类“旅游攻略地图”的著作权属性，进而进行有效的侵权认定，为此类案件的审理思路提供了借鉴与参考。

一、区分旅游攻略地图和传统地图

“地图”一般指“说明地球表面的事物和现象分布情况的图”[①]，另外，根据国家自然资源部地图技术审查中心的解释，“地图是按照一定的法则，有选择地以二维或多维形式与手段在平面或球面上表示地球（或其他星球）若干现象的图形或图像，它具有严格的数学基础、符号系统、文字注记，并能用

① 《现代汉语词典（第6版）》，商务印书馆2012年版，第285页。

地图概括原则，科学地反映出自然和社会经济现象的分布特征及其相互关系”①。传统意义上的地图，需要准确、具体、客观地反映一个区域内的地形、海拔、方位、气候等。我国《地图管理条例》对地图的编制、审核、出版和互联网地图服务等作出了明确的规定，从事地图编制的主体须依法取得相应的测绘资质证书，并在资质等级许可的范围内开展地图编制工作，除景区图、街区图、地铁线路图等内容简单的地图外，向社会公开的地图，还应当报送有审核权的测绘地理信息行政主管部门审核。传统地图应作为特殊的图形作品受到《著作权法》的保护，已经成为共识。② 本文所讨论的“旅游攻略地图”是指对一个区域内的景点或地点进行筛选后进行排序、组合，然后以图形、线条、颜色搭配、文字介绍等元素共同组合起来的“地图”。“旅游攻略地图”的绘制主体并无特定要求，其绘制的内容也并无特定的标准，向公众公开“旅游攻略地图”也无须经过审核。可见，本文讨论的“旅游攻略地图”与传统意义上的地图在绘制主体、内容、审核要求等方面存在很大差异，其并不能被归为传统地图的范畴之内。

二、旅游攻略地图是否属于《著作权法》所保护的作品

我国立法对于作品构成要件的规定，主要体现在《著作权法》第三条第一款：“本法所称的作品，是指文学、艺术和科学领域内具有独创性并能以一定形式表现的智力成果。”讨论“旅游攻略地图”是否属于著作权法上的作品应当从以下四个方面考察：具有独创性，属于文学、艺术和科学领域内，能以一定形式表现，属于智力成果。

（一）是否具有独创性

《最高人民法院关于审理著作权民事纠纷案件适用法律若干问题的解释》第十五条对于“独创性”的解释为：由作者独立完成且有创造性。而创造性可以解释为：“能够体现作者的智力判断、选择，体现作者的个性。”③ 目前主流观点是法律评价独创性应只有“有无”之分，而无“高低”之分，原因在于对作品独创性高低的评判主观色彩过于强烈，司法对于何谓独创性高难以制定标准，当事人对于其亦难以举证，若司法须以独创性高低来认定是否具有可版权性，也将导致法官的自由裁量权的行使难以规制。所以，具有独创性即构成作品，并非独创性高或者较高才构成作品，独创性在判断标准上以有和无区

① 地图技术审查中心：《版图的地图表示》，载自然资源部地图技术审查中心网，https：//www. zrzyst. cn/gjbtdtzs/401. jhtml，最后访问时间：2024 年 7 月 11 日。

② 卢海君、徐朗、朱晓宇：《电子地图的作品属性及侵权判定》，载《中国出版》2022 年第 1 期。

③ 陈锦川：《确定“独创性”标准不能忽视的两个因素》，载《中国版权》2018 年第 6 期。

分更为妥当和周延。①

"旅游攻略地图"的独创性主要体现在信息的图形化层面、地图的符号设计和信息标注等方面，都存在着创作的空间。因此，尽管"旅游攻略地图"是在客观的地理、景点信息的基础上进行选择、编排的，创作者所受的限制较多，但是仍然存在着创作空间，其存在具有独创性的可能。

（二）是否能以一定的形式表现

"能以一定形式表现"作为作品的构成要件，因为《著作权法》不保护思想，只保护思想的表达。思想不借助表达则无法被感知，未能呈现于外界的"思想、情感、观念"等，不具备确定性，无法被公众感知、欣赏，也无法被复制和传播，不是法律所能调整的对象，因此《著作权法》所保护的对象须为被"外在表达"出的"一定形式"。本案中的"旅游攻略图"以图形、线条、色彩搭配、信息标注等组合的方式呈现，能够被人具体、确定地感知，传达出清晰的信息，符合《著作权法》规定的"以一定形式表现"的要求。

（三）是否属于文学、艺术和科学领域

《著作权法》中对作品应属于"文学、艺术和科学领域"的限定，实际上是要求作品作为智力成果须是对思想、情感或观点具有一定文艺或科学美感的表达，意在将《著作权法》保护的智力成果和其他知识产权法保护的智力成果进行分界。② 大多数国家的版权法以及《伯尔尼公约》、TRIPS 协定都把著作权保护范围限定在文学、艺术和科学领域内，这一限定的理论依据是基于"实用—非实用二分原则"。③ 作品的"非实用性（非应用性）"是指作品仅以满足人们的感知需求为目的，而非以产品结合为目的。④ 本案中"旅游地图攻略"本身的作用就是在传递信息，人们在感知到这一对象时，传达信息的目的就已经实现了，据此可以说明"旅游攻略地图"并不具备其他的"实用性"，应当属于"文学、艺术和科学领域"。

（四）是否属于智力成果

《著作权法》中规定的"作品"应为"智力成果"，其包含两层含义：一是创作主体是人类，人类的智力活动才能被称作"创作"，其他自然界的产物不论其审美价值、观赏价值有多高，都不是《著作权法》所保护的对象；二是作品所体现的应为智力活动的结果，《著作权法》保护的并非劳动，因为劳动作为过程并没有值得被保护的价值，只有智力活动所产生的结果才能作为对

① 参见北京市高级人民法院知识产权庭编著：《著作权法原理解读与审判实务》，法律出版社 2021 年版，第 65 页。

② 参见王迁：《著作权法》，中国人民大学出版社 2005 年版，第 22 页。

③ 金渝林：《论版权理论中的作品概念》，载《中国人民大学学报》1994 年第 3 期。

④ 李琛：《著作权基本理论批判》，知识产权出版社 2013 年版，第 118 页。

象被保护。本案中，“旅游攻略地图”的创作主体是人类，同时是经由人类进行思考、编排、绘制所产生的结果，符合《著作权法》中“智力成果”的作品构成要件。

综上所述，“旅游攻略地图”具备我国《著作权法》所规定的作品构成要件，属于著作权法意义上的作品。

三、运用金字塔分析法进一步界定权利边界

正如上文中对“能以一定形式表现”的论述，作为被认定为著作权法意义上的作品的表达，应当被保护，其创作者对其享有法定的权利，但是其背后的“思想”，法律无法界定也无法保护。然而，虽然“思想表达二分法”是界定一个对象是否构成作品时的基本方法，但是“思想”和“思想的表达”往往并非泾渭分明。表达亦有形式和内容之分，《著作权法》保护的表达不仅指文字、色彩、线条等符号的最终形式，当作品的内容足够具体，形成一个被“充分描述的结构”时，同样属于表达，受《著作权法》的保护。[①] 例如，琼瑶诉于正案中，法院指出：“文学作品中，情节的前后衔接、逻辑顺序将全部情节紧密贯穿为完整的个性化表达，这种足够具体的人物设置、情节结构、内在逻辑关系的有机结合体可以成为著作权法保护的表达。”[②] 就一个作品而言，其中的何种元素具有可版权性，关系着其中的哪些部分可以依据著作权法原理创设私权，而哪些部分应当属于公共领域供公众自由使用。

对“旅游路线图”从思想到表达的过程进行梳理，可以构建出一个金字塔模型：第一层，根据经验或现有资料对景点或者地点进行选取所得到的组合；第二层，基于游玩方便、节约路途等目的，对景点和地点的顺序进行排序；第三层，依据各景点和地点之间客观的方位和距离关系形成由几何线条和文字标注共同构成的图形文字组合；第四层，使用具体的线条、几何图形、标注、色彩组合等将第三层的图形文字组合进行个性化的“装点”；第五层，部分旅游攻略图会使用简单的几何图形之外的、更具艺术性和审美性的图案进行美化和装饰，最终形成兼具传达景点和地理信息作用的具有观赏性的表达。不难判断，在这个金字塔模型中，第一层属于“思想”范畴，第五层属于具体的可以感知和复制传播的“表达”范畴。而中间的第二层、第三层、第四层是属于思想抑或表达，又是否属于《著作权法》保护的对象，则需要进行论证。第二层描述的对象实则为特定景点之间的特定顺序，顺序指事物在空间上

---

① 王晓明、陈中山：《游戏地图著作权侵权的司法认定路径——以战术竞技 FPS 游戏为视角》，载《电子知识产权》2022 年第 9 期。

② 参见北京市高级人民法院（2015）高民（知）终第 1038 号民事判决书。

或时间上排列的先后，事物之间的排序可以使用文字具体表达出来，但是数量限定的景点或地点的排列组合结果是有限的，也是客观存在的，此种先后顺序的排列结果并非因人为的创造而产生，至多可以称之为“被发现”，故不应被归入具有独创性的表达范畴，而金字塔模型第三层所指向的对象，是对上述“顺序”加以客观地理方位元素，其可以形成一个由文字和图形构成的表达，但是地理方位以及简单几何线条元素的加入，是否使得这种表达具有可版权性？答案是否定的，理由在于，一方面，各个地点之间的相对空间位置也是固定的客观存在，其之间的空间关系也并非被创设，而是对客观存在事实的再现，其独创性难以证成；另一方面，从后果主义的角度考虑，如果将其归入作品的范畴予以保护，则意味着他人在制定路线图或者地理方位图时不能对上述表达进行使用，而呈现数量有限的景点、地点之间的方位关系的表达似乎并无其他选择，将此类表达归入个人所有将难以为公众所接受。而第四层所描述的对象，是在第三层的基础上加入了色彩、符号、图案等元素，此类元素由创作者选择、搭配、编排，此过程并非对客观信息的再现，而是一个“从无到有”创作的过程，其形成的表达应当被认定具有独创性。因此，金字塔模型中的前三层，或因不属于“表达”范畴，或因不具备独创性，并不属于著作权法所保护的作品范围。显然，案涉“旅游攻略地图”可以被归为金字塔的第四层，其可以受到《著作权法》保护的范围系创作者对其中的地理信息元素以及线条、图案、色彩等元素进行特定安排后形成的特定表达，而不及于其中的景点或地点的组合、排序，以及位置关系，或者对上述对象的具象表达。

四、旅游攻略地图属于何种作品类型

司法实践中，对于审查对象作品性的认定与对作品类型的归类往往是同时进行的。立法中的作品类型化具有若干规范功能：一是便于作品登记；二是与相应的规则相衔接，《著作权法》中的某些特别规则仅仅适用于某一类作品，一类新作品的归类，不能仅仅依据直观感受判断与哪类作品相近，更要考虑与作品类型相匹配的规则；三是便于检视新类型的表达的作品性，立法中确定的作品类型是长期以来文艺理论与创作实践的总结，如果某种表达难以归类，更应当谨慎地检验其是否符合作品要件。① 因此，在司法过程中对新形式作品的类型进行认定，一方面可以确定创作者具体享有的权利，另一方面也可以进一步检视新形式作品的作品性。“旅游攻略地图”应当可以根据其具体呈现不同，被归为美术作品或者示意图作品。

① 李琛：《论作品类型化的法律意义》，载《知识产权》2018 年第 8 期。

（一）美术作品

《著作权法实施条例》第四条第八项对美术作品的定义为“美术作品，是指绘画、书法、雕塑等以线条、色彩或者其他方式构成的有审美意义的平面或者立体的造型艺术作品”。上述金字塔模型中的第五层所指向的“旅游攻略地图”类型，使用具有艺术性和审美性的图案进行美化和装饰，其对色彩和线条等元素的运用主要是为了实现美感，给观赏者以美的体验，使表达具有艺术性和审美性，符合《著作权法实施条例》要求的“具有审美意义”和“艺术造型作品”这两个要件，因此可以认定为美术作品。

（二）示意图作品

显然，上述金字塔模型中第四层所指向的“旅游攻略地图”类型，其由线条、色彩、图形构成，这些线条和色彩虽并非完全不具备美感，但是其主要作用并非传递美感，而是用于区分、指示、提示等。此类“旅游攻略地图”难以满足《著作权法实施条例》对“美术作品”需“具有审美意义”的要件要求，但是，《著作权法实施条例》对于图形作品的规定为“图形作品，是指为施工、生产绘制的工程设计图、产品设计图，以及反映地理现象、说明事物原理或者结构的地图、示意图等作品”，“旅游攻略地图”显然不属于工程设计图、产品设计图，前文中也已论述其与地图作品也相去甚远，但是将其归为主要起到指示功能的示意图作品应不存在太大争议。

五、小结

司法活动中每一次对新类型表达的作品性认定，意味着对该类表达上设立私权与否，也意味着对于公共资源范围的重新界定。面对不断涌现的新类型表达，不应局限于已有的解释或者经验，应当发挥司法智慧以开放包容的态度对其进行解释，对其具有作品性的部分予以《著作权法》的保护，避免创作者的合法权益受损。同时，鉴于著作权权利对象的“无形性”，其边界往往难以确定，对于私权设定范围与公共领域的界定，应当持谨慎态度，精确区分作品中的可版权元素和应当落入公共领域的部分，实现知识产权保护与公共利益的平衡。

（**一审法院独任审判员**　李　漫

编写人　湖南省长沙市开福区人民法院　李　莎　李　漫

责任编辑　姚俊萍

审稿人　丁文严）

刘某某诉徐某某、海南苏某饮品有限公司侵害著作权纠纷案

——不得作为商标使用的作品是否必然不受著作权法保护

关键词：知识产权　禁用商标　著作权　侵权损害赔偿

【裁判要旨】

《著作权法》与《商标法》分别适用于不同的知识产权领域，二者的调整对象不同，法律规制亦完全不同。用于商标注册和使用的作品是否合乎《商标法》的规定，应当由《商标法》加以评价。对于不符合《商标法》规定而不得作为商标使用的作品，并非必然不受《著作权法》保护。

【相关法条】

《中华人民共和国著作权法》

第四条　著作权人和与著作权有关的权利人行使权利，不得违反宪法和法律，不得损害公共利益。国家对作品的出版、传播依法进行监督管理。

第五条　本法不适用于：

（一）法律、法规，国家机关的决议、决定、命令和其他具有立法、行政、司法性质的文件，及其官方正式译文；

（二）单纯事实消息；

（三）历法、通用数表、通用表格和公式。

第五十二条　有下列侵权行为的，应当根据情况，承担停止侵害、消除影响、赔礼道歉、赔偿损失等民事责任：

（一）未经著作权人许可，发表其作品的；

（二）未经合作作者许可，将与他人合作创作的作品当作自己单独创作的作品发表的；

（三）没有参加创作，为谋取个人名利，在他人作品上署名的；

（四）歪曲、篡改他人作品的；

（五）剽窃他人作品的；

（六）未经著作权人许可，以展览、摄制视听作品的方法使用作品，或者以改编、翻译、注释等方式使用作品的，本法另有规定的除外；

（七）使用他人作品，应当支付报酬而未支付的；

（八）未经视听作品、计算机软件、录音录像制品的著作权人、表演者或者录音录像制作者许可，出租其作品或者录音录像制品的原件或者复制件的，本法另有规定的除外；

（九）未经出版者许可，使用其出版的图书、期刊的版式设计的；

（十）未经表演者许可，从现场直播或者公开传送其现场表演，或者录制其表演的；

（十一）其他侵犯著作权以及与著作权有关的权利的行为。

第五十三条 有下列侵权行为的，应当根据情况，承担本法第五十二条规定的民事责任；侵权行为同时损害公共利益的，由主管著作权的部门责令停止侵权行为，予以警告，没收违法所得，没收、无害化销毁处理侵权复制品以及主要用于制作侵权复制品的材料、工具、设备等，违法经营额五万元以上的，可以并处违法经营额一倍以上五倍以下的罚款；没有违法经营额、违法经营额难以计算或者不足五万元的，可以并处二十五万元以下的罚款；构成犯罪的，依法追究刑事责任：

（一）未经著作权人许可，复制、发行、表演、放映、广播、汇编、通过信息网络向公众传播其作品的，本法另有规定的除外；

（二）出版他人享有专有出版权的图书的；

（三）未经表演者许可，复制、发行录有其表演的录音录像制品，或者通过信息网络向公众传播其表演的，本法另有规定的除外；

（四）未经录音录像制作者许可，复制、发行、通过信息网络向公众传播其制作的录音录像制品的，本法另有规定的除外；

（五）未经许可，播放、复制或者通过信息网络向公众传播广播、电视的，本法另有规定的除外；

（六）未经著作权人或者与著作权有关的权利人许可，故意避开或者破坏技术措施的，故意制造、进口或者向他人提供主要用于避开、破坏技术措施的装置或者部件的，或者故意为他人避开或者破坏技术措施提供技术服务的，法律、行政法规另有规定的除外；

（七）未经著作权人或者与著作权有关的权利人许可，故意删除或者改变作品、版式设计、表演、录音录像制品或者广播、电视上的权利管理信息的，知道或者应当知道作品、版式设计、表演、录音录像制品或者广播、电视上的权利管理信息未经许可被删除或者改变，仍然向公众提供的，法律、行政法规另有规定的除外；

（八）制作、出售假冒他人署名的作品的。

【案件索引】

一审：江苏省南京市中级人民法院（2021）苏01民初1728号（2022年1月17日）

二审：江苏省高级人民法院（2022）苏民终784号（2022年10月26日）

【基本案情】

原告（被上诉人）刘某某诉称：原告是湛江市苏某食品有限公司（以下简称湛江苏某公司）、广东苏某食品有限公司（以下简称广东苏某公司）、江苏苏某食品有限公司（以下简称江苏苏某公司）等“苏某食品”公司的股东、实际经营者。原告于2012年5月25日创作完成“特种兵（THE SPECIAL ARMS）”美术作品，其对“特种兵（THE SPECIAL ARMS）”美术作品享有著作权，并授权湛江苏某公司于2012年6月25日将上述美术作品申请商标注册，申请号为11118542，该商标于2014年7月21日获得核准注册。江苏苏某公司等经营的生榨椰子汁商品自2010年上市，第二年即实现产能过亿，并迅速成为椰子汁市场的一个“现象级”的商品，至今长盛不衰，尤其是在长三角地区市场占有率遥遥领先。生榨椰子汁商品上使用原告的案涉美术作品，经过江苏苏某公司及其关联公司长期严格的商品质量管理和长期稳定高投入的宣传推广，案涉美术作品获得了广泛的认知和深远的影响。2020年7月，原告发现“食品招商网”（www. spzs. com）平台上展销的被告海南苏某饮品有限公司（以下简称海南苏某公司）、徐某某的生榨椰子汁商品，该商品包装装潢显著位置上的标志与原告的案涉美术作品构成实质性相似，侵犯了原告对案涉美术作品的复制权、发行权、信息网络传播权。被告海南苏某公司、徐某某还参加了2020年8月5日至7日的“2020年第八届中国（南京）国际糖酒食品交易会”，以及在安徽省淮南市实施销售带有原告美术作品的商品的行为。被告徐某某于2017年3月30日在海南省海口市注册成立被告海南苏某公司，徐某某为该公司一人股东，其设立该公司的目的即抄袭原告商品，攀附原告商誉，二被告实施了针对原告的商标、企业字号、包装装潢、专利等全方位的抄袭，获得了巨额侵权利益。二被告侵权行为极其恶劣，共同构成侵权。原告为维护自身知识产权针对二被告多次实施维权。现原告依照《民事诉讼法》《著作权法》等相关法律法规，提起本案诉讼，请求法院判令：（1）二被告立即停止侵害原告案涉美术作品著作权的行为；（2）二被告连带赔偿原告经济损失及合理维权费用300万元；（3）二被告承担本案案件受理费。

被告（上诉人）徐某某辩称：（1）原告并非案涉作品的权利人，其诉讼主体不适格。（2）案涉作品完全是抄袭他人作品，且被告商品的图形与案涉作品不同。（3）原告所主张的案涉美术作品“特种兵及图”已经被最高人民法院生效的判决认定具有不良影响，损害公共利益。根据《著作权法》第四条，著作权人行使著作权的，不得违反宪法和法律，不得损害公共利益，故原告不享有合法的著作权。（4）原告所谓的美术作品的唯一商业用途是用作商品的标识来使用，也就是商标，最高人民法院已经对该商标作出否定认定，原告再次依《著作权法》起诉要求保护，于法无据。（5）原告所谓美术作品依法不能用于商业上的使用，故原告所谓的权益和损失也并不存在，原告主张的案涉美术作品没有任何商业价值，故不存在损失。

被告（上诉人）海南苏某公司的法定代表人徐某某辩称：原告将海南苏某公司和徐某某列为共同被告，原告认为徐某某行为独立于海南苏某公司之外构成共同侵权，因此，徐某某出庭只代表其本人，不代表海南苏某公司，法庭可以按照海南苏某公司缺席处理。

法院经审理查明：2016年10月12日，刘某某向国家版权局申请名称为“特种兵（THE SPECIAL ARMS）”的美术作品著作权登记，《作品登记证书》对上述作品予以登记，登记著作权人为刘某某，创作完成时间为2012年5月25日。刘某某发现海南苏某公司（徐某某为该公司的自然人独资股东、法定代表人）在被诉生榨椰子汁商品包装装潢显著位置处使用的标识，与其案涉美术作品构成实质性相似，侵犯其对案涉美术作品的复制权、发行权、信息网络传播权，遂诉至法院。

与上述著作权作品完全相同的“特种兵”盾牌图文组合商标于2014年7月21日核准注册。2019年6月28日，国家知识产权局认为该注册商标涉及政治、军事等公共利益，将其作为商标用于指定商品上，容易使相关公众将上述商品与军事物资联系起来，易对我国政治、军事等公共利益和公共秩序产生不良影响，遂作出无效宣告请求裁定书，对上述商标予以宣告无效。后经行政诉讼，国家知识产权局的上述裁定被维持。

【裁判结果】

江苏省南京市中级人民法院于2022年1月17日作出（2021）苏01民初1728号民事判决：一、海南苏某公司立即停止侵害刘某某案涉美术作品著作权的行为；二、海南苏某公司、徐某某于判决生效之日起10日内赔偿刘某某经济损失（包含为制止侵权行为的合理支出）10万元；三、驳回刘某某的其他诉讼请求；四、驳回徐某某的反诉请求。

宣判后，徐某某、海南苏某公司提出上诉。江苏省高级人民法院于2022年10月26日作出（2022）苏民终784号民事判决：一、维持江苏省南京市中级人民法院（2021）苏01民初1728号民事判决第一项、第四项；二、撤销江苏省南京市中级人民法院（2021）苏01民初1728号民事判决第二项、第三项；三、海南苏某公司、徐某某于本判决生效之日起10日内支付刘某某为制止侵权行为支出的合理开支4万元；四、驳回刘某某的其他诉讼请求。

【裁判理由】

法院生效判决认为：本案的争议焦点是：（1）被诉行为是否侵害了原告的著作权；（2）如果侵权行为能够成立，被告的责任承担方式如何。

一、关于涉案图片是否构成著作权法意义上的作品并受我国《著作权法》保护

首先，涉案图片具有独创性。《著作权法》第三条规定，作品是指文学、艺术和科学领域内具有独创性并能以一定形式表现的智力成果。由此可见，作品是作者思想的表达，此种表达只要具有独创性并可以一定形式表现，即可认定为著作权法意义上的作品。本案中，涉案图片由盾形、方框、“特种兵”文字、英文字母、人物剪影、五角星等设计元素组成，虽然其中一些元素较为常见，属于在先设计，但对这些元素的选择取舍、排列布局、组合方式、位置关系、色彩搭配、线条粗细、字体挑选等，均体现了作者的独创性表达。徐某某、海南苏某公司提供的证据仅能证明组成涉案图片的部分设计元素被之前的图形或图文商标所使用，但未能举证证明在上述元素组合而成的涉案图片之前，存在相同或相似的图片。因此，涉案图片具备独创性，符合美术作品的构成条件。

其次，涉案作品应受我国《著作权法》保护。徐某某、海南苏某公司认为涉案图片的唯一用途是作为商标使用，而该商标被诸多生效判决认定具有不良影响，损害公共利益，依据《著作权法》第四条的规定，不应受法律保护。对此法院认为，《著作权法》第四条规定，著作权人行使著作权，不得违反宪法和法律，不得损害公共利益。同时，《著作权法》第五条还明确规定以下情形不适用于《著作权法》：“（一）法律、法规，国家机关的决议、决定、命令和其他具有立法、行政、司法性质的文件，及其官方正式译文；（二）单纯事

实消息；（三）历法、通用数表、通用表格和公式。”以上规定表明，除明确排除适用《著作权法》保护的内容外，《著作权法》重点规制的是著作权的行使“不得违反宪法和法律，不得损害公共利益”，而不是作品创作的具体内容。仅从涉案图片创作内容看，将盾形、方框、“特种兵”文字、英文字母、人物剪影、五角星等设计元素组成涉案图片，本身并不违反法律的禁止性规定。

二、关于涉案图片作为“特种兵”盾牌图文组合商标因违反《商标法》绝对条款被以“其他不良影响”为由宣告无效，而该无效理由是否导致对涉案图片受《著作权法》保护产生否定性评价的问题

法院认为，《著作权法》与《商标法》分别适用于不同的知识产权领域。《著作权法》保护文学、艺术和科学作品作者的著作权和与著作权相关的权利，鼓励有益作品的创作和传播，而《商标法》则是保护注册商标专用权，维护商标领域的市场竞争秩序，显然二者的调整对象不同，进而法律规制亦完全不同。这意味着，当作品用于商标的注册和使用时，其是否符合《商标法》的规定，应当由《商标法》加以评价，而该作品本身是否受《著作权法》的保护，则由《著作权法》加以评价。因此，对于不符合《商标法》规定而不得作为商标使用的作品，并不能由此反向得出其自然不受《著作权法》保护的结论。

本案中，因“特种兵”作为众所周知的兵种名称，将其使用在相关商品上，容易使相关公众将上述商品与军事物资联系起来，可能对我国的政治、军事等方面的公共利益和公共秩序产生不良影响，而被宣告无效并禁止使用。同时，将该商标作为包装装潢的显著识别部分使用在商品上，同样因起到区分商品或服务来源的作用，亦无法获得《反不正当竞争法》的保护。但如前所述，涉案图片作为美术作品，一方面图片本身内容并不违法或损害公共利益，另一方面该图片只要不是作为区分商品或服务来源的标志进行使用，而是以其他不违反宪法、法律及不损害公共利益的方式传播，就不会违反《著作权法》第四条的规定。虽然涉案图片之前一直是以商标的形式进行传播，但并不意味着该图片仅能作为商标使用。因此，与涉案图片内容一致的商标及包含该商标的包装装潢不受《商标法》及《反不正当竞争法》的保护，并不能以此认定涉案图片作为美术作品不应受到《著作权法》的保护。综上，徐某某、海南苏某公司认为涉案美术作品缺乏独创性，刘某某不享有合法著作权，其不构成侵权的主张不能成立，法院不予支持。

三、关于民事责任的承担

海南苏某公司未经著作权人刘某某的许可，以生产、销售、宣传被诉侵权商品的方式复制、发行、通过信息网络向公众传播其作品，应承担停止侵害的民事责任，基于以下考虑：海南苏某公司无须承担赔偿责任，但应支付刘某某为维权支出的合理开支。根据现有证据，涉案作品自创作完成之后的传播方式仅是作为商标使用，因该商标被宣告无效，意味着涉案作品作为商标使用的行为被法律所禁止，作者刘某某就不可能通过自己或许可他人将涉案作品作为商标使用而获得收益。当他人未经许可，以商标使用的方式复制、发行及信息网络传播涉案作品时，作者也不会因此产生相应损失。从刘某某二审提供的相关证据也可以看出，与涉案作品相同内容的注册商标被宣告无效后，刘某某已不再使用该商标。因此，在刘某某未能举证证明涉案作品导致其他损失的情况下，海南苏某公司无须承担赔偿责任。但因海南苏某公司的行为构成著作权侵权，故其应承担权利人为制止侵权行为而支付的合理开支。综合考虑刘某某为维权支出费用的合理性及必要性，特别是律师费，应与本案纠纷的复杂性、代理的难易程度及工作量的大小等相匹配，法院酌定刘某某为本案支出的合理开支为 4 万元。

【案例注解】

随着市场经济的不断发展，市场经营者的商标日趋多元化、复杂化，许多商标不再是简单的汉字或英文字母，以复杂图文组合形式组成的商标也并不少见。而复杂的图文组合设计体现出作者的独创性表达，因此，一个复杂的图文组合商标可能出现商标权与著作权的权利竞合。如何厘清各个知识产权之间的界限，合理界定权利人的权属范围，成为知识产权司法实践中的疑难问题。

一、维护公平市场竞争秩序：《商标法》和《反不正当竞争法》的保护目的

商标是区分商品或服务来源的标志，传统商标的功能包括识别来源、品质保障和广告宣传。其中，核心功能在于识别商品来源，这也是《商标法》的本质特征。[①] 结合《商标法》立法目的，商标使用权的行使在于保证商家对消费者作如实的陈述、说明，商标禁止权的行使是为了阻止他人将商品作为商标

---

① 参见王迁：《知识产权法教程》，中国人民大学出版社 2019 年版，第 399 ~400 页。

权人的商品出售。① 无论是识别来源抑或保证商家对消费者作如实描述，《商标法》保护的根本不在于商标本身的图案组合，而在于其图案背后承载的来源识别功能，从更深层次来讲，是维护整个市场公平的竞争秩序。若市场上出现假冒、仿冒的商标产品，造成的后果是使得消费者产生混淆，或是使得合法商标的影响力淡化，这都会造成市场竞争秩序的混乱，使得违法侵害商标权人恶意攀附获利，合法持有商标权人竞争优势受损。但是，与本案中的商标类似，市场上尚存违反《商标法》第十条规定的违反法律禁止性规定的商标，这类商标之所以无法受到保护，是因为这类商标本身会对公共秩序产生不良影响。本案中的"特种兵"商标因其作为众所周知的兵种名称，将其使用在相关商品上，容易使公众将商品与军用物资产生特定的联系，误认为该商品的品质得到了严格把控质量的军队认可，从而使商家攀附上军用物资的名号不当获利。与此同时，使用"特种兵"图案组合也可能对我国的政治、军事等方面公共利益和公共秩序产生不良影响。因此，从维护市场公平竞争秩序的角度，对该商标不能予以保护，反而应当禁止使用。

《反不正当竞争法》第一条规定："为了促进社会主义市场经济健康发展，鼓励和保护公平竞争，制止不正当竞争行为，保护经营者和消费者的合法权益，制定本法。"可见，《反不正当竞争法》同样也追求公平的市场秩序。禁止经营者擅自使用他人有一定影响力的包装、装潢，是为了防止经营者恶意攀附他人商品的影响力，但该包装、装潢本身应当是合法的且具有一定影响力的。本案中，若包装、装潢本身被认定为不合法并禁止使用，则不会具有一定影响力，因此也固然无法获得《反不正当竞争法》的保护。

二、保护智力成果，激励作品创新：《著作权法》的保护目的

《著作权法实施条例》第二条规定："著作权法所称作品，是指文学、艺术和科学领域内具有独创性并能以某种有形形式复制的智力成果。"由此可见，狭义著作权②保护的客体为具有独创性的可复制的智力成果。而只有保护好每一个创作者的智力成果，才能更好地激发作品创新的动力。此处的智力成果，不分善恶美丑，只需同时满足"有独创性" + "可复制性"两个要件，即可作为被保护的作品。而本案中由图形文字等多个元素组合而成的"特种兵"图案，尽管属于对公共利益和公共秩序会产生不良影响的图案，但由于

① 参见聂振华、关晓海：《对姓名商标的叙述性使用不构成侵权》，载《人民司法·案例》2011年第20期。

② 狭义著作权与邻接权的关键区别在于客体不同，只有著作权法意义上的"作品"才能享有狭义著作权。

其对各个设计元素的选择取舍、排列布局、组合方式、位置关系、色彩搭配等体现了作者的创造性表达，完全符合“有独创性”这一构成要件，同时该图案显然是可复制的，具有“可复制性”，因此应当被视为《著作权法》保护的作品。

对于有违公共利益的违禁作品是否应当受到保护，这一问题在立法修改的过程中也发生过一些变化。2001 年修订的《著作权法》第四条第一款规定：“依法禁止出版、传播的作品，不受本法保护。”而 2010 年修正的《著作权法》第四条则规定：“著作权人行使著作权，不得违反宪法和法律，不得损害公共利益。国家对作品的出版、传播依法进行监督管理。”从这二者之间的变化可以得知，《著作权法》对于违禁作品的态度，发生了由最初的“违禁作品一律不受著作权法保护”到“行使著作权不得违法”的转变。而这里的“违禁作品”，一般认为是指可能被禁止出版、传播的作品或者指经审查禁止出版、传播的作品。① 而本案中的“特种兵”图案美术作品尚未达到违禁作品的危害程度，仅属于在商标法层面的违反法律禁止性规定的商标，那么举重以明轻，涉案美术作品理应受到著作权法保护，而不能因为其在商标法上不能受到保护就推定其无法受到著作权法的作品保护。在知识产权法体系中，各部法律由于所保护的客体、目的等存在区别，对于存在多重知识产权的客体，不能简单由一部法的否定性评价推衍至另一部法。

三、法律责任的承担：侵害著作权并不必然导致承担赔偿责任

《著作权法》第五十二条规定：“有下列侵权行为的，应当根据情况，承担停止侵害、消除影响、赔礼道歉、赔偿损失等民事责任……”针对著作权侵权行为，《著作权法》规定的四种民事责任应当达到三个基本目标：一是使侵权者停止侵权行为，防止损害后果的进一步扩大；二是使著作权人蒙受的损失获得充分的补偿；三是防止侵权者今后继续从事侵权行为。② 本案中，判决二上诉人停止侵权并支付合理开支正是出于对三个基本目标的实现。其中，一、二审判决中关于赔偿损失的民事责任有不同认定。一审法院认为，应当赔偿著作权人的经济损失（包含维权合理开支）共 10 万元，而二审法院则认为只需赔偿维权合理开支，原因如下：《著作权法》第五十四条第一款规定：“侵犯著作权或者与著作权有关的权利的，侵权人应当按照权利人因此受到的

---

① 参见丛立先：《违禁作品著作权问题辨析——兼评我国〈著作权法〉第 4 条的修改》，载《法学》2011 年第 2 期。

② 参见王迁：《知识产权法教程》，中国人民大学出版社 2019 年版，第 251 页。

实际损失或者侵权人的违法所得给予赔偿；权利人的实际损失或者侵权人的违法所得难以计算的，可以参照该权利使用费给予赔偿。”如前文所述，本案中“特种兵”盾牌图文组合商标由于有违公共利益、违反《商标法》的绝对条款，被以属于构成“其他不良影响”认定为禁止使用商标。该美术作品著作权人的获利仅仅依赖于对该作品的商标性使用，既然该图文组合标志被禁止作为商标使用，那么著作权人也无法通过对该美术作品的使用获得任何经济利益，因此著作权人的实际损失也就无从谈起。同理，由于该美术作品被禁止作为商标使用，那么被控侵权人也无法依靠该美术作品获得经济利益，侵权人也就没有违法所得。再者，《著作权法》第五十四条第一款还规定“权利人的实际损失或者侵权人的违法所得难以计算的，可以参照该权利使用费给予赔偿”，而本案中权利人的实际损失和侵权人的违法所得并非难以计算，而是不存在损失和违法所得，那么也无须参照权利使用费进行赔偿。我国目前有关知识产权损害赔偿的计算方式，通常采用填平原则，也即权利人损失多少，法院责令侵权人补偿多少。① 在填平原则的规定下，本案权利人没有因著作权侵权而遭受任何损失，因此侵权人只需要赔偿权利人的合理维权费用即填补了权利人所受的损害。

四、总结与反思：不同知识产权领域的法律责任应予界分

知识产权是一种无形财产权，涉及的范围较广，其所涉及的作品、专利技术、外观设计、商标、商号和商业秘密等，各具特点，保护目的、保护范围、责任承担等各有不同，不能简单地从一种知识产权的无效或者侵权等推知另一种知识产权的状态。尤其是对于某些具有交叉属性的知识产权，比如较为常见的美术作品，既能受到《著作权法》对于作品的保护，亦能受到《商标法》对于合法商标的保护，还能获得《反不正当竞争法》对于商品包装装潢的保护，甚至申请外观专利后也能获得《专利法》的保护。其中，每一个知识产权部门法都有其要保护的法益，互相之间存在交叉但不能互相进行简单逻辑推定，应当严格按照各个法律所规定的构成要件认定是否存在受保护的权利以及是否存在侵权行为。

在考虑侵犯知识产权的赔偿责任时，需要注意侵权责任法上的填平原则。除了惩罚性赔偿之外，知识产权侵权损害赔偿是以填补权利人损害作为出发点的。在一个案件中，首先要认定知识产权存在与否，然后认定侵权行为存在与否，还要认定侵权行为是否造成实际损害。每一步都不能跳跃、缺失，也不能存在“有侵权必有赔偿”的惰性审判思维，应当实实在在把握好每

① 参见李明德：《关于知识产权损害赔偿的几点思考》，载《知识产权》2016 年第 5 期。

一个规范要件，从而在重叠复杂的各项知识产权中拨开迷雾，形成公正合理的结论。

（一审法院合议庭成员 卢 山 雒 强 程 财
二审法院合议庭成员 袁 滔 史 蕾 顾正义
编写人 江苏省高级人民法院 谌可炜
责任编辑 姚俊萍
审稿人 丁文严）

深圳市腾某计算机系统有限公司、腾某数码（天津）有限公司等诉北京爱某科技有限公司不正当竞争纠纷案

——对屏蔽“青少年模式”行为的认定

关键词：知识产权　未成年人保护　互联网新型不正当竞争行为　青少年模式妨碍及破坏行为

【裁判要旨】

1. 屏蔽软件的经营者利用用户安装其软件，强制用户对其软件开启无障碍权限，随后引导用户开启并使用“青少年模式弹框自动关闭”功能，导致用户无法通过涉案产品首页弹出的显著弹窗提示使用青少年模式，影响了其他互联网经营者在合法商业模式下的正常经营活动，构成不正当竞争。

2. 屏蔽软件跳过/屏蔽青少年模式入口弹窗功能，覆盖了网络音视频领域多款第三方应用软件，既违反了未成年人保护的相关法律规定以及相关监管部门的指导意见，又导致网络音视频、网络直播等的相关内容无差别地覆盖未成年人，保护未成年人的功能设计落空，损害了未成年人的合法权益和公共利益。

【相关法条】

《中华人民共和国反不正当竞争法》

第十二条第二款第四项　经营者不得利用技术手段，通过影响用户选择或者其他方式，实施下列妨碍、破坏其他经营者合法提供的网络产品或者服务正常运行的行为：

……

（四）其他妨碍、破坏其他经营者合法提供的网络产品或者服务正常运行的行为。

《中华人民共和国未成年人保护法》

第七十四条 网络产品和服务提供者不得向未成年人提供诱导其沉迷的产品和服务。

网络游戏、网络直播、网络音视频、网络社交等网络服务提供者应当针对未成年人使用其服务设置相应的时间管理、权限管理、消费管理等功能。

以未成年人为服务对象的在线教育网络产品和服务，不得插入网络游戏链接，不得推送广告等与教学无关的信息。

【案件索引】

一审：天津自由贸易试验区人民法院（2022）津 0319 民初 23977 号（2023 年 4 月 11 日）

【基本案情】

原告深圳市腾某计算机系统有限公司（以下简称深圳腾某计算机公司）、腾某科技（深圳）有限公司（以下简称腾某科技公司）、腾某数码（天津）有限公司（以下简称腾某数码公司）诉称：三原告高度重视未成年人权益保护，积极履行保护未成年人的法定义务、践行平台责任，在其产品“腾某视频”“腾某 NOW 直播”中为用户提供了“青少年模式”，为青少年用户过滤不适宜其观看的内容，提升青少年观看体验。三原告发现，被告北京爱某科技有限公司（以下简称北京爱某公司）通过其开发、运营的“去广告利器”软件为用户提供了自动跳过/屏蔽腾某产品青少年模式入口弹窗的功能。请求法院判令：（1）被告停止通过“去广告利器”软件提供自动跳过/屏蔽青少年模式入口弹窗的功能。（2）判令被告在新浪网、《法治日报》连续 30 日刊登致歉声明，就其不正当竞争行为为原告消除影响。（3）判令被告赔偿因其不正当竞争行为给原告造成的经济损失及合理支出共计 300 万元。

被告北京爱某公司辩称：（1）涉案“去广告利器”软件已下架，相关行为已经停止。（2）被告主观上没有损害原告人格权的故意，客观上也没有侵害原告的人格利益或者造成不良影响，不应当承担对原告公开赔礼道歉的责任。（3）被告不构成不正当竞争，其所开发、运行的“去广告利器”软件是为了实现安卓系统的辅助无障碍服务，该功能为手机系统自带，目的是协助视觉或者听觉障碍用户使用手机，本质上是模拟人手点击操作，帮助用户解决重复、烦琐的点击操作问题，且该功能开启需要用户明确且烦琐的授权，用户明确知道自己要进行的功能操作。该技术本身是一种系统中立功能，使用该系统功能所实现的模拟点击操作并不会修改、篡改目标软件的任何代码以及相关应用数据，从未入侵、破解原告的产品，也没有改变原告产品本身的功能和服务，更未影响“青少年模式”的使用功能。（4）即使法院认定被告的行为构成不正当竞争，原告主张的赔偿数额也过高。

法院经审理查明：原告运营的“腾某视频”及“腾某NOW直播”软件均设置“青少年模式”，打开上述软件，首页即会弹出“青少年模式”弹窗提示，该模式下配置了适合未成年人的优质内容，限制了充值、打榜、送礼等社交、消费功能，并设置了防沉迷机制，监护人可通过设置密码限制未成年人使用时段和时长上限等。被告运营的“去广告利器”软件利用用户安装其软件，强制用户对其软件开启无障碍权限，从而得以直接读取用户手机屏幕上的内容并控制屏幕，获悉用户的操作行为并自动执行操作。该软件将“青少年模式弹框自动关闭”设为“会员尊享特权”功能，并以“限时免费”为手段，引导用户选择开启该功能，一旦开启，用户打开“腾某视频”及“腾某NOW直播”等多款网络音视频软件时，“去广告利器”软件则会自动跳过或屏蔽“青少年模式”的入口弹窗，使得用户无法通过腾某产品首页弹出的显著弹窗提示使用青少年模式。被告的行为已经妨碍、破坏了原告合法提供的网络产品与服务的正常运行，属于《反不正当竞争法》第十二条第二款第四项规定的妨碍、破坏其他经营者合法提供的网络产品或服务正常运行的行为，构成不正当竞争。

【裁判结果】

天津自由贸易试验区人民法院于2023年4月11日作出（2022）津0319民初23977号民事判决：一、被告北京爱某公司于判决生效之日起10日内赔偿因涉案不正当竞争行为给原告深圳腾某计算机公司、腾某科技公司、腾某数码公司造成的经济损失及合理支出费用共计人民币300万元；二、驳回原告深圳腾某计算机公司、腾某科技公司、腾某数码公司的其他诉讼请求。宣判后，原告与被告于2023年4月18日达成执行前和解。

【裁判理由】

法院生效裁判认为：本案争议焦点有二。（1）被告的行为是否构成不正当竞争；（2）如构成不正当竞争，被告的责任承担问题。

关于争议焦点一，被告北京爱某公司运营的“去广告利器”软件将开启“无障碍权限”功能作为使用软件的必要前提，强制用户开启该权限，借此读取用户手机屏幕上的内容和控制屏幕，获悉用户的操作行为，并能自动执行操作；该软件将“青少年模式弹框自动关闭”功能作为“会员尊享特权”，并开展“限时免费”活动，引导用户选择开启，而用户开启“青少年模式弹框自动关闭”功能后，基于该软件的无障碍服务，“去广告利器”软件最终代替用户在原告多个产品平台自动跳过了“青少年模式”的入口弹窗，使得用户无法通过首页弹出的显著弹窗提示使用青少年模式。涉案软件的上述技术手段违反了腾某产品服务协议中关于“不得修改或伪造软件运行中的指令、数据，增加、删减、变动软件的功能或运行效果”“不得危害未成年人”等相关约定，系通过影响用户选择的方式，使得用户无法通过腾某产品首页弹出的显著弹窗提示使用青少年模式，删减、变动了软件的功能，最终规避原告对于未成年人使用平台的限制，已经实质性地妨碍、破坏了涉案产品的正常运行。同时，被告的被诉行为使得原告的青少年模式功能形同虚设，也造成原告专为青少年提供的优质内容未能得到有效积极的传播，极可能导致原告的平台用户流失，用户黏性降低，损害了原告的竞争优势和竞争利益，同时亦损害了作为消费者的普通用户的合法权益。该跳过/屏蔽青少年模式入口弹窗功能也覆盖了其他多款网络音视频领域应用软件，扰乱了市场竞争秩序，影响了其他经营者践行青少年网络保护的秩序。故被告的行为已经违反了《反不正当竞争法》第十二条第二款第四项的规定，构成不正当竞争。

关于争议焦点二，原被告均认可涉案“去广告利器”软件已下架并无法使用，故原告继续要求被告公司停止不正当竞争行为已无必要，对该项诉讼请求不再支持。

本案在案证据不足以证明被告公司因不正当竞争行为给原告公司造成的损失以及被告公司因不正当竞争行为获得的利润，故法院根据法定赔偿方式予以酌定，主要考虑以下因素：第一，“腾某视频”及“腾某 NOW 直播”具有较高知名度，受众群体广泛，在青少年群体中影响较大，而其推出的“青少年模式”，凭借其特有的推荐模式和产品功能，让青少年将目光聚焦于优质内容，已经成为践行青少年防沉迷系统的有益尝试，故涉案被诉行为严重影响了原告公司和消费者的合法权益。第二，被告将“青少年模式弹框自动关闭”作为涉案软件的“会员尊享特权”，宣传推广软件付费会员套餐，主观过错较大。第三，涉案软件的跳过/屏蔽青少年模式入口弹窗功能覆盖了网络音视频领域的多款应用软件，影响范围较大，损害了其他经营者的权益和竞争秩序，甚至影响了社会公共利益，且在多个应用市场上架，下载次数较多，持续时间较长，用户群体较大。综合原告的维权必要支出，酌定本案经济损失及合理支出费用共计人民币 300 万元。

关于原告要求被告发表致歉声明消除影响的主张，原告未能提供证据证明因被告的侵权行为导致原告商誉受损害的情形，且被告公司承担赔偿损失及合理开支的民事责任，足以使原告公司享有的相关权利得到救济。因此，法院对该项诉讼请求不予支持。

【案例注解】

本案系国内首起涉“青少年模式”不正当竞争纠纷案件，表面上系一起因屏蔽行为导致的不正当竞争纠纷案件，实质上折射出在未成年人广泛触网，网络沉迷、非理智打赏、信息泄露、不法侵害频发的现实背景下，网络服务提供者在保护未成年人权益方面应当承担的社会责任问题。本案也是法院充分发挥司法职能作用，以改革的思维解决新业态带来的新问题的典型范例。

一、设置“青少年模式”是网络服务提供者的应尽义务

互联网是现代社会的产物，作为“网络原住民”的青少年群体更是与互联网共同成长与发展的一代。《青少年蓝皮书：中国未成年人互联网运用报告（2022）》显示，未成年人近半年内的上网率达 99.9%，显著高于全国互联网普及率（73%），网络已成为未成年人成长发展过程中不可分割的一部分。未成年人正处于心智发展的关键时期，好奇心强但辨别力与自制力较弱，互联网平台良莠不齐的信息内容与泛娱乐化的趋势不利于他们的健康成长，一些包含不良信息的网络内容很可能会阻碍未成年人形成正确的价值观。因此，针对未成年人在使用互联网中出现的网络沉迷、非理智打赏、信息泄露等问题，国家颁布了一系列法律法规对互联网行业进行规制，敦促平台逐步构建起青少年网络保护机制。国家网信办先后出台多份文件，鼓励网络信息内容服务平台开发适合未成年人使用的模式，提供适合未成年人使用的网络产品和服务，便于未成年人获取有益身心健康的信息。开发升级未成年人防沉迷、青少年模式等管理系统，不断提高系统辨识度，增强识别精准性，合理设置未成年人使用服务的时间、权限等，提供适合未成年人的优质内容，保障未成年人科学健康用网。

2021 年 6 月 1 日实施的《未成年人保护法》更是专门设置“网络保护”章节，其中第七十四条第二款规定，网络游戏、网络直播、网络音视频、网络社交等网络服务提供者应当针对未成年人使用其服务设置相应的时间管理、权限管理、消费管理等功能。2022 年 5 月 7 日，《中央文明办、文化和旅游部、国家广播电视总局、国家互联网信息办公室关于规范网络直播打赏加强未成年人保护的意见》要求网站平台禁止未成年人参与直播打赏、优化升级“青少年模式”、规范重点功能应用、加强高峰时段管理等。由此，各互联网平台纷

纷优化升级“青少年模式”，尤其是网络游戏、网络视听、短视频直播平台，其他平台也依照相关法律法规逐步完善未成年人网络保护机制。目前，以未成年人为受众群体的互联网平台基本上均已配备“青少年模式”，运用弹窗提示、限制时长、筛选内容等技术手段优化网络应用环境，引导未成年人健康“触网”。

二、屏蔽“青少年模式”行为的性质认定

《反不正当竞争法》所称的不正当竞争行为，是指经营者在生产经营活动中，违反该法规定，扰乱市场竞争秩序，损害其他经营者或者消费者的合法权益的行为。因此，在认定不正当竞争行为时，不仅要考虑其他经营者的合法权益，还要同时考虑市场竞争秩序和消费者的合法权益。故本案应从竞争关系、利用技术手段实施、导致其他经营者合法提供的网络产品或者服务无法正常运行、扰乱市场秩序并损害消费者合法权益等构成要件进行认定。具体分析如下：

（一）三原告与被告之间存在竞争关系

本案中，被告通过其开发、运营的“去广告利器”软件为用户提供自动跳过/屏蔽腾某产品青少年模式入口弹窗的功能，妨碍、破坏了腾某产品的正常运行，因此双方之间存在竞争关系。三原告作为“腾某视频”“腾某 NOW 直播”的共同经营者，具备提起本案诉讼的主体资格。

（二）被告利用技术手段实施被诉行为，妨碍、破坏了原告的网络产品或服务的正常运行

本案中，被告运营的“去广告利器”软件引导用户开启“青少年模式弹框自动关闭”功能，系典型的利用技术手段，通过影响用户选择或者其他方式，实施妨碍、破坏其他经营者合法提供的网络产品或者服务正常运行的行为，该行为违反了《反不正当竞争法》第十二条第二款第四项的规定，构成不正当竞争。

关于被告的被诉行为是否成立技术中立的问题。经过法庭调查，无障碍服务也称为辅助服务，是安卓系统自带的功能，设计初衷是让残疾用户特别是视觉障碍的用户顺利使用手机，随着该服务的普遍应用，现已演变为帮助普通用户简化操作的功能。本案中，“去广告利器”软件的无障碍服务及“青少年模式弹框自动关闭”功能确实需要用户授权开启，但被告将关闭青少年模式作为“会员尊享特权”吸引用户购买会员，足见其行为是商业行为，该行为与便利用户，方便操作的无障碍服务的设计初衷背道而驰，其主观上存在明显的故意；且“青少年模式”作为原告涉案产品践行青少年网络安全保护的主打功能，亦是国家要求网络平台必须设置的功能，被告软件的运行对该功能进行

了干扰，超出了软件开发和运营的合理范围和需要，具有不正当性。

（三）被告的被诉行为损害了原告的竞争优势和竞争利益

如上所述，被告北京爱某公司的被诉行为改变了腾某产品软件的功能和运行效果，显然损害了原告就腾某产品享有的自主经营权。另外，原告作为未成年人用户数量巨大、在未成年人群体中具有显著影响力的重要互联网平台服务者，按照国家规定对其视频、社交、直播平台等使用了“青少年模式”，为青少年提供经遴选后的优质内容，并在使用时段、时长、功能和内容等方面按照国家有关规定和标准提供服务，为监护人履行监护职责提供时间管理、权限管理、消费管理等功能，这是原告承担社会责任的有益尝试，原告亦投入了大量人力及物力，具有合法正当的商业利益。被告的被诉行为使得原告的青少年模式功能形同虚设，也造成原告专为青少年提供的优质内容未能得到有效积极的传播，极可能导致原告的平台用户流失，用户黏性降低，损害了原告的竞争优势和竞争利益。

（四）被告的被诉行为损害了消费者的合法权益

被告北京爱某公司的被诉行为损害了作为消费者的普通用户的合法权益，主要表现：第一，使得未成年人用户在使用原告产品时在使用时段、时长、功能、内容、消费等方面无法得到有效限制，无法有效阻隔不适宜内容，未成年人沉迷网络的可能性大大增加；第二，增加了消费者信息获取的成本，使得用户在海量内容中获取专为未成年人筛选、定制的优质内容的难度增加，不利于对未成年人的保护；第三，影响了消费者的用户体验，明显减损了未成年人及其监护人对于腾某产品的使用感受。

（五）被告的被诉行为扰乱了市场竞争秩序

被告北京爱某公司是在非法损害他人正当经营的基础上，为自身牟取不正当利益，并扰乱市场竞争秩序，影响了其他经营者践行青少年网络保护的秩序。被告作为互联网行业的经营者，理应知晓涉案产品根据相关部门要求，提供并在首页显著位置呈现“开启青少年模式”弹窗，但仍通过“去广告利器”引导消费者关闭青少年模式，可能影响用户对原告产品的服务体验，甚至可能对原告产品的社会评价、交易机会、用户流量等产生负面影响，影响了原告的合法权益。而且，被告爱某公司的行为并非仅针对涉案几款产品，其跳过/屏蔽青少年模式入口弹窗的功能也覆盖了腾某公司的其他产品乃至网络音视频领域中的多款第三方应用软件，影响了产品的正常运行，使得市场其他经营者投入大量人力物力、苦心打造的产品失去价值，导致网络音视频、网络直播等行业通过优质内容赋能未成年人发展、保护未成年人的功能设计落空，破坏了公平竞争的市场秩序和行业生态。

综上，被告的涉案行为实质上是以技术中立为由，为获取经济利益，妨碍、破坏原告的网络产品及服务正常运行的不正当行为，既阻碍了网络音视频、网络直播等行业的长期健康发展，亦违反了未成年人保护的相关法律规定以及相关监管部门的指导意见，损害了未成年人的合法权益和公共利益，对原告公司、消费者、其他互联网经营者及社会公平竞争秩序都造成了损害，且缺乏合理理由，具有不正当性，已经构成了不正当竞争，应当依法承担民事责任。

三、积极发挥保护未成年人的司法职能作用

未成年人是国家的未来、民族的希望，是担当民族复兴大任的时代新人，教育和培养好未成年人，是社会主义现代化建设事业的基础工程。网络服务提供者需要以社会主义核心价值观为引领，自觉遵守法律法规规章和社会公德，履行好保护未成年人的网络义务，对青少年的保护承担社会责任，发挥网络文化和新技术对未成年人的正向引导，营造有利于未成年人健康成长的清朗网络空间和良好网络生态。不管是原告还是被告，作为网络服务提供者，都应对此承担责无旁贷的社会责任。本案的处理，系法院发挥司法职能作用，妥善处理新业态下新型不正当竞争行为的表现，同时也向全社会表明司法保护未成年人权益的鲜明态度，肯定了“青少年模式”上线以来，在帮助未成年人减少网络依赖和不良信息影响方面发挥的积极作用。同时，对屏蔽“青少年模式”的不正当竞争行为予以严厉打击，对于维护互联网产业的公平竞争秩序，推动网络音视频产业健康发展，落实未成年人保护及未成年人防沉迷机制具有积极意义，有利于发挥网络文化和新技术对未成年人的正向引导作用，营造有利于未成年人健康成长的清朗网络空间和良好网络生态。

（**一审法院合议庭成员** 包津燕 黎增堂 李晓玲
编写人 天津市滨海新区人民法院 李晓玲
责任编辑 姚俊萍
审稿人 丁文严）

彭某某诉棋某公司侵害作品信息网络传播权纠纷案

——著作权纠纷中商业批量维权滥诉行为的认定

关键词：知识产权　作品信息网络传播权　批量诉讼　维权牟利　滥用诉讼权利

【裁判要旨】

1. 国家保护知识产权，正当合理的权利行使有助于打击侵犯知识产权的行为，净化社会环境。但是，权利的行使应当有边界，权利不得滥用。著作权人和与著作权有关的权利人行使权利，不得违反宪法和法律，不得损害公共利益。司法是社会资源，具有稀缺性，是侵权的事后救济手段，不应被作为谋取不当商业利益的工具。

2. 在案件审理过程中，原告申请撤诉，但裁定撤诉将使得著作权权属处于真伪不明的状态，并使得其余系列诉讼案件的性质无法明确，在此情形下，法院可对原告的撤诉申请不予准许，并继续审查实体问题进而作出裁判，从而厘清原告行为的性质。

【相关法条】

《中华人民共和国著作权法》

第四条　著作权人和与著作权有关的权利人行使权利，不得违反宪法和法律，不得损害公共利益。国家对作品的出版、传播依法进行监督管理。

第十一条　著作权属于作者，本法另有规定的除外。

创作作品的自然人是作者。

由法人或者非法人组织主持，代表法人或者非法人组织意志创作，并由法人或者非法人组织承担责任的作品，法人或者非法人组织视为作者。

【案件索引】

一审：浙江省义乌市人民法院（2022）浙 0782 民初 2790 号（2022 年 4 月 22 日）

【基本案情】

原告彭某某诉称：原告在浏览拼某某网站时发现，被告棋某公司在平台上经营的店铺“北极绒棋某专卖店”发布多条侵权链接，使用原告具有著作权的摄影作品，作品名称为《羊羔绒鲨鱼芭比裤 J》等 11 个摄影作品被被告用于介绍其出售的商品。该店铺 2022 年 1 月 1 日确定的涉案链接显示已拼数达 21648 件，获利数额高达几十万元。原告认为，被告行为侵犯了原告作品的著作权。故请求法院判令：（1）被告立即停止侵权行为，从拼某某删除其在网上店铺发布的涉案摄影作品并下架链接；（2）被告赔偿原告经济损失人民币 9 万元；（3）被告赔偿原告为制止侵权行为所支付的合理费用人民币 1 万元。

被告棋某公司辩称：被告去年请了一个员工，拼某某店铺的图片由员工上传，图片是网上找的。

法院经审理查明：2021 年 12 月 29 日至 2022 年 1 月 4 日期间，原告彭某某以其妻子刘某某的名义，向贵州省版权局就 11 幅摄影作品申请作品登记。2021 年 11 月 28 日，刘某某（甲方）与彭某某（乙方）签订《图片版权授权合同书》一份，约定甲方独家特别授权摄影原图于乙方，并约定了其他内容。

2022 年 2 月 14 日，法院立案受理原告诉被告侵害作品信息网络传播权及不正当竞争纠纷一案。

2022 年 3 月 3 日，原告当庭提交《图片版权授权委托合同》及样图 18 份，该合同中载明：甲方为义乌市某某服饰有限公司，乙方为刘某某，约定：（1）甲方将其独家拍摄的摄影图 18 份样图共计 73 张系列图片独家授权给乙方；（2）授权期限与模式，自甲乙双方签订本协议之日起，至授权图片保护期截止之日止，甲方提供侵权商家，委托乙方进行维权活动，维权工作及一切费用由乙方自行承担，维权所得费用由甲乙双方自行协商分成比例；（3）图片著作权的授权范围，自甲乙双方签订本协议之日起，甲方将《著作权法》以及《著作权法实施条例》规定的著作财产权、计算机网络传播权全部授权给乙方，并且在不侵害甲方个人利益的情况下，乙方有权处理授权图片所涉及的所有著作权利，包括独立进行维权等行为。双方还约定了其他事项。

2022 年 3 月 10 日，原告彭某某委托诉讼代理人通过移动微法院向法院提交撤诉申请书，申请撤回对本案的起诉。

【裁判结果】

浙江省义乌市人民法院于2022年4月22日作出（2022）浙0782民初2790号民事判决：驳回原告彭某某的诉讼请求。宣判后，原告彭某某未提出上诉，判决已发生法律效力。

【裁判理由】

法院生效裁判认为：根据法律规定，作品登记采取自愿原则。作品登记证书是认定著作权的初步证据，在作品上署名的自然人、法人视为著作权人、与著作权有关的权利人，但有相反证据证明的除外。本案原告虽提交了作品登记证书，载明的作者和著作权人为刘某某，但结合庭审情况和法院查明的事实，实际相关摄影图片并非由刘某某创作或其委托他人创作完成。同时，上述作品登记行为实际由原告实施，原告以其不具有著作权的作品进行作品登记并以此进行诉讼维权，其并非涉案作品的合法权利人。原告主张其系接受他人委托进行诉讼维权。

对此，法院认为，首先，法庭多次要求原告所主张的作品作者到庭接受询问，但相关人员并未到庭明确作品的创作过程，原告提交的证据亦不能表明作品创作、作品公开发表的过程，故原告现有证据无法表明涉案作品的实际作者和著作权人，其亦无权接受他人委托。其次，原告明确其进行维权诉讼的目的是赚钱谋利，且除本案之外，原告提起了批量维权诉讼。原告接受他人委托进行诉讼维权，其行为本质上属于从事诉讼代理业务的行为。原告既不具有法律执业资质也不具有知识产权代理资质，其不属于《民事诉讼法》第六十一条第二款规定的委托诉讼代理人的主体范围，原告无权接受他人委托从事诉讼代理业务。原告自行提交的聊天记录，明确陈述“搞外包装专利设计版权”“赔得更多。赔好几十万都有可能的”，进一步表明原告起诉的目的是谋取利益。原告以其妻子名义进行作品登记，或者通过与他人签订知识产权许可协议取得被许可权人身份的方式进而提起诉讼的行为，均系为了规避法律法规的规定，其目的是以提起诉讼的方式获取不正当商业利益。该行为借维权之名行牟利之实，应当予以否定性评价。再次，著作权人和与著作权有关的权利人行使权利，不得违反宪法和法律，不得损害公共利益。正当合理的权利行使有助于打击侵犯知识产权的行为，净化社会环境。同时，权利的行使应当有边界，权利不得被滥用。司法是社会资源，具有稀缺性，不应被作为诉讼牟利的工具。原告取得作品著作权许可，实际并非为了使用相关作品并以此从事电商经营或为了制止侵权行为，其根本目的是通过获得授权进行诉讼并牟利。诉讼是侵权的事后救济手段，不应成为获取商业利益的主要渠道。原告此种行为挤占了有限的司法资源，一定程度上影响了司法的效率，影响了社会对司法资源的有效利用，属于滥用诉讼权利的行为，损害了公共利益。最后，原告的行为有违社会主义核心价值观。诚信是社会主义核心价值观的价值追求，当事人在参加民事诉讼时应当遵循诚信原则，体现在诉讼行为中就是要求当事人所提交的证据符合客观事实，不能进行虚假陈述。原告为达到诉讼维权牟利的目的，利用作品自愿登记的规定，以其妻子刘某某的名义对并非其创作的涉案作品进行作品登记，原告提交的作品登记证书不符合客观事实，违背了诚信原则，不符合社会主义核心价值观的要求。综上，原告的诉讼请求于法无据，法院不予支持。

庭审后，原告就本案提出了撤诉申请。但原告除了本案之外，还提起了多个诉讼，裁定撤诉将会使本案作品权利处于真伪不明的状态，并使得其余诉讼案件的性质无法得以明确，故法院对原告的撤诉申请不予准许。

【案例注解】

本案入选2022年度浙江法院十大知识产权案件，反映的是近些年来，知识产权司法保护领域出现的“借维权之名、行牟利之实”的批量商业维权现象。本案原告除本案之外，从他人处通过独占许可的方式“购买”了70余张摄影图片，在拼某某、淘某等电商平台上取证了上百个商家，集中发起上百件维权诉讼，属于典型的商业批量维权行为。本案审结生效以后，法院对原告的行为进行了司法惩戒，原告撤回了其余一百余件诉讼案件。本案裁判充分彰显了司法机关精准保护知识产权与打击知识产权商业批量维权并重的司法导向。同时，本案裁判加大了对实体权利基础的审查，厘清了著作权纠纷中商业批量维权滥诉行为的司法认定标准，防止著作权制度被滥用，规范了知识产权维权行为，净化了知识产权商业维权的空间，对此类案件的审理和裁判思路具有重要的指引作用。

以下，本文将从上述案件的案情出发，以类案分析为方法，对当前知识产权保护大格局的背景下，著作权纠纷中商业批量维权滥诉行为①的现状及治理路径进行分析。

---

① 本文所界定的“批量维权”件数，以同一原告在一年内提起10件以上案件起算。

一、著作权纠纷中商业批量维权滥诉行为的认定及构成要件

2021年9月，中共中央、国务院印发《知识产权强国建设纲要（2021—2035年）》，在“建设面向社会主义现代化的知识产权制度”部分明确提出要“完善规制知识产权滥用行为的法律制度以及与知识产权相关的反垄断、反不正当竞争等领域立法”。2022年4月21日，最高人民法院在知识产权宣传周新闻发布会上明确表示，“对大量收购版权进而‘维权’的行为，加大对实体权利基础的审查，准确把握重复诉讼认定标准，防止借维权之名、行牟利之实的行为发生”①。

知识产权由于其专业属性，发生侵权行为的地域性广，使得侵权行为可能遍布全国。知识产权权利人为节约维权成本，倾向于将知识产权维权事宜委托给同一律所，并对全国范围内的侵权行为统一发起维权诉讼。从这一角度而言，商业批量维权通常是指知识产权人一揽子委托律师事务所或者中介机构就其知识产权被侵权的系列案件集中维权。② 此种模式下，权利人与律师或中介机构，往往签署一揽子协议，权利人仅需要支付必要的基础费用，收益依赖于诉讼获得的赔偿金。同时，由于法院裁判对知识产权赔偿力度的加大、知识产权时间戳取证的便捷性，权利人或律师在进行维权时，避开向行政机构投诉或向侵权人直接警告这一环节，而选择在取证后直接向法院提起诉讼，并据此获得赔偿金额。此种维权模式因具有取证的便捷性、支出的低成本、收入的高回报等特点，导致知识产权维权逐渐偏离了打击侵权的正当维权目的，权利人、律所或中介机构直接以此方式达到其商业牟利目的。

在此背景下，甚至产生部分权利存在瑕疵的当事人利用侵权人知识产权法律知识匮乏，实施恶意投诉甚至滥用诉权进行维权的行为。此类行为在著作权纠纷领域更加明显。结合上述分析，笔者认为，著作权纠纷中商业批量维权的滥诉行为是指某些权利存在瑕疵的权利人或律所或中介机构，将其不具有著作权或存在问题的权利作为依据，以商业牟利为目的，在各大电商平台大规模取证后，集中向法院提起著作权诉讼进行维权的行为。此种商业批量维权中的滥诉行为由于其目的的非正当性，损害了知识产权维权本身的正当性，挤占了有限的司法资源，使得司法被大量不具有实质性争议的纠纷所牵制，无暇解决疑难复杂、争议较大的知识产权纠纷，加大了司法机关化解矛盾纠纷

---

① 《最高人民法院知识产权宣传周新闻发布会答记者问》，载最高人民法院网，https://www.court.gov.cn/zixun/xiangqing/355941.html，最后访问时间：2024年4月21日。

② 冯晓青：《商业维权模式下的著作权诉讼维权探析——兼论滥用诉权、恶意诉讼问题》，载微信公众号“知产力”，2021年1月28日。

的成本。

如何认定商业批量维权滥诉行为，结合上述定义以及本案裁判，可从以下几个要素考量其构成要件。

主观要件上，行为人以商业牟利为目的，提起诉讼的目的并非保护知识产权。以本案为例，庭审中，原告明确陈述“做诉讼维权是为了赚钱”，同时原告与所谓的“权利人”沟通图片版权转让事宜时，亦陈述“搞外包装专利设计版权”“赔得更多，赔好几十万都有可能的”。更有甚者，在笔者与某一案件的原告沟通开庭事宜时，该原告堂而皇之地表示“图片版权转让就是要赔偿款”。行为人的主观认知完全违背了保护知识产权、保护创新制度的宗旨，其提起诉讼仅是为了获得高额赔偿。

客观行为上，行为人的行为具有不正当性，缺乏著作权法上的合法性基础。行为人利用知识产权许可或转让制度，在同一时间段内集中发起诉讼。知识产权许可制度设立的目的是最大化挖掘和利用知识产权价值，促进知识产权成果的实施和转化，有效盘活知识产权，避免闲置。批量维权滥诉的行为人不当利用许可制度或转让制度，以被许可人身份或受让人身份提起诉讼，其目的并非使用知识产权，而是为了具备法律规定的主体资格进而提起诉讼。本案中，原告接受他人委托进行维权并提起上百件诉讼，其行为本质属于从事诉讼代理业务的行为，原告既不具有法律执业资格也不具有知识产权代理资质，不属于法律规定的委托诉讼代理人范围，其利用知识产权许可制度取得被许可权人身份的方式提起诉讼的行为，系为了规避法律法规的规定；且原告虽陈述受让了图片，但图片的著作权权属不清晰，仍然缺乏著作权法上的合法基础。

行为后果上，行为人的行为造成了损害后果。此种损害后果不仅体现在对对方当事人权益的损害，更为严重的是对司法秩序、司法公信力的损害，对社会诚信制度的损害。司法是社会资源，具有稀缺性，不应被作为诉讼牟利的工具。有的被告在法院主持调解时言语、观点偏激，认为“法院成了原告的帮凶”，这体现了社会公众对商业批量维权滥诉行为的不满甚至厌恶。本案中，原告取得作品著作权许可，实际并非为了使用相关作品并以此从事电商经营或为了制止侵权行为，其根本目的是通过获得授权进行诉讼并牟利，损害了公共利益，属于“借维权之名、行牟利之实”的行为。

二、著作权纠纷中商业批量维权滥诉行为的表征

《知识产权强国建设纲要（2021—2035 年）》在“总体要求”部分指出，要“牢牢把握加强知识产权保护是完善产权保护制度最重要的内容和提高国家经济竞争力最大的激励”。最高人民法院在 2020 年发布的《关于全面加强

知识产权司法保护的意见》中明确提出，要“加强著作权诉讼维权模式问题研究，依法平衡各方利益，防止不正当牟利行为”。商业批量维权滥诉行为，违背了知识产权制度设立的宗旨和知识产权保护公共政策。以浙江省义乌市人民法院为例，自2021年以来，以著作权纠纷案由向法院提起10件以上批量维权行为的原告主体有96个，涉及3260件案件（20件以上权利人59个，涉及2765件）①。结合浙江省义乌市人民法院近些年来处理的著作权纠纷，经分析，著作权纠纷中商业批量维权滥诉行为有以下几大表征：

一是原告主体呈现职业化特征，集中批量发起维权。在著作权纠纷中，原告主体从传统的“视觉中国”等图片类专业公司转变为分散性权利人，主要为知识产权代理公司或个人。权利作品为拍摄形成的产品宣传图片、摄影图片或简单的美术作品图片，主张侵犯作品信息网络传播权，被告主体基本为“盗图”电商，电商销售的实物本身并不构成侵权。在此类情况蔓延的趋势下，已滋生出一批“职业维权人”，通过拉拢摄影作品的真实权利人，搜集电商“盗图”行为的证据，短时间内向司法机关提起大量诉讼。

二是版权层层转让，作品的真实权属查实难。版权层层转让现象非常突出，部分原告利用《著作权法》中独占许可的方式向所谓的“权利人”“购买”作品，提交诉讼赖以表明其权属的仅仅是一份独占许可合同和权利作品，至于作品的公开发表时间、创作思路、独创性等均未向法院说明。此种情形下，原告或权利人是否具有真实的权属关系，无法查明，且权利人不直接参与诉讼，即使法院通知其到庭，原权利人也躲避不出现。以浙江省义乌市人民法院2022年至2023年处理的一批涉某类型图片的著作权纠纷为例，该案权利人王某某将不同的图片版权转让给某合知识产权代理有限公司，该公司又将图片版权再次转让、三次转让乃至四次转让给全国各地的不同公司，再由受让公司向法院提起诉讼，该系列案件最终涉及原告15名，案件674件，下图选取了其中案件数量较大的四种转让路径进行展示（见图1）。此种权利转让方式严重影响了司法机关对权属的审查。

三是原告利用在线诉讼程序，躲避司法机关实质审查。上述提及的王某某作为作品登记证书作者的系列案件，案件数量情况统计如表1所示。法院在受理案件后，先行委托调解机构进行调解。调解过程中，调解员发现此类案件中所受让的图片无原图，权属不明，独创性极低，例如一张树叶、一个咖啡杯、一个笑脸；取证则通过时间戳在电商平台进行线上取证；无侵权实物产品；调解金额普遍偏低，一般自500元至2000元不等。在调解机构反馈上述问题后，

① 该统计数据以浙江省义乌市人民法院委托义乌市知识产权诉调对接中心调解的纠纷数为基础进行统计。

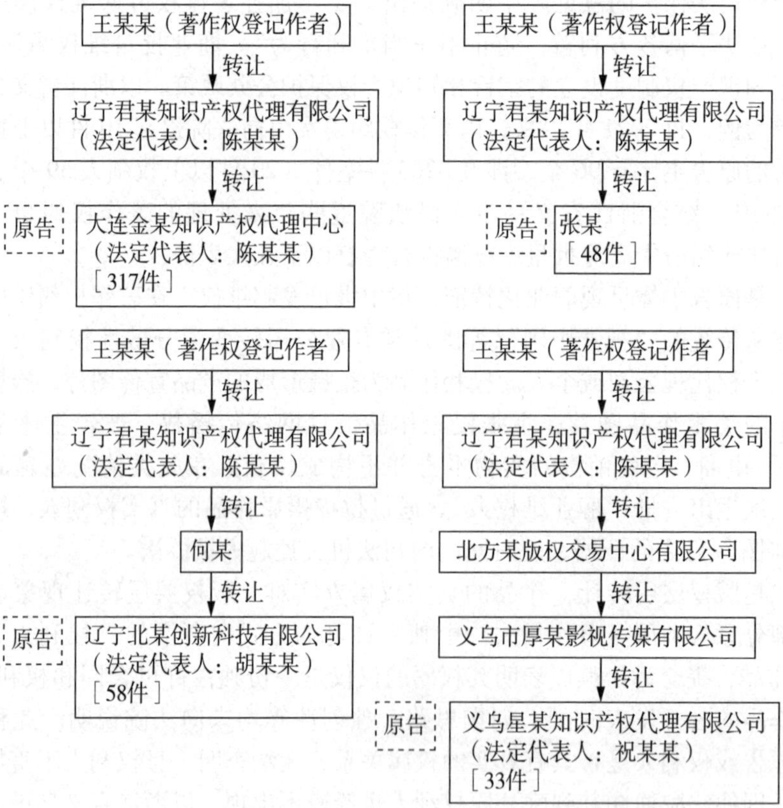

图1　王某某著作权纠纷系列案件转让人关系图

法院拟对上述案件的作品权属问题进行实质审查。但法院正式立案后，各地原告均以路途遥远为由，申请线上开庭。在法院要求其线下到庭参加诉讼后，各原告基本不到庭或不交纳诉讼费用，导致权属无法查清，案件按撤诉处理。2023 年，浙江省义乌市人民法院因不到庭按撤诉处理的著作权案件高达 24 件。

表1　近三年以王某某为转让人的著作权纠纷系列案件情况

原告	作品登记证书载明的作者	案件总数/件
大连金某知识产权代理中心	王某某	317
张某	王某某	48
海南巴某知识产权服务有限公司	王某某	45
成都龙某数字传媒有限公司	王某某	40

续表

原告	作品登记证书载明的作者	案件总数/件
大连言某知识产权有限公司	王某某	38
大连市普某店区博某文化有限公司	王某某	34
朝阳宏某知识产权服务有限公司	王某某	33
何某	王某某	30
大连宏某投资咨询服务有限公司	王某某	17
大连沐某文化发展有限公司	王某某	16
大连知某知识产权服务有限公司	王某某	12
柳州普某文化传媒有限公司	王某某	4
辽宁北某创新科技有限公司	王某某	6
刘某某	王某某	1
义乌星某知识产权代理有限公司	王某某	33

四是以独创性低的作品主张权利，并利用诉前调解、庭前和解牟取利益。作品独创性的审查判定具有较强的主观性，版权登记为形式审查，不对作品独创性进行实质审查，而根据现行法律规定，作品登记证书又是认定著作权人的初步证据。版权登记宽松、泛滥，使得大量不具有独创性的作品被登记，后续作品实体权利审查难度加大。多数原告正是利用这一客观现状提起大量诉讼，借此获利。著作权案件中，摄影作品多用数码相机、智能手机等设备拍摄，美术作品大多利用绘图软件绘制，存储在计算机、相机或手机上的原始载体一旦进行介质传输则无法认定为原图，这无疑增加了作品权属的审查难度。此类案件中，原告通常主张1000元至5000元不等的调解补偿，被告为避免开庭，基本会采取庭前和解的处理方式，导致最终有大量不具有独创性或独创性低的“作品”进入诉前调解程序并获得赔偿。这一有利可图的现状“激励”了所谓的“著作权人”提起大量诉讼，侵占司法资源。

五是版权查重难，登记便利化、形式化成为管理漏洞。现阶段我国版权作品登记尚未建立统一的版权登记数据库，将他人作品、公有领域的作品作细微改动后登记为自己作品的情况难以得到有效查明。为解决“图案侵权举证难”的痛点堵点，浙江省绍兴市柯桥区人民法院上线了“版权AI智审”应用系统。2022年度，浙江省义乌市人民法院借助该系统对201个案件进行查询，共发现疑似重复图片110件，基于此结果劝退起诉案件211件。但通过该系统能查询到的有效查重结果仍然有限，无法应对大量激增的著作权纠纷。

六是批量诉讼对象为应诉能力低的中小经营者，取证方式单一。在取证过程中，原告通常采取广撒网式的取证方式并通过时间戳取证，对电商平台上公开合法的电商经营者进行批量取证，且取证模式单一，仅对网店上的产品图片进行浏览取证，不购买实物，减少取证成本。以本案为例，原告彭某某除了本案作品之外，从他人处通过独占许可的方式“购买”了70余张摄影图片，在拼某某、淘某等电商平台上取证了上百个商家，集中发起上百件维权诉讼。

三、著作权纠纷中商业批量维权滥诉行为的治理路径

著作权纠纷中商业批量维权滥诉行为侵占了有限的司法资源，增加了被诉经营者的诉讼成本。这种对经营者尤其是中小企业经营者群体的打击，极大地挫伤了经营者的积极性，破坏了末端市场的经营活力，甚至导致部分经营者因此退出市场，不利于构建公平、诚信、透明的良好营商环境。① 为了防止著作权制度的滥用，维护司法公信力，规范知识产权维权行为，治理著作权纠纷中商业批量维权滥诉行为应当从以下几方面入手。

一是加强对作品著作权权属的司法审查。不能仅以作品登记证书作为认定作品权属的依据，应当主动审查作品创作过程、作品公开发表的依据，强化实质性审查。加强对作品独创性的审查力度，从严把握作品的认定，将不具有独创性的“作品”以及独创性极低的作品排除在著作权司法保护之外，防止著作权制度被滥用。

二是强化电子证据的审查和认定。结合电子证据的生成、传输、存储以及信息完整性等情况对证据进行认定，严格审查电子证据是否按常规程序生成，存储方式是否科学，存储介质是否可靠，在最终形成并被固定化到作为证据提交法院的过程中内容是否始终保持完整未经篡改等。

三是扩大调判赔偿额的梯度化和差异化，摒弃单一的赔偿额计算标准。强化法官对经济赔偿金额的自由裁量权，以独创性的高低为标准，确立不同的判赔计算方式，集中司法资源，实现重点保护，对独创性极低的作品按法律规定的最低赔偿标准进行调判，甚至可以突破最低赔偿金额进行判决，发挥司法导向作用。

四是建立不诚信诉讼的惩戒机制。对于利用现有作品登记制度进行不诚信登记，或者并非以保护自身权利，促进文化发展为目的，而仅以谋求不正当利益滥用著作权保护制度提起诉讼的行为，坚决不予支持，同时对“职业维权人”进行处罚。

---

① 牟丹、傅枫雅:《钓鱼式和抢申式专利维权的预警及治理——以杭州知识产权法庭批量专利诉讼为切入点》，载《人民司法》2020年第13期。

五是强化作品登记制度的公信力，加强行政与司法的衔接。版权登记机关应加强对作品登记的审查力度，对明显不具有独创性的作品不予登记。构建全国性版权登记部门的信息共享互通对接机制，建立作品大数据库，对申请登记的作品进行数据查重比对。要求申请人对其所提交的作品出具独创性声明，对提供虚假材料进行作品登记的申请人作出惩戒措施，以增强作品登记的公信力。

六是强化知识产权跨域司法协作机制。借助法答网、人民法院案例库的建设，强化如北京、浙江、广东等知识产权案件纠纷量居高不下的省份之间各法院区域司法协作，探索跨省办案办公平台的数据协同，实现全国知识产权案件裁判尺度统一、信息互通、数据联动。

七是提升社会公众的知识产权保护意识。知识产权的司法保护不仅体现在审判实践中，也体现在对知识产权的司法服务上，体现在对知识产权保护的宣传上。各级法院可以通过“4·26”宣传周召开新闻发布会，发布知识产权保护白皮书、十大典型案例，加大宣传力度；通过“院长开庭”、宣传讲座、共享法庭等途径扩大影响力；通过法院官方微信公众号、“送法入企”等方式做好常态化普法宣传。希望以上举措能够提升社会公众的知识产权法治意识，有效遏制恶意维权行为，共同营造良好的司法环境，加强知识产权的精准保护、强保护，为维权“虚火”降温。

（**一审法院独任审判员**　叶　飞
编写人　浙江省义乌市人民法院　叶　飞　陈昭妃
责任编辑　姚俊萍
审稿人　丁文严）

行政与国家赔偿

某劳务公司诉黔东南州人社局、黔东南州政府等工伤保险资格认定及行政复议案

——无固定工作时间和工作岗位的工伤认定

关键词：行政 行政确认 工伤保险资格 无固定工作时间和工作岗位 醉酒

【裁判要旨】

1. 在无固定工作时间和工作岗位的情形下，认定职工突发疾病是否在工作时间和工作岗位上，应综合考量职工突发疾病是否与履行工作职责相关、是否受用人单位指派、是否属于工作时间和工作岗位的合理延伸以及是否符合《工伤保险条例》对劳动者倾斜保护的立法目的。

2. “醉酒”这一阻却工伤认定的事由在实践中难以把握，应准确掌握醉酒的标准，结合各方提交的证据，运用举证责任规则进行判断。

【相关法条】

《工伤保险条例》

第十五条第一款第一项 职工有下列情形之一的，视同工伤：

（一）在工作时间和工作岗位，突发疾病死亡或者在48小时之内经抢救无效死亡的；

第十六条第二项 职工符合本条例第十四条、第十五条的规定，但是有下列情形之一的，不得认定为工伤或者视同工伤：

（二）醉酒或者吸毒的；

【案件索引】

一审：贵州省凯里市人民法院（2021）黔2601行初72号（2021年11月30日）

二审：贵州省黔东南苗族侗族自治州中级人民法院（2022）黔26行终33号（2022年3月21日）

再审：贵州省高级人民法院（2022）黔行申445号（2022年7月21日）

【基本案情】

原告（上诉人、再审申请人）某劳务公司诉称：杨某的死亡不是发生在工作时间和工作岗位上，且其系醉酒死亡，不构成工伤或视同工伤，黔东南州人社局作出的黔东南州工认字〔2021〕0200047号《关于认定杨某视同工伤（亡）决定书》（以下简称47号工伤决定）和黔东南州政府作出的黔东南府复议字〔2021〕47号《行政复议决定书》（以下简称47号复议决定）认定事实不清，适用法律错误，请求予以撤销。

被告（被上诉人、被申请人）黔东南州人社局辩称：该局具有作出工伤认定的法定职权。杨某突发疾病死亡的时间及地点事实清楚、证据确实充分，认定杨某突发疾病死亡视同工伤适用法律法规正确。故该局作出的47号工伤决定事实清楚，证据确实充分，适用法律法规正确，程序合法。

被告（被上诉人、被申请人）黔东南州政府辩称：该府作出的47号复议决定程序合法，黔东南州人社局作出的47号工伤决定符合法律法规规定。

第三人吴某某陈述称：杨某与某劳务公司签订的劳动合同约定的工作地点是凯里市，其工作范围不仅仅是维护电信基站，还要驾驶车辆。事发当天，杨某也处于工作岗位，此情形符合工伤认定要素。黔东南州人社局作出的47号工伤决定和黔东南州政府作出的47号复议决定符合法律规定。

法院经审理查明：某劳务公司系自然人投资或控股的有限责任公司，经营范围包括劳务派遣等。2018年10月1日，杨某与某劳务公司签订《非全日制劳动合同》。该合同主要约定，杨某同意根据某劳务公司生产（工作）需要，从事维护工作，工作地点为凯里，每周工作6日。

后该公司派遣杨某到某通信公司黔东南分公司从事手机信号基站的维护工作，具体负责某山片区基站维护。2020年春节期间因下雪，某山片区部分基站需要抢修。2020年1月26日上午，杨某和同事雷某驾驶公司抢修车到某山片区对某保站洪某塘、五某桥、杉某林的信号基站进行抢修。当日下午，杨某接到案外人李某某（之前因工作业务认识）的电话称沙某组基站（该站属于杨某负责维护的范围）需要抢修，杨某和同事雷某到沙某组基站进行了抢修（有某通信公司黔东南分公司下派的工作单）。抢修完后，杨某与雷某于当日16时左右到李某某家就餐，就餐过程中有饮酒行为。18时40分许，杨某到公司抢修车内休息。21时左右，雷某发现杨某呼吸不正常，告知李某某，后李某某立即开车将杨某送至黔东南州人民医院救治。2020年1月27日0时20分，杨某经抢救无效死亡。2020年2月24日，杨某的妻子吴某某向黔东南州人社局提出工伤认定申请，黔东南州人社局于2020年4月8日作出黔东南州工认字〔2020〕0200039号《关于不予认定杨某视同工伤（亡）决定书》，不予认定杨某受到的伤害视同工伤（亡）。吴某某不服，向法院提起行政诉讼，要求撤销上述不予认定工伤决定。在案件审理过程中，黔东南州人社局主动撤销了不予认定工伤决定，吴某某遂撤回起诉和上诉。2021年4月16日，黔东南州人社局向某劳务公司和吴某某发出《工伤认定告知书》，告知双方："本局已撤销不予认定杨某视同工伤（亡）的决定，针对是否需要检验杨某血液酒精含量，请你们商定后于2021年4月22日前将要求检验杨某血液酒精含量书面情况说明报送本局，逾期不提交的，本局将根据案件审查情况重新作出认定决定。"之后，某劳务公司向黔东南州人社局提交《说明》，答复称："因杨某尸体已经冷冻近一年三个月，如果权威法医鉴定机构有方法还原出死者死亡时的体内酒精含量，公司同意进行尸检，如不能还原，公司建议不再进行尸检。"2021年5月28日，黔东南州人社局作出47号工伤决定，认定杨某的死亡视同工伤。某劳务公司不服，申请复议。黔东南州政府作出47号复议决定予以维持。

【裁判结果】

贵州省凯里市人民法院于2021年11月30日作出（2021）黔2601行初72号行政判决：驳回某劳务公司的诉讼请求。

一审宣判后，某劳务公司不服，提起上诉。贵州省黔东南苗族侗族自治州中级人民法院于2022年3月21日作出（2022）黔26行终33号行政判决：驳回上诉，维持原判。

二审宣判后，某劳务公司仍不服，申请再审。贵州省高级人民法院于2022年7月21日作出（2022）黔行申445号行政裁定：驳回某劳务公司的再审申请。

【裁判理由】

法院生效裁判认为：本案的争议焦点为杨某的死亡是否符合《工伤保险条例》第十五条第一款第一项规定的视同工伤的情形。

《工伤保险条例》第十五条第一款第一项规定，职工在工作时间和工作岗位，突发疾病死亡或者在48小时之内经抢救无效死亡的，视同工伤。本案中，根据原审查明的事实，杨某与某劳务公司签订《非全日制劳动合同》后，该公司派遣杨某到某通信公司黔东南分公司从事手机信号基站维护工作，具体负责某山片区基站维护。杨某在2020年春节期间的值班时间为2020年1月24日至30日。因春节期间下雪，某山片区部分基站需要抢修。同年1月26日上午，杨某和同事雷某对某山片区五某桥等基站进行了抢修，下午，接到李某某（因工作业务认识）电话称沙某组基站需要抢修，遂又对沙某组基站进行抢修，后在李某某家中就餐。18时40分许，杨某回其驾驶的公司抢修车休息，21时许因呼吸不正常，被送往黔东南州人民医院救治；23时50分，杨某经抢救无效死亡，死亡原因：呼吸心脏骤停。参照《最高人民法院关于审理与低温雨雪冰冻灾害有关的行政案件若干问题座谈会纪要》（以下简称《低温雨雪冰冻灾害纪要》）第四条第二项和第三项关于工作时间和工作场所的认定，低温雨雪冰冻灾害期间，工作时间应作宽泛理解；鉴于灾害期间的特殊情势，对于工作场所的认定，应当综合考虑工作职责、工作性质、工作需要、工作纪律等因素。本案中，根据杨某与某劳务公司签订的《非全日制劳动合同》，若某劳务公司遇到抢险任务时，杨某要服从用工方安排参加抢险，用工方将按工作时间和难度测算支付相应报酬。基于春节期间雨雪天气影响，基站抢修工作在时间和场所上具有不确定性，应作宽泛理解，杨某在进行基站抢修工作的时间和地点上的合理延伸均应视为在工作时间和工作岗位上，且劳动者在日常工作中用餐是其必要的、合理的生理需求，与劳动者的正常工作密不可分。杨某在工作期间用餐后突发疾病，在48小时之内经抢救无效死亡，属于《工伤保险条例》第十五条第一款第一项规定的视同工伤的情形。

关于某劳务公司提出的杨某系醉酒诱发相关疾病，不能认定为工伤的主张，《工伤保险条例》第十九条第二款规定："职工或者其近亲属认为是工伤，用人单位不认为是工伤的，由用人单位承担举证责任。"《人力资源和社会保障部关于执行〈工伤保险条例〉若干问题的意见》第四条规定："《条例》第十六条第（二）项'醉酒或者吸毒'的认定，应当以有关机关出具的法律文书或者人民法院的生效裁决为依据。无法获得上述证据的，可以结合相关证据认定。"根据在案证据，杨某虽有饮酒的事实，但某劳务公司并未提供有权机关出具的法律文书或者人民法院生效裁判证明杨某醉酒，且醉酒与杨某死亡之间存在因果关系，故其该项主张不能成立，黔东南州人社局根据本案现有证据作出的工伤认定并无不当。

关于某劳务公司提出黔东南州人社局作出的黔东南州工伤撤字〔2021〕0200001号《关于撤销不予认定杨某视同工伤（亡）决定书的决定》尚未生效，再次作出工伤认定程序违法的主张。法院认为，行政行为一经作出，即具有公定力和确定力，在未经法定机关依法定程序确认无效或撤销之前，应都推定为有效，对行政机关、相对人及其他利害关系人均具有约束力。黔东南州人社局作出撤销原不予认定工伤的决定书后，重新作出47号工伤决定，程序并未违法。

综上，47号工伤决定认定事实清楚，适用法律法规正确。黔东南州政府受理某劳务公司的复议申请后，向当事人送达申请书副本和提交证据材料、答复意见的通知书，经依法审查，在法定期限内作出47号复议决定，维持了47号工伤决定，并依法送达各方当事人，认定事实清楚，程序合法。

【案例注解】

《工伤保险条例》第十五条第一款第一项规定，职工在工作时间和工作岗位，突发疾病死亡或者在48小时之内经抢救无效死亡的，视同工伤。这一规定突破了传统基于事故引发的工伤认定，将在特定条件下基于疾病引发的死亡视为工伤对待，扩大了对因工伤亡的职工的保护范围，符合《工伤保险条例》对劳动者倾斜保护的立法目的。然而审判实践中，由于对这一条的理解存在分歧，所以在视同工伤的认定上存在诸多争议。就本案而言，争议各方对杨某突发疾病在48小时之内经抢救无效死亡的事实没有异议，但是对于是否在工作时间和工作岗位上突发疾病，是否存在“醉酒”这一阻却工伤认定的事由争议颇大，故本案主要涉及两个问题：一是在无固定工作时间和工作岗位的情形下，工作时间和工作岗位如何认定？二是“醉酒”的标准和举证责任的分配问题。

一、无固定工作时间和工作岗位的情形下，工作时间和工作岗位的认定

《工伤保险条例》第十五条第一款第一项规定的视同工伤的基本要件之一就是要在工作时间和工作岗位上突发疾病。一般情况下，职工都有明确具体的工作时间和工作岗位。本案的特殊性在于死者杨某生前并没有固定的工作时间和工作岗位。根据其与某劳务公司签订的《非全日制劳动合同》，并没有约定明确具体的工作时间和工作岗位，仅约定杨某同意根据某劳务公司生产（工

作）需要，从事维护工作，工作地点为凯里，每周工作 6 日，分别为周一至周六，每日工作不超过 4 小时。同时约定：若用工方遇到抢险任务时，杨某要服从用工方安排参加抢险，用工方将按工作时间和难度测算支付相应报酬。此种情形下，应综合考虑以下因素认定是否属于工作时间和工作岗位突发疾病：第一，是否与履行工作职责相关。工作职责一般可以从工作内容和工作范围上来把握，可以是合同约定，也可以是用人单位临时布置的工作任务。根据案涉《非全日制劳动合同》，杨某的工作系负责某片区基站的维护抢修。事发当天，杨某正是在沙某组基站抢修后突发疾病经抢救无效死亡。第二，是否受用人单位指派。受用人单位指派主要是指职员的工作是基于用人单位的意志或为维护用人单位的利益，而不是职工私自完成其他工作。即使工作内容一致，如果是基于私人原因如帮助朋友等过程中受伤或死亡，亦不宜认定为工伤。本案中，杨某在完成其他几个基站的抢修工作后，虽然是接到案外人电话称沙某组基站需要抢修而去抢修，但该基站原本就属于杨某受公司指派负责维护的范围，且有用工单位下派的工作单。根据合同的约定，若用工方遇到抢险任务时，杨某要服从用工方的安排参加抢险。故杨某的工作属于用人单位指派。第三，是否属于工作时间和工作岗位的合理延伸。某劳务公司辩称杨某系吃完晚饭后死亡，不在工作时间和工作岗位上。根据本案事实，杨某并没有明确具体的工作时间和工作岗位，工作时间和工作岗位主要是依据工作需要来确定。就工作时间而言，案涉《非全日制劳动合同》仅规定每周工作 6 日，每日工作不超过 4 小时，并没有明确的下班时间，只要用工方遇到抢险任务，杨某就要服从用工方的安排参加抢险。杨某从 2020 年 1 月 26 日上午开始抢修，抢修完多个基站后到 16 时左右就餐，早已超过了《劳动合同法》第六十八条规定的非全日制用工的劳动者平均每日工作时间不超过 4 小时的规定。根据抢修基站的工作性质，即使吃完晚饭，也有可能还要进行基站抢修。就工作岗位而言，杨某负责维护的某片区有很多基站，需要抢修的基站所在便是其工作岗位。杨某在抢修完沙某组基站后在基站附近吃饭并在抢修车内休息，系其必要的、合理的生理需求，与其正常工作密不可分，应视为其工作时间和工作岗位的合理延伸。第四，是否符合《工伤保险条例》的立法精神。《工伤保险条例》的立法目的是保障因工作遭受事故伤害或者患职业病的职工获得医疗救治和经济补偿，促进工伤预防和职业康复，分散用人单位的工伤风险。在对工作时间和工作岗位的认定存在分歧的情况下，应结合案件具体情况作出有利于劳动者的法律解释。本案事故发生于 2020 年 1 月 26 日，农历正月初二，正值我国传统节日春节期间，且处于雨雪天气。《低温雨雪冰冻灾害纪要》第四条第二项和第三项关于工作时间和工作场所的认定，应当根据具体案情从宽掌握。杨某从 2020 年 1 月 26 日上午开始抢修基站，直到当日 16 时左右开始用餐，未有证据证明其中午曾用餐，其在抢修完沙某组基站后用餐，随后在抢修车内休息时突发疾病经抢救无效死亡，从倾向于保护劳动者的角度出发，杨某的死亡应认定为视同工伤。

二、“醉酒”的标准和举证责任的分配

（一）“醉酒”的认定标准

醉酒不同于饮酒，是对过度饮酒导致意识失控、行为失控的结果性判断。现实生活中，因个体差异，饮酒达到何种程度构成醉酒很难认定。参照公安部《车辆驾驶人员血液、呼气酒精含量阈值与检验》标准（GB 19522—2010），血液中酒精含量大于或等于80mg/100ml的即构成醉酒。修订前的《工伤保险条例》第十六条第二项规定的是“醉酒导致伤亡的”，修订后的《工伤保险条例》虽然表述为“醉酒或者吸毒的”，增加了“吸毒”的情形，但是根据法的延续性，醉酒应该是导致伤亡的原因时才能阻却工伤认定，而不是只要有饮酒行为就排除工伤认定。根据《人力资源和社会保障部关于执行〈工伤保险条例〉若干问题的意见》第四条的规定，关于“醉酒”的认定，应当以有关机关出具的法律文书或者人民法院的生效裁决为依据；无法获得上述证据的，可以结合相关证据认定。一般而言，准确认定“醉酒”，需要有医疗机构、交通管理部门等有关机关出具的医学证明、检测结论等加以证实。

（二）“醉酒”的举证责任分配

《工伤保险条例》第十九条第二款规定：“职工或者其近亲属认为是工伤，用人单位不认为是工伤的，由用人单位承担举证责任。”据此，用人单位否认工伤的，由用人单位承担举证责任。本案中，某劳务公司否认杨某构成工伤的理由之一是认为其构成醉酒，故某劳务公司应对此承担举证责任。根据在案证据，杨某虽有饮酒的事实，但某劳务公司并未提供有权机关出具的法律文书或者人民法院的生效裁判证明杨某醉酒，且醉酒与杨某死亡之间存在因果关系，故某劳务公司应承担举证不能的法律后果。当然，用人单位的举证责任并不免除行政机关调查核实的义务。如果黔东南州人社局在调查核实中收集到杨某醉酒导致其死亡的医学证明、检测结论、证人证言等证据且能够形成证据锁链的，亦可以《工伤保险条例》第十六条第二项排除工伤认定。

（**一审法院合议庭成员** 刘 江 张 英 罗净尹
二审法院合议庭成员 陈治安 张秋菊 王大梅
再审法院合议庭成员 孟 婷 田一铭 柏龙金
编写人 贵州省高级人民法院 孟 婷
责任编辑 李 晶
审稿人 韩德强）

谢某某诉重庆高新技术产业开发区管理委员会综合执法局行政处罚案

——买受人作为违法建筑行政处罚相对人的认定及责任承担

关键词：行政　行政处罚　违法建设　买受人　行政相对人

【裁判要旨】

在违法建设行为人和实际占有人分离的情况下，买受人占有违法建筑的违法状态也属于违法行为，买受人负有恢复行政管理秩序的义务，行政机关可以将买受人作为行政相对人进行相应处罚。

【相关法条】

《中华人民共和国行政处罚法》

第四条　公民、法人或者其他组织违反行政管理秩序的行为，应当给予行政处罚的，依照本法由法律、法规、规章规定，并由行政机关依照本法规定的程序实施。

《中华人民共和国土地管理法》

第四十四条第一款　建设占用土地，涉及农用地转为建设用地的，应当办理农用地转用审批手续。

第七十七条　未经批准或者采取欺骗手段骗取批准，非法占用土地的，由县级以上人民政府自然资源主管部门责令退还非法占用的土地，对违反土地利用总体规划擅自将农用地改为建设用地的，限期拆除在非法占用的土地上新建的建筑物和其他设施，恢复土地原状，对符合土地利用总体规划的，没收在非法占用的土地上新建的建筑物和其他设施，可以并处罚款；对非法占用土地单位的直接负责的主管人员和其他直接责任人员，依法给予处分；构成犯罪的，依法追究刑事责任。

超过批准的数量占用土地，多占的土地以非法占用土地论处。

【案件索引】

一审：重庆市南岸区人民法院（2023）渝0108行初48号（2023年7月3日）

【基本案情】

原告谢某某诉称：土地使用权系合法取得，房屋修建符合当时办理乡镇集体企业和政府招商引资的规定，不属于违法建筑。重庆高新技术产业开发区管理委员会综合执法局（以下简称高新区综合执法局）作出渝高新综执罚〔2022〕21002号《行政处罚决定书》的程序、依据均违法，严重侵害了谢某某的合法权益，请求法院判令：依法撤销渝高新综执罚〔2022〕21002号《行政处罚决定书》。

被告高新区综合执法局辩称：其作出《行政处罚决定书》，符合法定职责，程序合法，认定事实清楚、适用法律依据正确。经该局排查发现，谢某某位于白市驿镇某村1社占地面积599.40平方米的厂房，未办理相关用地审批手续，属于涉嫌擅自违法占地行为，该局遂立案查处。经核查，厂房于2005年修建，所占地为农用地，无相关农用地转建设用地审批手续，不符合土地利用总体规划，谢某某于2015年购买并使用至今，其为该厂房实际所有权利人。该局遂认定，该厂房属于违法建筑，对谢某某作出责令退还非法占用的土地，限期拆除厂房，恢复土地原状的行政处罚，并无不当。

法院经审理查明：2022年6月1日，高新区综合执法局执法人员在巡查中发现谢某某位于白市驿镇某村1社的厂房在修建时未经审批，该局于2022年6月6日决定立案查处。2022年7月11日，高新区综合执法局向重庆高新技术开发区管理委员会规划和自然资源局（以下简称高新区规资局）发出《关于查询谢某某的厂房是否在规划城镇建设用地范围的会签单》和《关于谢某某购买和使用的厂房与2006年变更调查、土地利用总体规划和农用地转为建设用地情况的查询函》。高新区规资局经查询，发现该厂房所在地块不在规划城镇建设用地范围内。谢某某购买和使用涉嫌未经用地审批占用集体农用地修建的厂房。2022年6月29日，高新区综合执法局委托重庆中某勘测设计有限公司对非法占地情况进行面积测绘，测绘结果显示：厂房占地面积为599.40平方米，所占地为农用地。2022年9月8日，高新区综合执法局作出渝高新综执罚〔2022〕21002号《行政处罚决定书》，主要内容为：谢某某于2015年购买和使用未经审批修建厂房的行为，违反了《土地管理法》第四十四条的规定。具体存在以下违法事实：谢某某于2015年购买和使用刘某某在白市驿镇某村1社未经审批擅自修建的厂房，该厂房属于违法建筑。2015年至今，谢某某为该厂房实际所有权利人。根据《土地管理法》第七十七条的规定，决定对谢某某作出“责令退还非法占用的土地，限期拆除在非法占用的土地599.40平方米上建设的厂房，恢复土地原状”的行政处罚。

【裁判结果】

重庆市南岸区人民法院于2023年7月3日作出（2023）渝0108行初48号行政判决：撤销高新区综合执法局于2022年9月8日作出的渝高新综执罚〔2022〕21002号《行政处罚决定书》。一审宣判后，各方当事人均未上诉，判决已发生法律效力。

【裁判理由】

法院生效裁判认为：违法建设行政执法过程中，准确作出罚款、没收或拆除等行政处罚决定的首要前提是准确认定相对人。但违法建设不同于一般的行政违法，受违法建设不动产的特性所决定，其时间跨度一般较长，易出现违法建设行为人死亡、解散、破产、下落不明或者因继承、交易、赠与、承租等情况叠加，导致违法建设行为人与产权人、实际占有人分离，为行政处罚相对人的认定带来很大困难，耗费大量执法资源。本案违法建设行为人与实际占有人分离，从违法建设行为人的角度考虑，在其已不实际占有违法建设的情况下，让其实施拆除行为不具有期待可能性。从实际占有人的角度考虑，一方面，虽然《行政处罚法》第四条规定的是对违法行为进行处罚，但违法行为既包括行为违法，也包括状态违法；另一方面，根据《民法典》的规定，实际占有人具有确保物权没有违反行政管理秩序的一般性义务。当违法建设行为人和占有人分离时，违法建筑的实际占有人，负有恢复管理秩序的义务，故对其进行没收或限期拆除的行政处罚符合法律规定。行政处罚的目的是恢复管理秩序，本案违法建筑一直处于持续违法状态，且谢某某一直实际占有处于持续违法状态下的厂房。谢某某购买该厂房后先后与某公司签订了相关权利的转移手续、与某村1社签订了土地租赁手续，说明谢某某购买该厂房时既知晓该厂房的实际状况，也愿意承接该厂房此后的系列权利义务。因此，可以将本案谢某某作为行政处罚相对人，对其作出行政处罚决定。但高新区综合执法局在作出本次行政处罚时未完全遵循《行政处罚法》和《国土资源违法行为查处工作规程》，存在程序违法，故谢某某要求撤销高新区综合执法局作出的行政行为理由成立。

【案例注解】

当前，由于我国行政立法未对违法建筑行政相对人的范围或者选择标准进行明确，致使行政机关在实践中难以认定。行政处罚相对人的适格与否关系着行政处罚行为的合法性以及行政处罚的目的能否实现。人民法院在违法建筑行政处罚案件中，准确审查认定行政处罚相对人，有助于行政机关明确违法建筑的责任承担主体及方式，保护行政相对人的利益，及时恢复城乡建设管理秩序。

一、买受人作为违法建筑行政处罚相对人的认定现状

（一）买受人作为违法建筑行政处罚相对人的认定分歧

经梳理，违法建筑行政处罚案件中，一般违法建筑由违法建设行为人修建并使用，行政处罚相对人较为明确，违法建筑行政处罚相对人即为违法建设行为人。而有些案件中的违法建筑行政处罚相对人则难以明确，比如违法建设行为人将违法建筑以买卖等类似的等价有偿方式转让给买受人，买受人实际控制和占有违法建筑。在这类情况下，违法建筑行政相对人是违法建设行为人还是买受人，值得探讨。本案中，谢某某从违法建设行为人刘某某处购买违法建设的厂房即属于此类情况。

行政机关、人民法院针对同一情形认定违法建筑行政处罚相对人可能存在不同结果。比如，同在违法建筑已经过买卖转让的情形下，有的人民法院①认为，只能将违法建设行为人认定为行政相对人，违法建筑行政处罚的对象不能为买受人、占有人、使用人或受益人；有的人民法院②则认为，应当将违法建筑实际占有人认定为行政相对人，买受人在受让违法建筑时，有关权利义务已经一并受让。

归根结底，司法实践中违法建筑行政处罚相对人呈现二分结构：一是违法建设行为人与产权人、实际占有人为同一人；二是违法建设行为人与产权人、实际占有人相分离。正因为分离情况的出现，才在不同行政机关、人民法院之

---

① 吉林省高级人民法院行政裁定书（2020）吉行申99号裁判观点认为：章某是车库的使用权人及实际占有人，而不是车库的建造者，行政处罚决定指向行为是“未经规划批准擅自建设车库”，行政机关将章某认定为行政处罚相对人，属于事实认定错误。

② 浙江省高级人民法院行政裁定书（2020）浙行申653号裁判观点认为：违法建筑是金某从徐某处购得，金某系违法建筑的实际占有人，违法建筑的相关权利义务均由金某承受，将金某作为被处罚人并无不当。

间引起争论，导致执法观点、裁判观点的不统一。

（二）行政处罚规范对行政处罚相对人认定的规定比较抽象

行政处罚规范是行政机关作出行政处罚决定的重要依据。处罚法定原则是行政处罚规范的首要原则。我国处罚法定原则①包含处罚依据法定、处罚主体法定、处罚种类和处罚幅度法定、处罚程序法定。可以看出，我国的行政处罚立法更强调“处罚行为”的法定，忽视了对“应受处罚行为”主体的法定。正因如此，我国现行行政处罚规范并未明确违法建筑行政相对人的范围或者选择标准，给行政机关留下了过大的自由裁量空间，导致容易出现对同一事实的行政处罚相对人认定不一致的情况。

具体来看，我国行政法规范对行政相对人的规定比较抽象，作为行政处罚领域总则性规定的《行政处罚法》，将行政处罚相对人抽象地描述为“公民、法人或其他组织”；作为违法建设处罚依据的《土地管理法》《城乡规划法》也只提及“农村村民”“建设单位”或“个人”等抽象主体。并且，行政法规范中的行政处罚内容主要以“违法行为—行政机关—处罚方式”的形式进行规定，并无明确的行政处罚相对人。比如《土地管理法》（2019 年修订）第七十七条第一款“未经批准或者采取欺骗手段骗取批准，非法占用土地的，由县级以上人民政府自然资源主管部门责令退还非法占用的土地”的规定，就未明确行政处罚相对人。因此，现行违法建设相关行政处罚规范，对行政机关在案件中认定行政处罚相对人的作用比较有限。当前，行政处罚规范对行政处罚相对人的笼统描述不能适应行政机关执法，以及人民法院审查的现状需求。

二、买受人可作为违法建筑行政处罚相对人的理论探讨

由于现有行政法律规范未明确具体情形下违法建筑行政处罚相对人的范围或者选择标准，实践中建议从以下三方面作认定参考：

（一）违反法定义务不等同于违法建设行为

行政处罚是行政机关依法对行政相对人违反行政法上义务行为所给予的一种法律制裁。② 由此可见，行政法责任来源于对法定义务的违反，行政处罚的逻辑为“存在法定义务—违反法定义务—进行行政处罚”③。《行政处罚法》（2021 年修订）第四条将“违反法定义务行为”具体表述为“违反行政管理秩序的行为”。在违法建设领域，对“违反行政管理秩序的行为”进行法律解

① 参见姜明安：《行政法（第五版）》，法律出版社 2022 年版，第 402～403 页。不同学者对我国现行行政处罚规范中的处罚法定原则存在不同表述，但总体差别不大。

② 参见章剑生：《现代行政法基本理论》（第二版），法律出版社 2014 年版，第 355 页。

③ 夏雨：《以物为中心——违法建筑行政处罚相对人认定新路径》，载《江淮论坛》2010 年第 5 期，第 124 页。

释，可包含两类违法行为：一类为违法建设行为，另一类为占有违法建筑的违法状态。[①] 虽然我国行政法律规范主要以人的行为为中心，但事实上，也存在以物的状态为连接点的情况。作为本案处罚依据的《土地管理法》（2019 年修订）第七十七条第一款“未经批准或者采取欺骗手段骗取批准，非法占用土地的”的规定，并未指明仅限于违法建设行为，相反“非法占用土地”实际就是一种违法状态，包含了违法建设行为人违法建设行为和实际占有人非法占用土地两种情形。

（二）违法建筑物权观念的转变

违法建筑能否取得物权，在理论界经历了“不能取得所有权—具有占有权—肯定违法建筑所有权”的观念变化。

早期有学者认为，根据原《物权法》第三十条[②]，“因合法建造、拆除房屋等事实行为设立或者消灭物权的，自事实行为成就时发生效力”的规定，建造行为的合法性是所有权取得的限定条件，违法建设行为人不能取得所有权，[③] 这也是物权法定原则的具体体现，因而有的实务工作者根据前述《物权法》条文文义理解为合法建造行为能产生房屋所有权，那么进行反面解释就是违法建造行为不能取得所有权。

有的学者又提出，违法建筑不能取得所有权，也不能办理所有权登记，只能承认其具有占有权。[④] 这一观点在最高人民法院的相关著作中得到了采纳，其认为对于违法建筑适用占有保护制度更为妥当，违法建筑本身体现了一种利益，是个人的动产和劳务结合在一起，虽然没有法律意义上的所有权，但对于公民所享有的财产之外的利益，在法律上也应该受到保护。[⑤] 除违法建设行为人自身占有违法建筑的情形外，用举重以明轻来解释，买受人受让违法建筑，实际上对于其占有并使用同样应受到占有保护，未经行政机关依法定程序执行拆除决定，任何人不能随意拆除或者破坏占有人的违法建筑。既然违法建设受让人享受占有保护，根据权责一致理念，买受人就可以作为违法建筑行政处罚的相对人。

近年来，在行政法理论联系实践的研究中，有的学者观点发生了较大转变，认为遏制违法建设行为的关键，在于行政主管部门及时查处，与民法是否赋予违法建筑以所有权并无关联，否定违法建筑的所有权，不仅没有实益，也

① 德国法上有将违反法定义务而引起的行政法责任划分为行为责任和状态责任两种。

② 现为《民法典》第二百三十一条。

③ 参见王利明：《物权法研究》（上卷），中国人民大学出版社 2013 年版，第 293 页。

④ 参见常鹏翱：《物权法的展开与反思》，法律出版社 2007 年版，第 65 页。

⑤ 最高人民法院民法典贯彻实施工作领导小组主编：《中华人民共和国民法典物权编理解与适用》，人民法院出版社 2020 年版，第 173 页。

不符合比例原则。[①] 甚至有学者明确，肯定违法建筑的所有权，能妥当解决诸如侵害违法建筑的责任承担、违法建筑致人损害的责任承担、违法建筑行政处罚相对人的认定等系列问题。[②] 现实中，违法建筑的建设人、占有人也有通过补办手续取得物权的情况。另外，行政处罚规范中如《土地管理法》(2019 年修订) 第七十七条第一款“对符合土地利用总体规划的，没收在非法占用的土地上新建的建筑物和其他设施”之规定，表明行政机关没收违法建筑之后，违法建筑可能因取得相关审批手续，从而转为合法建筑。

(三) 贯彻行政效率原则的体现

行政效率原则是行政法上的一个重要原则。行政效率原则是指行政机关在行使其职能时，要力争以尽可能快的时间、尽可能少的人员、尽可能低的经济耗费，办尽可能多的事，取得尽可能大的社会、经济效率。[③] 具体到违法建筑治理方面，《中共中央、国务院关于加强城市规划建设管理工作的若干意见》提出“坚持集约高效与安全便利相结合”，《住房城乡建设部关于进一步加强违法建设治理工作的通知》提及“存量违法建设处置进展缓慢”等问题，要求提高处置效率。现实中，行政机关面临的违法建设处置情况错综复杂，如有的违法建筑经过多次转让，有的违法建筑经买卖后又发生租赁、赠与等，并且考虑现实国情，违法建设的利害关系人中流动人口占比较大。而行政机关在违法建设行政处罚决定作出过程中，影响其行政效率的环节主要为行政处罚相对人的认定，甚至常因行政处罚相对人的选择不当引发行政纠纷和诉讼，又进一步降低了违法建设的治理效率。当前，在我国行政处罚规范未完全明确违法建筑行政处罚相对人的范围或者选择标准的情况下，建议行政机关依法合理选择最容易处罚、最节省行政资源的行政处罚相对人，避免增加社会矛盾，防止“案生案”等衍生问题，提高违法建设的治理效率，达到惩治和警戒效果，及时恢复行政管理秩序。

三、买受人作为行政处罚相对人的后续处理

在分离情形中，总体上，行政机关应将违法建设行为效果或利益归属的对象[④]作为违法建筑行政处罚相对人。违法建筑发生买卖的情形下，行政机关在进行违法建设行政处罚时，还需注意以下三个问题：

一是行政机关对行政处罚相对人的选择。买受人并未实施违法建设行为，

---

① 参见常鹏翱：《行政行为的物权法意义：一种规范分析》，载《行政法学研究》2019 年第 5 期。

② 参见黄忠：《违法建筑的私法地位之辩识——〈物权法〉第 30 条的解释论》，载《当代法学》2017 年第 5 期。

③ 参见姜明安主编：《行政法与行政诉讼法》，北京大学出版社、高等教育出版社 1999 年版，第 52 页。

④ 参见陈思融：《论行政处罚对象的法定化》，载《浙江社会科学》2020 年第 11 期。

只因其实际占有违法建筑的状态违反了法律规定的行政义务，违法建设行为人作为出卖人不能因此逃避行政处罚并从中获利，这样不利于遏制违法行为。在可以明确违法建设行为人并且不耗费行政机关大量资源的前提下，应当处罚违法建设行为人，但因买受人实际占有违法建筑，限期拆除或没收的处罚方式只能针对买受人，此时，买受人也应当是行政处罚相对人；在无法查找违法建设行为人的情况下，也可根据个案情况，将买受人单独作为行政处罚相对人进行处罚。

二是买受人与违法建设行为人的责任承担区分。在违法建设行为人、出卖人已不实际占有违法建筑的情况下，让其实施拆除行为未免强人所难，不具有期待可能性。而买受人实际占有违法建筑的状态违法，其只负有恢复行政管理秩序的义务，要求限期拆除或没收其违法建筑符合比例原则。因此，只对其进行限期拆除或没收违法建筑的行政处罚比较恰当。同时，在可以明确违法建设行为人且不耗费行政机关大量资源的前提下，应当对违法建设行为人处以罚款，以示对其违法行为的惩戒。

三是买受人与违法建设行为人之间的衍生纠纷处置。买受人在购买违法建筑时支付了购房款，违法建设行为人获得了利益，在违法建筑实施拆除后，买受人的利益受损，应当如何处置是实践中的难点。由于违法建筑属于不动产，实际交易价值可能大于行政机关对违法建设行为人的处罚数额，这就容易导致违法性质相对较轻的买受人承受了行政机关更重的处罚，容易引发买卖双方之间的民事衍生纠纷。目前，理论界针对违法建筑能否取得物权以及取得哪种物权未形成统一意见。行政机关及人民法院在处理相关纠纷时，暂时按照占有保护进行处理比较稳妥。另外，各地人民法院的司法裁判观点针对买卖合同效力也存在合同无效说、合同有效说等不同观点。从相关再审案件的主流裁判观点①来看，倾向于认定合同有效，主要理由为买卖合同系双方真实意思表示并未违反法律、行政法规的效力性强制性规定。审批行为仅是物权变动的条件，并不影响买卖合同的效力。人民法院处理相关问题时可根据个案情况，以买卖合同有效为原则，以合同无效为例外。再根据当事人的诉求，具体问题具体分析，如审查双方是否明知属于违法建筑、是否存在违约行为、是否存在合同解除等情况。

（**一审法院独任审判员** 唐 政
编写人 重庆市南岸区人民法院 朱晋云 唐 政
责任编辑 李 晶
审稿人 韩德强）

① 参见最高人民法院（2014）民提字第216号民事判决书、（2015）民申字第898号民事裁定书、（2017）最高法民再87号民事判决书、（2020）最高法民申4037号民事裁定书。

上海某餐饮管理有限公司诉上海市长宁区市场监督管理局行政处罚决定案

——违背社会良好风尚的违法广告的认定

关键词：行政　行政处罚　广告　社会良好风尚　社会主义核心价值观

【裁判要旨】

广告宣传应该注重把握正确导向，以健康形式表达。"渣男"等词语的使用违背了社会良好风尚，应予以法律纠偏，弘扬诚信、友善等社会主义核心价值观。

【相关法条】

《中华人民共和国广告法》

第三条　广告应当真实、合法，以健康的表现形式表达广告内容，符合社会主义精神文明建设和弘扬中华民族优秀传统文化的要求。

第九条第七项　广告不得有下列情形：

（七）妨碍社会公共秩序或者违背社会良好风尚；

第五十七条第一项　有下列行为之一的，由市场监督管理部门责令停止发布广告，对广告主处二十万元以上一百万元以下的罚款，情节严重的，并可以吊销营业执照，由广告审查机关撤销广告审查批准文件、一年内不受理其广告审查申请；对广告经营者、广告发布者，由市场监督管理部门没收广告费用，处二十万元以上一百万元以下的罚款，情节严重的，并可以吊销营业执照：

（一）发布有本法第九条、第十条规定的禁止情形的广告的；

【案件索引】

一审：上海铁路运输法院（2022）沪7101行初633号（2023年3月

28 日）

【基本案情】

原告上海某餐饮管理有限公司（以下简称某餐饮公司）诉称：原告推出的菜品“渣男土豆”与产品原料、外形以及口感非常匹配，非常有创意，能够提升菜品销量。上海市长宁区语言文字工作委员会办公室（以下简称长宁语委办）作出的答复不应作为处罚依据。“渣男”一词随着社会婚姻观、爱情观的变化也在发生变化，本身不一定是贬义的。即便按照长宁语委办对于“渣男”的定义，也不意味着原告使用该词违背社会良好风尚。消费者吃下“渣男土豆”代表着对“渣男”的消灭，产生积极正面的社会影响，并未违背社会良好风尚。原告的菜品立牌（以下简称系争菜品立牌）立于商场饭店门口，辐射范围有限。即便认定原告确系违法，原告也积极改正，消除影响。上海市长宁区市场监督管理局（以下简称长宁市监局）作出罚款人民币 2 万元（以下币种均为人民币）的处罚，明显过重。请求法院判令：撤销被告于 2021 年 12 月 13 日作出的被诉处罚决定。

被告长宁市监局辩称：原告在其商场饭店门口的系争菜品立牌上使用“渣男”“渣男土豆”“ZHANAN MEIYOU HAOXIACHANG”等，对外广而告之，用来推销菜品，提升销量，系广告行为。根据长宁语委办出具的答复，含有“渣男”的商品和广告用语违背社会良好风尚，应予整改。长宁语委办出具的专业意见可作为处罚依据。针对原告违法行为的法定罚款幅度为 20 万元以上 100 万元以下。涉案广告牌放置在综合商场内的店铺门口，且“渣男土豆”菜品在“大众点评”“饿了么”“美团”等外卖平台亦上架销售，持续时间约 4 个月。被告已经考虑到原告违法时间及案发后及时主动整改等情形，在法定最低罚款数额 20 万元之下大幅减轻处罚，裁量适当。综上，被告作出的被诉处罚决定合法，请求法院依法驳回原告的诉讼请求。

法院经审理查明：2021 年 4 月 23 日，经被告执法人员检查发现，原告店铺位于上海市长宁区长宁路 × 号“来福士”大型综合商场内，在店外立有系争菜品立牌，上面标示“肉肉撸串 BAR”“渣男”“渣男土豆”“‘麻辣糖醋’OR‘干拌辣酱’”“ZHANAN MEIYOU HAOXIACHANG”的文字，店内的菜单显示“渣男土豆”价格为 13 元。被告经调查询问，发现系争菜品立牌系原告自己设计、制作、发布，其中的“ZHANAN MEIYOU HAOXIACHANG”是“渣男没有好下场”的拼音，“渣男土豆”在“大众点评”“饿了么”“美团”等外卖平台亦有销售。2021 年 5 月 7 日，被告对原告涉嫌违反《广告法》第九条第七项规定的违法行为予以立案，后查明系争菜品立牌已拆除，“渣男土豆”菜品在“大众点评”“饿了么”“美团”等外卖平台及实体店均已下架，菜名改为“渣渣土豆”，原告来福士分店菜品名称也已改正。

2021年5月25日，长宁语委办作出《长宁区语委办关于“渣男”广告用语的答复》称：接到长宁市监局来电，反映在市场监督管理执法过程中遇到商户商品和广告用语中出现“渣男”一词的情况。长宁语委办组织相关单位和机构的语言文字相关专家研究认为，“渣男”是近年来出现的新词，主要指那些抵制不住“诱惑”、对待感情不专一的男人。以该词命名商品并面向社会公开销售，可能会造成不良价值观的公开传播。综合专家意见，根据《国家通用语言文字法》第五条、《广告法》第三条及第九条第七项，以及《上海市人民政府办公厅关于全面加强本市新时代语言文字工作的实施意见》关于“加大对违反公序良俗的广告语的市场管理执法力度”的要求，含有“渣男”的商品和广告用语应予整改。

经立案调查、案件审核、向市场监管部门负责人汇报批准、履行告知、听取陈述申辩、复核等程序，被告作出沪市监长处〔2021〕052021000720号行政处罚决定，责令原告停止发布广告，并决定处罚如下：罚款2万元。原告收悉被诉处罚决定后不服，提起本案诉讼。

【裁判结果】

上海铁路运输法院于2023年3月28日作出（2022）沪7101行初633号行政判决：驳回原告的诉讼请求。宣判后，各方当事人均未上诉，判决已发生法律效力。

【裁判理由】

法院生效裁判认为：本案争议焦点在于，一是原告设计、制作、发布系争菜品立牌的行为是否构成违背社会良好风尚的广告行为；二是长宁市监局对原告作出罚款2万元的行政处罚，裁量是否适当。

针对第一个争议焦点，原告将系争菜品立牌放置在大型商场饭店门口，向不特定公众展示，用来推销“渣男土豆”菜品，目的在于提升菜品销量，构成商业广告活动。而该菜品立牌系原告自行设计、制作、发布，故原告系该广告的广告主。根据《广告法》第三条之规定，广告应当真实、合法，以健康的表现形式表达广告内容，符合社会主义精神文明建设和弘扬中华民族优秀传统文化的要求。根据该法第九条第七项之规定，广告不得妨碍社会公共秩序或者违背社会良好风尚。社会主义核心价值观倡导公正、法治、诚信、友善等。

从本案查明的事实来看，原告在其制作的菜品广告立牌上以显著字体标示“渣男”“渣男土豆”，还有“ZHANAN MEIYOU HAOXIACHANG”的拼音，目的在于引起消费者的关注，推销菜品。从长宁语委办作出的答复内容可知，“渣男”是近年来出现的新词，主要指那些抵制不住“诱惑”、对待感情不专一的男人；以该词命名商品并面向社会公开销售，可能会造成不良价值观的公开传播。原告设计、制作、发布的系争菜品立牌，从其字面意思来看，的确存在哗众取宠、低级庸俗以吸引眼球之嫌，有违公序良俗，易产生负面效应，有悖于诚信、友善等社会主义核心价值观及良好社会主义精神文明建设要求，与弘扬中华民族优秀传统文化背道而驰，容易造成不良社会影响，应予处罚。

针对第二个争议焦点，法律规定的罚款幅度为20万元以上100万元以下。系争菜品立牌作为广告牌，放置在上海的大型商场门口，人流量较大，持续时间约4个月，线上平台亦销售“渣男土豆”等菜品，产生了一定范围内的不良影响。考虑到本案原告违法行为持续时间的长度及案发后能及时主动拆除系争菜品立牌、修改菜品名称、如实陈述违法事实并主动提供证据材料，被告依据《行政处罚法》第三十二条第一项关于应当从轻或者减轻行政处罚的规定，责令原告停止发布广告，并对原告罚款2万元，已经在最低罚款数额20万元以下大幅减轻处罚，裁量适当。

【案例注解】

广告业是现代服务业和文化产业的重要组成部分，对引导消费、扩大内需具有积极作用。广告作为产品进行宣传时使用最多的一种手段，已经渗透到民众生活的方方面面。但是，随着我国广告业的飞速发展，广告的经营环境发生了很大变化，出现了许多新情况、新问题，一批含有虚假、不良内容的广告扰乱了市场秩序，造成了恶劣影响。习近平总书记在主持召开党的新闻舆论工作座谈会时强调，新闻舆论工作要坚持正确的导向，新闻报道、副刊、专题节目、广告宣传也要讲导向。这是党的最高领导人第一次在新闻舆论工作会议中强调广告宣传也应当坚持正确的导向，其重要性不言而喻。广告宣传也应该注重把握正确的导向，传播正能量，体现社会主义核心价值观的要求。本案作为一起因违法商业广告引发的行政案件，通过对广告用语的审查，展示了法院在审查广告内容是否符合道德良知，是否违反公序良俗、良好社会风尚，是否合乎法律规定等方面是如何考量的，展现了行政裁判是如何体现公德和法治的融合等法律问题，为后续类案裁判提供启发。

一、认定要件：商业广告应根据《广告法》的规定准确界定

广告，就其字面意思理解，即广而告之，也就是把某种信息、资讯、情况向众人进行广泛告知，本质上是一种信息的传播。《广告法》第二条第一款规定，在中华人民共和国境内，商品经营者或者服务提供者通过一定媒介和形式直接或者间接地介绍自己所推销的商品或者服务的商业广告活动，适用该法。严格来说，该款首先在于明确《广告法》的适用范围，除“在中华人民共和国境内”“适用本法”以外，其余分句即是对商业广告予以界定。商业性广告有三个基本要件：一是必须是经营性或者营利性的商品经营者或者服务提供者所作。这是从广告主的角度认定商业广告，是指为推销商品或者服务，自行或者委托他人设计、制作、发布广告的自然人、法人或者其他组织。广告主通常是以经营为业、追求“营利”的市场主体，是否取得相应经营资质在所不问，是否具有“营利”属性也在所不问。二是为了直接或间接地介绍自己所推销的商品或者服务。通过传播某种信息，进而影响受众的观念及行为，最终达成某种目的，是一切广告的共同特征。介绍，即是在传播信息。商业广告作为一种营销手段、方式，介绍商品或者服务是为了影响受众的消费观念及消费行为，因而具有直接或间接、明显或隐蔽的诱导性，以及导购、促销功能。三是通过一定媒介和形式。广告的内容是一种信息，传播是信息的天性，要有广而告之的形式。① 广告活动所使用的信息传播媒介具有广泛性、公开性、大众性，可以在同一时间内、面向不特定的多数人即社会公众，进行公开传播。既然如此，将广告媒介限定为大众传播媒介，乃不言自明之事理。这是对法条中“一定媒介”最本质、最核心的理解。媒介和形式的范围比较广，通常包括广播、电视、报纸、期刊、印刷品、电话、互联网、户外广告设施等，但不限于这些范围。②

本案中，原告自行设计、制作、发布该菜品立牌，故原告系该广告的广告主；原告将系争菜品立牌放置在其商场饭店门口的行为，即向不特定公众展示，系用直接的方式推销原告自己所制作的“渣男土豆”菜品，显然符合商业广告的构成要件。故该行为构成商业广告活动。

二、立法导向：以健康的形式表达广告内容

《广告法》第三条规定，广告应当真实、合法，以健康的表现形式表达广

① 参见宋亚辉：《商业广告的认定要件》，载《中国工商报》2015 年 1 月 14 日第 3 版。

② 参见全国人民代表大会常务委员会法制工作委员会编著：《中华人民共和国广告法释义》，中国法制出版社 2016 年版，第 4 ~6 页。

告内容，符合社会主义精神文明建设和弘扬中华民族优秀传统文化的要求。其中，“以健康的表现形式表达广告内容”是《广告法》修订时新增的内容。随着技术手段的不断升级，广告的表现形式也日益多样，但一些不良商家为了吸引公众的注意，不择手段地采取各种各样“博眼球”的方式来进行广告宣传，如上海某银行为了推销信用卡，发布了一则带有侮辱女性色彩的广告“不要告诉别人，你的肚子是被我们搞大的”，引起舆论的强烈反应，后被上海市市场监督管理局认定该广告贬损女性，对银行和广告公司作出行政处罚，分别罚款60万元、30万元。该则广告就涉嫌哗众取宠、低级庸俗，易引申为违背社会良好风尚的不良含义，既违背了公序良俗和社会主义核心价值观，还有侮辱贬损女性之嫌。① 可见，广告内容的健康与否，极易对社会舆论产生影响，为此，新修订的《广告法》增加“以健康的表现形式表达广告内容”的要求，引导广告的表现形式在追求吸引力的同时，也应当注重社会效应和道德底线，多宣扬乐观开朗、积极向上的正能量。

本案中，原告在其饭店门口的系争菜品立牌上使用“渣男”“渣男土豆”“ZHANAN MEIYOU HAOXIACHANG”等文字，店内的菜单显示“渣男土豆”价格为13元，对外广而告之，用来推销菜品，提升销量。为准确认定涉案广告用语，被告向长宁语委办咨询，长宁语委办组织《咬文嚼字》编辑部、《语言文字周报》编辑部、上海师范大学、上海市教科院国家语言文字政策研究中心等单位和机构的语言文字相关专家研究认为，“渣男”是近年来出现的新词，主要指那些抵制不住“诱惑”、对待感情不专一的男人，以该词命名商品并面向社会公开销售，可能造成不良价值观的公开传播。结合专家意见，“渣男”一词本身就系对男性的一种负面形容，指代那些对感情不专一的男人，原告采用这一用语进行广告宣传，可以判定其没有“以健康的表现形式表达广告内容”。

三、内容限定：符合社会主义精神文明建设和弘扬中华民族优秀传统文化的要求

广告既是一种经济现象，也是一种社会现象，并且日益渗透到日常生活的方方面面，对社会风气、习俗、人民的消费观甚至价值观，有着不可忽视的导向作用和感染作用。内容真实、构思巧妙、格调高雅的广告不仅能为企业营销、繁荣市场、发展经济发挥积极作用，还能通过其立意和内容的时代性、艺术性和群众性，对人们、对社会起到积极的影响。但是，当前我国广告市场也

① 参见高文：《一起违背社会良好风尚广告案浅析》，载《中国市场监管报》2022年6月30日第4版。

存在着一些不健康、格调低下、情调庸俗的广告。因此，《广告法》在修订时也特意新增“弘扬中华民族优秀传统文化”的要求，引导广告业遵循健康有益、积极向上的原则，在注重经济效益的同时，更注意社会效益。

《广告法》第三条对广告内容作出明确规定，而建立良好的社会公共秩序和树立良好的社会风尚，是我国社会主义精神文明建设的一个重要内容。因此，广告中不得含有妨碍社会公共秩序和违背社会良好风尚的内容。社会公共秩序是为维护社会公共生活的正常运转所必需的秩序准则。社会良好风尚是指社会存在和发展所必要的善良习俗，或者某一特定社会所尊重的伦理要求，具有高度的凝聚力和广泛的感召力。广告信息涉及社会生活的方方面面，妨碍社会公共秩序或者违背社会良好风尚的广告内容，会给社会带来严重的负面影响。因此，《广告法》第九条第七项也禁止广告中含有妨碍社会公共秩序或者违背社会良好风尚的内容。

本案中，原告辩称其推出的“渣男土豆”与产品原料、外形以及口感非常匹配，非常有创意，能够提升菜品销量。同时，在“渣男土豆”产品名称下面还有“渣男没有好下场”的拼音。消费者吃下去“渣男土豆”代表着对于“渣男”的消灭，产生积极正面的社会影响。但从普通民众的视角来看，看到该广告的内容，并不会联想到这是一种美食，而只会产生低俗和庸俗的观感。所谓的消费者吃下去“渣男土豆”代表着对于“渣男”的消灭的说法，更是无稽之谈，整个广告的内容明显违背了社会良好风尚。

四、价值衡平：广告内容需要落实社会主义核心价值观的要求

社会主义核心价值观在法律规范体系中处于法律原则的地位。① 2018 年，社会主义核心价值观正式写入宪法，具备了宪法法源的地位。培育和践行社会主义核心价值观是习近平新时代中国特色社会主义思想的重要组成部分，推进社会主义核心价值观融入裁判文书释法说理是实现国家治理体系和治理能力现代化的时代要求，也是公正司法的法律要求和实践要求。② 2021 年，最高人民法院发布了《关于深入推进社会主义核心价值观融入裁判文书释法说理的指导意见》。《民法典》第一条开宗明义地指明，立法目的之一是弘扬社会主义核心价值观。可见，深入推进社会主义核心价值观融入裁判文书释法说理是人民法院弘扬和践行社会主义核心价值观、以公正裁判树立行为规则、引领社会

① 参见杨贝、樊力源：《社会主义核心价值观融入裁判文书释法说理的现状与规范路径——基于 1178 份裁判文书的实证分析》，载《人民司法》2022 年第 16 期。

② 参见杨建文：《推进社会主义核心价值观融入裁判文书释法说理的时代要求和养成之道》，载《法律适用》2022 年第 10 期。

风尚的重要举措。正如习近平总书记指出的："以法治承载道德理念，道德才有可靠制度支撑。法律法规要树立鲜明道德导向，弘扬美德义行，立法、执法、司法都要体现社会主义道德要求，都要把社会主义核心价值观贯穿其中，使社会主义法治成为良法善治。"① 而《广告法》第一条立法目的中规定了保护消费者合法权益、促进广告业健康发展是对民主、和谐理念的诠释，维护社会经济秩序是《广告法》实施的经济基础，也是对富强这一价值观的落实。②

社会主义核心价值观被纳入立法机关以及最高人民法院制定的法律规范性文件之后，必然存在司法如何加以运用的问题。类型化地具体分析社会主义核心价值观属于法的正式渊源还是非正式渊源较为科学。③ 具体如何适用，可以从以下两方面进行：一是援引社会主义核心价值观作为强化说理的"裁判理由"。社会主义核心价值观的司法适用有利于克服法律规则体系的机械性和教条性，增强法律规范的弹性。④ 因此，司法裁判在说理中需要扩展性地援引其他法律渊源。社会主义核心价值观已经成为当下中国民众所普遍遵守的行为规则，是社会主义主流道德，具有"公识性"基础，合理运用社会主义核心价值观说理不仅可以提高司法裁判的可接受性，⑤ 增强司法裁判的公信力和权威性，还可以发挥司法裁判的引领功能。如在姜某某诉海口市市场监督管理局、海口市人民政府食品广告行政处罚及行政复议案⑥中，法院运用社会主义核心价值观进行说理论证，阐明在微信朋友圈中发布虚假广告违背诚信原则，具有严重的社会危害性，取得了良好社会效果。二是运用社会主义核心价值观作为漏洞补充的"裁判依据"。法律适用中，有时会存在由于找不到相应的裁判依据而陷入"无法可依"的境地。社会主义核心价值观属于法律原则，依据"穷尽法律规则，方得适用法律原则"的准则，通常只有当穷尽法律规则的一切可能，仍然无法填补法律漏洞时，方得适用社会主义核心价值观。法官援引某法律的立法原意条款来填补法律漏洞，此时含有整体的"社会主义核心价

---

① 参见习近平：《坚持依法治国和以德治国相结合 推进国家治理体系和治理能力现代化》，载《人民日报》2016年12月11日第1版。

② 参见肖北庚、李泽中：《论社会主义核心价值观融入文化法治：理据、内涵与规范表达》，载《湖南大学学报（社会科学版）》2022年第3期。

③ 参见刘树德：《"裁判依据"与"裁判理由"的法理再辨——以社会主义核心价值观的法源定位为中心》，载《政治与法律》2023年第8期。

④ 参见郑旭文、徐振东：《社会主义核心价值观在司法裁判中的适用》，载《福州大学学报（哲学社会科学版）》2022年第4期。

⑤ 参见雷磊：《社会主义核心价值观融入司法裁判的方法论反思》，载《法学研究》2023年第1期。

⑥ 参见《人民法院抓实公正与效率践行社会主义核心价值观典型案例》，载《人民法院报》2023年8月3日第2版。

值观”的法条或者个别价值观内容的法条属于正式渊源，可以予以适用，进行说理论证。

本案中，《广告法》第九条第七项规定，广告不得含有“妨碍社会公共秩序或者违背社会良好风尚”的内容。因此，对于违法商业广告的认定有相应法律规定。但在三段论的推理过程中，社会主义核心价值观仍然可以作为大前提，与具体规定相结合，将其内涵予以具体和明确化，进而根据社会主义核心价值观对案件事实进行剪裁，形成逻辑清晰的三段论推理链条。本案法官在裁判过程中，认为从广告的内容来看，确实存在哗众取宠、故意“博眼球”的行为，同时援引社会主义核心价值观加强论证，认为原告行为违背了诚信、友善等社会主义核心价值观，对社会公德、社会秩序产生不良影响，符合《广告法》第九条第七项规定之禁止情形。该案判决打击了违法商业广告行为，维护了人民群众的生命健康安全，弘扬了社会主义核心价值观。正是因为引入了社会主义核心价值观强化释法明理，各方当事人均未上诉，取得了案结事了人和的良好效果。

法律并非高高在上，而是关乎普通民众的常理情感，法官应当通过释法说理，让人民群众真切地感知到社会主义核心价值观就在身边，应当践行社会主义核心价值观，弘扬良好风尚。本案裁判对于清浊正风、维护社会公德，构建文明法治的良好秩序作出了示范。

（**一审法院合议庭成员**　孙焕焕　薛　英　彭致坚
编写人　上海铁路运输法院　孙焕焕　陈　红　宋廷津
责任编辑　李　晶
审稿人　韩德强）

吉安市发展和改革委员会申请江西某建设有限公司执行行政处罚决定案

——大数据报告合法证明力的认定及路径构想

关键词：行政　大数据报告　合法性　行政证据　行政诉讼证据

【裁判要旨】

通过公共资源交易平台调取数据并运用算法技术形成的大数据报告，数据信息客观真实地反映待证事实，成为证明具体行政行为合法性与合理性的依据，可作为行政证据纳入行政案卷。进入行政诉讼阶段，大数据报告经法庭审查属实以书证形式实现了证据的功能，故可作为行政诉讼证据采用。

【相关法条】

《中华人民共和国行政诉讼法》

第三十三条　证据包括：

（一）书证；

（二）物证；

（三）视听资料；

（四）电子数据；

（五）证人证言；

（六）当事人的陈述；

（七）鉴定意见；

（八）勘验笔录、现场笔录。

以上证据经法庭审查属实，才能作为认定案件事实的根据。

第九十七条　公民、法人或者其他组织对行政行为在法定期限内不提起诉讼又不履行的，行政机关可以申请人民法院强制执行，或者依法强制执行。

《中华人民共和国招标投标法》

第五十三条 投标人相互串通投标或者与招标人串通投标的，投标人以向招标人或者评标委员会成员行贿的手段谋取中标的，中标无效，处中标项目金额千分之五以上千分之十以下的罚款，对单位直接负责的主管人员和其他直接责任人员处单位罚款数额百分之五以上百分之十以下的罚款；有违法所得的，并处没收违法所得；情节严重的，取消其一年至二年内参加依法必须进行招标的项目的投标资格并予以公告，直至由工商行政管理机关吊销营业执照；构成犯罪的，依法追究刑事责任。给他人造成损失的，依法承担赔偿责任。

《中华人民共和国招标投标法实施条例》

第六十七条 投标人相互串通投标或者与招标人串通投标的，投标人向招标人或者评标委员会成员行贿谋取中标的，中标无效；构成犯罪的，依法追究刑事责任；尚不构成犯罪的，依照招标投标法第五十三条的规定处罚。投标人未中标的，对单位的罚款金额按照招标项目合同金额依照招标投标法规定的比例计算。

投标人有下列行为之一的，属于招标投标法第五十三条规定的情节严重行为，由有关行政监督部门取消其1年至2年内参加依法必须进行招标的项目的投标资格：

（一）以行贿谋取中标；

（二）3年内2次以上串通投标；

（三）串通投标行为损害招标人、其他投标人或者国家、集体、公民的合法利益，造成直接经济损失30万元以上；

（四）其他串通投标情节严重的行为。

投标人自本条第二款规定的处罚执行期限届满之日起3年内又有该款所列违法行为之一的，或者串通投标、以行贿谋取中标情节特别严重的，由工商行政管理机关吊销营业执照。

法律、行政法规对串通投标报价行为的处罚另有规定的，从其规定。

《最高人民法院关于适用〈中华人民共和国行政诉讼法〉的解释》

第一百五十六条 没有强制执行权的行政机关申请人民法院强制执行其行政行为，应当自被执行人的法定起诉期限届满之日起三个月内提出。逾期申请的，除有正当理由外，人民法院不予受理。

第一百六十条 人民法院受理行政机关申请执行其行政行为的案件后，应当在七日内由行政审判庭对行政行为的合法性进行审查，并作出是否准予执行的裁定。

人民法院在作出裁定前发现行政行为明显违法并损害被执行人合法权益的，应当听取被执行人和行政机关的意见，并自受理之日起三十日内作出是否准予执行的裁定。

需要采取强制执行措施的，由本院负责强制执行非诉行政行为的机构执行。

【案件索引】

江西省吉安市吉州区人民法院（2020）赣0802行审2号（2020年5月12日）

【基本案情】

2018年12月17日，江西省公共资源交易管理办公室（以下简称省公管办）对江西省公共资源交易领域违法违规违纪行为开展专项检查，对2017年5月1日至2018年8月31日的省公共资源交易平台交易项目招投标信息进行筛查，发现了一批投标人标书上传IP地址、机器码雷同情况。省公管办两次向吉安市公管办移送了公共资源交易领域涉嫌串通投标案件的线索（2017年5月1日0时起开始发起交易至2018年8月31日24时止完成交易的项目、2018年10月1日0时起开始发起交易至2018年12月31日24时止完成交易的项目），反映的问题主要是不同投标单位的投标文件由同一台电脑制作（文件制作机器码相同）。2019年2月22日，申请执行人吉安市发展和改革委员会立案调查此事，经调查确认，被执行人江西某建设有限公司在青原区某水治理续建一期工程（施工标）招标的投标中，与其他单位的投标文件由同一台电脑制作（文件制作机器码相同）。且经查实，被执行人在吉安市2017年5月1日0时起开始发起交易至2018年8月31日24时止完成交易的项目、2018年10月1日0时起开始发起交易至2018年12月31日24时完成交易的项目的招投标中，共参与串通投标21次。2019年8月21日，根据《招标投标法》第五十三条、《招标投标实施条例》第六十七条和《江西省发改委关于印发〈江西省发展改革系统行政处罚自由裁量权细化标准（2011年）〉的通知》（赣发改政策字〔2011〕1867号）的规定，申请执行人对被执行人串通投标违法事项下达了吉市发改罚字〔2019〕226号行政处罚决定书，对被执行人处中标项目金额千分之五的罚款，计32582元，取消被执行人在吉安市2年内参加依法必须进行招标的项目的投标资格，并将相关信息推送至“信用吉安”和“信用中国”公示。在规定期限内，被执行人未提出任何陈述和申辩，也未提出听证要求，被执行人在规定期限内也未履行缴纳行政处罚决定书所处罚款的义务。2020年3月6日，申请执行人向被执行人下达履行义务催告书，被执行人于2020年3月10日收到后至今未履行处罚决定。

【裁判结果】

江西省吉安市吉州区人民法院于2020年5月12日作出（2020）赣0802行审2号行政裁定：准予强制执行申请执行人吉安市发展和改革委员会于2019年8月21日作出的吉市发改罚字〔2019〕226号行政处罚决定书。该裁定书已发生法律效力。

【裁判理由】

法院生效裁判认为：公共资源交易平台是在国家技术标准和数据标准的基础上建立的公共资源数据中心、信息数据库及监管数据库等，是为各级行政机关提供信息支持的电子监管系统。大数据报告通过公共资源交易平台调取数据并用于发改委的行政行为中，该报告的数据来源于国家数据库，能够确保数据的真实、可靠，因其专业性与技术性，由技术人员通过数据平台调取，数据信息与待证事实一致，具有行政证据功能，可以成为证明行政主体行政处罚合法性与合理性的依据，故可以作为行政证据使用。行政诉讼证据是在行政诉讼中能够证明行政机关的行政行为是否合法的一切事实和材料，具有真实性、合法性和关联性。行政诉讼中证据的认证遵循行政案卷排他规则，法院对行政行为的司法审查以行政案卷中记载的行政事实和依据为对象。在作出的行政行为中，大数据报告作为行政证据被纳入行政案卷，进入行政诉讼阶段，行政案卷作为被审查对象，承继证明待证事实，通过庭审质证以书证形式实现了证据的功能，故能够作为行政诉讼证据。法官裁判应从保护公益和维护社会进步的角度出发，考量行政行为是否符合公平、比例原则，在无相反证据推翻行政相对人违法结论的前提下，行政主体依据客观、真实的大数据报告能够证明行政相对人的行为违法，据此作出的行政行为亦应合理合法。作为新型证据载体，虽已超出法律覆盖范围，但如其能够达到证明目的的效果，法律的滞后性不应成为排除其合法性的理由，裁判者亦不宜以现有的行政诉讼证据覆盖范围来认定其当然违法。申请执行人吉安市发展和改革委员会具有对本行政区域内公共资源交易领域的工作负责管理的法定职责。根据申请执行人提交的相关证据及法律规定，其于2019年8月21日作出的吉市发改罚字〔2019〕226号行政处罚决定书认定事实清楚、证据确实充分、程序合法。被执行人收到决定书后在法定期限内未申请行政复议，亦未提起行政诉讼，且经申请执行人催告后仍未在规定的期限内缴纳罚款的，申请执行人向法院申请执行符合相关法律规定。

【案例注解】

本案属于具有新颖性的行政专题案例，其新颖性体现在，大数据报告未列入法定证据种类中，如何认定其性质尚属空白。本案裁判认为，首先，在大数据报告未被列入法定证据种类的情况下，鉴于基础数据的真实性和完整性，大数据报告的程序瑕疵已由相应的书证补正，将其作为行政行为的定案依据，具有新颖性和突破性。其次，大数据报告的适用赋予了传统行政程序新的内容与形式，行政机关由传统执法转向技术行政，执法方式由人海战术转向科技执法，执法主体由单一的行政机关转向行政机关与技术人员的协同。在符合传统行政收集程序的基础上，基于大数据报告这一新形态，应赋予其新的程序形式。新的程序是在符合现行强制法基础上的形式创新，以赋予行政程序新的内容。第一，基于行政行为的公定力理论，在高技术、高效能基础上的行政行为也应在法律限度内简化其行政程序。第二，技术主体凭借数据平台获得强大的数据抓取能力，能够对类似行为进行全方位分析，在及时预判与分析后，作出批量行政行为。区别于传统行政行为，大数据报告的运用提高了行政效率，增强了行政决策的正面效果。

一、大数据报告认定的司法风险

基于数字技术公共基础设施，生成与法律强制下行政管理方式并行的算法行政，将之作为全新的权力工具，导致传统行政管理向数字社会治理的范式转化。① 在目前的行政执法中存在着行政机关将注意力集中于通过大数据技术确认行政行为上，而忽视了由此可能产生的司法风险，行政逻辑与司法逻辑产生歧见与冲突，容易导致实践中规则适用的空转。②

（一）算法偏见的存在

算法程序是算法行政的核心内容，看似客观的程序设计中带有设计者的主观偏见或数据来源的基础性偏见。③ 因用户与算法的交互方式使算法产生的交互偏见无法决定和判断数据，只能被动接受提供的数据；受制于设计者的主观认识，算法主观性地把某些因素相联系，由此产生的潜意识偏见会导致出现算法错误；用于分析算法的数据被倾向性地用于代表某类群体的选择偏见将对未

---

① 虞青松：《算法行政：社会信用体系治理范式及其法治化》，载《法学论坛》2020年第2期。

② 张可：《大数据侦查之程序控制：从行政逻辑迈向司法逻辑》，载《中国刑事法杂志》2019年第2期。

③ 韩乾：《大数据时代算法歧视的法律规制》，西南政法大学2019年硕士学位论文。

被代表的群体不利；原始数据的倾向性引起的数据驱动的偏见自始不具客观性。这些加持了设计者的主观表达形成的大数据报告的算法程序难以保证科学性；数据驱动的偏见中，原始数据一开始就被曲解，其输出的结果亦难谓公正。

加持了算法偏见形成的大数据报告，影响了输出结果的客观、公正。首先，数据来源的偏见影响了大数据的客观、真实。趋利避害是人之本能，不可避免地，数据使用者对大数据的获取、管理、处理、分析、理解是人的主观行为，其生产出的大数据明显降低了其权威性与科学性。其次，程序设计主体的主观臆断影响了大数据的客观度。基于对设计人员的专业信任及行政主体的认识缺失，数据的生成、采集、提取全过程均依靠技术人员，故大数据报告的生成实质是技术人员的确认，其作出的意见判断将成为行政主体确认的重要依据。在行政主体的公权优势下，这无疑损害了本身在数据采集和分析能力上处于劣势地位的被处罚主体的举证权利，扭曲了控辩平等的正当构造。①

（二）数据黑箱的侵入

运用算法演绎直接从初始数据生成高级的认知结果，以及通过自动化的数据挖掘、分析及判断形成的自动化决定，在输入的数据与输出的答案之间，存在我们无法洞察的数据黑箱，这些信息无法被观察，而且其将被用于何处、产生的影响我们不得而知。② 算法过程中存在的程序漏洞以及数据运用过程中产生的隐私保护风险难以避免。一是数据特质存在差异。在未有明确规范之前提下，很难对关涉公民隐私权的数据范畴、隐私侵害程度及关联的后续数据运用影响进行认定，公民无法判断个人信息及隐私权是否被侵害及侵害的程度，由此导致的不利影响可能更为严重。二是技术壁垒导致监督乏力。由于行政主体缺乏相应的知识储备，就目前的大数据平台监督现状而言，形成了外部监督盲区，主要依赖于内部自觉，由数据收集主体形成的道德自觉不具有约束力。基于大数据的采集共享是在数据本体无意识的状态下完成的，行政相对人亦缺乏技术认知和权利救济渠道，受数据黑箱的影响，在缺乏有效的监督制约的情况下完成的行政行为，易导致成为新型的“执法中心主义”，增加了权利保护的司法风险。③

（三）实体失位导致权力扩张

大数据报告成为公权力的辅助工具，但传统限制公权力的程序对算法程序

---

① 管宇：《论控辩平等原则》，中国政法大学 2006 年博士学位论文。

② 《大数据是一个“黑箱”，我们都是透明人》，载央广网，http：//www.cnr.cn，最后访问时间：2023 年 4 月 13 日。

③ 李媛：《大数据时代个人信息保护研究》，西南政法大学 2016 年博士学位论文。

设计者无法产生强制约束力。其借助公权力进行野蛮生长，却缺乏相应的技术主体规制，极易产生司法风险。

大数据平台的生成、数据的收集和挖掘本身具有极高的科技含量，这就对平台取证主体的技术资质提出了更高的要求。在行政机关未配备相应的大数据收集的软件服务技术平台、行政执法人员亦不具备大数据收集的专业技术知识的情况下，往往只能依靠行政机关以外的相关技术平台或技术人员收集数据，由此产生了取证权限合法性和技术资质合法性相互冲突的悖论。[①] 取证权限影响了大数据的正当性，技术资质亦会对大数据的证据能力产生影响。平台技术人员的数据提取存在侵害被处罚对象的实体权利的可能。

（四）规则错位导致程序风险

在行政法律法规未作明确界定的前提下，收集规则错位损害了程序的正当性。第一，程序行使无从保障。行政主体通过大数据平台调取大数据的方式、手段、取证期限、取证权限等未有明确规定。行政主体的权利行使缺乏必要的法律依据。第二，证据属性无从实现。大数据能否通过证据转化以及明确转化的途径和方式充分实现其证据属性，使其同时具有证据能力和证明力，司法层面上准备的不足将直接导致大数据的证据属性无从实现。第三，程序违法的边界无从确定。严重违反法定程序收集的证据材料不能作为定案依据。按照法无禁止即自由的原则，一般违反法定程序收集的证据材料可以作为定案依据，故一般违反法定程序的取证行为对证据的合法性未产生影响，但“严重违反”和“一般违反”的程度边界难以认定将直接导致两方面的消极影响：一是自由主义，行政主体在取证时忽视自身的法定程序义务，将收集的数据材料直接作为定案依据，行政权力缺乏规制容易被滥用，相对人的程序性权利难以得到充分保障。二是保守主义，行政主体过分强调执法程序，导致行政主体行使权力受限，对忽视程序收集的数据材料均不作认定，影响了行政行为的认定。

二、大数据报告合法证明力之路径构想

新型的证据形式在产生之初往往难以在既定法律中找到相关的表达和依据，其接受度将在司法效益中得到提升，合法性的适用恰恰是立法者的策略选择和利益衡量的结果，是一定社会制度赋予证据的重要属性。[②] 从算法偏见的矫正到数据正义的实现，从规范行政程序到强化信息管理，通过数据源头治理，明确权力边界，保证行政主体合法、合理地行使权力。

---

① 张凯：《电子证据研究》，中国政法大学2006年博士学位论文。

② 徐惠、李晓东：《大数据证据之证据属性证成研究》，载《中国人民公安大学学报（社会科学版）》2020年第1期。

（一）矫正算法偏见

算法偏见的存在导致数据歧视。基于程序设计者的主观偏见损害了算法结果的公允性，有必要在自我认知提高的基础上对算法设计者进行权力规制，但从源头进行矫正对行政主体而言不一定具有现实的操作可行性，故从可操作性层面对取证主体进行规制更具有现实意义。

1. 配备合法的数据收集主体。

合法的数据收集主体是合法证明力证成的基础。第一，建立科学的取证主体。针对取证主体不合法而损害大数据证据能力的情况，视具体案件类型、大数据种类等因素建立科学的大数据取证主体制度，为行政机关配置专门的技术人才和大数据取证人才，特别是既精通法律又深谙大数据取证程序的复合型人才，明确数据收集主体的合法地位。第二，细化取证主体的取证权限。明确取证主体的取证权限、取证范围及取证方式等。本案中，公共资源交易平台是在国家技术标准和数据标准的基础上建立的公共资源数据中心、信息数据库及监管数据库等，是为各级行政机关提供信息支持的电子监管系统。该系统配备有专门的技术人才和取证人才，同时明确和细化了取证主体的权限、范围和方式，确保了数据收集主体的合法性。

2. 追溯大数据的客观真实。

事物的两面性决定了应从正反两方面分析问题。要避免数据运用的主观性，行政主体进行实体判断时应审查大数据的来源，审查数据的初始状态及在此基础上大数据的形成过程。具体可着重审查以下几方面：（1）数据的选取真实、客观，有代表性，能够排除收集数据的人员具有其他主观或客观上的因素，影响了数据的真实来源。（2）相关数据收集人员未因生理、心理、认识、表达等原因，提供不真实数据的情形。只有同时满足上述条件，才可作为大数据报告的数据来源，若不符合其中任一选项都应对大数据报告的合法性予以排除。本案中，大数据报告系通过公共资源交易平台调取数据并用于行政行为中，该报告的数据来源于国家数据库，能够确保数据的真实、可靠。因其专业性与技术性，由技术人员通过数据平台调取，数据信息能够真实反映待证事实。

（二）实现数据正义

基于数据平台主体的公权力优势，应赋予数据本体对数据保护及数据使用听证等实体及程序性救济的权利。在数据生产和大数据报告的制作中，强化数据本体的知情权，修复信息主体的不对称性。①

1. 算法解释权。

---

① 许可：《人工智能的算法黑箱与数据正义》，载《社会科学报》2018 年 5 月 25 日。

算法的不透明导致行政相对人无法了解行政行为的具体程序，也无法监督行政主体的行政权力。为了缓和数据黑箱的负面效应，提高算法决策的透明度，保障行政相对人或行政第三人的相关权利，行政机关及相关技术主体需承担数据决策的解释说明义务，明确解释内容及标准。技术主体对大数据报告的制作、生成等具体过程进行具体阐释，行政主体对其以大数据报告为定案依据作出的行政行为需承担说明理由之义务，前者为基于算法模型的逻辑解释，后者为基于算法作出的行政行为的结果解释。本案中，先由相关技术主体对公共资源交易平台及大数据报告从技术层面进行具体阐释；再由行政主体就大数据报告可以成为证明行政主体行政处罚合法性与合理性的依据进行说明。赋予行政相对人及相关利益主体算法解释权是保障其实体权利的重要方式，亦是实现数据透明的有效途径。

2. 主体的权力控制。

大数据的广泛运用缺乏相应的强制法对行政主体与技术人员进行制约，容易导致权力滥用。应对行政机关及技术人员的权力范围进行限缩，制约权力配置，明确大数据报告的应用范围与限制条件，限制大数据报告的适用领域。同时，应完善行政权力监督体系。一是监督制约主体多元化，相互协同；二是监督制约方式多元化，相互协同、相互衔接；三是监督制约规范完备化，严谨科学；四是监督制约结构合理化，配置明确。① 本案中，大数据报告适用于证明行政案卷中记载的行政事实，且技术主体只在行政主体实施具体行政行为时完成大数据报告的取证。

（三）规范行政程序

对证据的审查和认定贯穿整个具体行政程序。依行政诉讼明显优势证据证明标准，法庭按照证明效力具有明显优势的一方当事人提供的证据认定案件事实。行政程序中，行政机关认为依据大数据报告已足以证明待证事实，可作出行政行为，大数据报告是否属于具有明显优势的证据？在未纳入法定证据的情况下，行政大数据报告虽已具有明显优势的证明力，但仅凭单一的证明材料，仍然难以说服行政相对人，需要其他证据材料予以补强、强化对大数据报告的质证和辩论。本案中，大数据报告的证明力已有相应或配套的技术人员及行政相对人的询问笔录予以补强，大数据报告的程序瑕疵由相应书证予以补正，在形成完整证据链之基础上充分实现了大数据报告的证据功能。

（四）强化信息管理

信用体系所要求的信息共享与个人隐私保护之间存在天然的矛盾关系，信

① 王明浩：《论行政权力的行使及其制约》，载百度文库，http：//wenku. baidu. com，最后访问时间：2018 年 4 月 13 日。

息共享带来的便利化同时易与个人隐私权产生冲突。通过大数据平台全面搜集信息，在提高执法效率的同时，降低公共信息安全泄露风险。① 行政机关应通过专业的技术手段或设备将大数据固定保存，提高行政及技术主体自觉性、维护网络信息安全，同时将信息安全维护制度上升到法律层面，配套以健全的监管体系，将大数据的管理纳入法治化轨道。首先，加强数据监管，维护技术安全。建立外部的数据监管体系，在数据的提取、分析及后续大数据报告的生成中全程留痕并辅之以相应的安全维护。针对数据或数据源进行隐藏或模糊处理，辅之以相应的加密技术，有效防止数据泄露。其次，强化流程公开，保障主体权利。数据黑箱及信息主体相应知识的缺乏，使其在信息安全中处于劣势地位，这就需要对技术主体的收集范围、收集程序等进行相应公开，以保障信息本体的个人信息知情权。最后，限制利用数据，防范执法风险。行政主体须基于正当的目的作出行政行为，若超出目的范围实施其他无关的行政行为即为非法，但若征得了数据本体的同意，则可超出目的范围。

（**一审法院合议庭成员**　朱为业　王元恭　周白云
编写人　江西省吉安市吉州区人民法院　赖丽蔚
责任编辑　李　晶
审稿人　韩德强）

① 王勇、王蒲生：《大数据征信的隐私风险与应对策略》，载《自然辩证法研究》2016 年第 7 期。

《人民法院案例选》征稿启事

《人民法院案例选》是最高人民法院最早创办的案例研究出版物，也是我国改革开放以后出版时间最早、延续时间最长、出版册数最多的案例研究书籍，至今已出版196辑。书籍出版三十多年来，始终坚持“反映审判面貌，总结审判经验，研究审判理论，服务审判实践”的编选方针，突出“真实、典型、说理、及时”的编辑特色，以深入浅出的法理论证、规范流畅的法律语言，将最具时效性、典型性、新颖性的案件及裁判情况，办案法官的分析逻辑、法理运用、经验智慧，以及办案体悟，清晰完整地呈现给广大读者，是法官们做好审判执行工作的重要参考，也是社会各界认识了解人民法院工作的一个窗口。自出版以来，一直受到业内和社会各界的关注和欢迎。

为进一步提高该书质量，丰富稿件来源，增进该书与作者的互动交流，现面向广大法官和法律工作者以及喜好案例研究的各界人士公开征集稿件。

一、稿件范围

稿件应是对人民法院已生效裁判的深入分析，包括民事、刑事、商事、知识产权、行政、国家赔偿、仲裁、执行等方面案例的分析。具体体例格式请参见微信公众号“中国应用法学研究所”登载的《〈人民法院案例选〉编写体例及报送规范》一文，或咨询《人民法院案例选》编辑部（电话：010－67555922，010－67555919）。

二、来稿要求

1. 每篇来稿字数应不少于6000字（含图表），案例注解（分析）部分不少于4000字。

2. 来稿所涉案件应为裁判已生效案件，关于未生效案件的稿件一律不予采用。

3. 来稿内容应遵守法律法规，不得泄露党和国家机密、审判执行工作秘密，不得侵犯当事人隐私，符合公开出版要求。

4. 来稿应采用WORD文档形式，案例注解（分析）部分请采用一级、二级、三级标题的格式，比如，一、（一）、1.，以此类推。

5. 来稿应确保引用资料文献的准确性；来稿中有图表、图片的，要确保图表、图片的清晰性和客观性。

6. 来稿所涉人民法院名称、裁判文书号、裁判作出日期、审判人员姓名等必须与相关裁判文书完全一致，并应附相关裁判文书。

7. 来稿文责自负。作者应保证稿件的原创性，不侵犯他人的著作权，不得一稿多投。本刊对拟用稿件有删改权，如不同意，请在来稿中注明。

8. 来稿请附作者简介，包括真实姓名、性别、职务、职称、工作单位、联系电话（手机号码）、邮寄地址。

9. 来稿不退，请自留备稿。来稿一经刊用，稿件的复制权、发行权、汇编权及信息网络传播权等著作权属于中国应用法学研究所。

来稿请以电子版形式发送至邮箱：rmfyalx@ 126. com，或将纸质稿件邮寄至最高人民法院中国应用法学研究所《人民法院案例选》编辑部（北京市东城区北花市大街 9 号，邮编：100062）。

期待您的来稿！

《人民法院案例选》通讯编辑

甘肃省高级人民法院　张文强
青海省高级人民法院　孙启英
宁夏回族自治区高级人民法院　吴培渊　杨　莹
新疆维吾尔自治区高级人民法院　马小菊
解放军军事法院　徐占峰
新疆维吾尔自治区高级人民法院生产建设兵团分院　王　琼
石家庄市中级人民法院　王红岩
太原市中级人民法院　张玉森
沈阳市中级人民法院　田　震
大连市中级人民法院　侯德强
长春市中级人民法院　赵　璐
哈尔滨市中级人民法院　周　磊
南京市中级人民法院　羊　震
南通市中级人民法院　谷昔伟
无锡市中级人民法院　宋婉龄
徐州市中级人民法院　葛　文
淮安市中级人民法院　解思辛
杭州市中级人民法院　邓兴广
宁波市中级人民法院　袁玮玮
合肥市中级人民法院　张小春
福州市中级人民法院　陈学凯
厦门市中级人民法院　陈荣炜
南昌市中级人民法院　陈　健
济南市中级人民法院　赵　雯
青岛市中级人民法院　傅庆涛
东营市中级人民法院　延　颜
郑州市中级人民法院　朱世鹏
武汉市中级人民法院　柯昌洁
宜昌市中级人民法院　黄金波
长沙市中级人民法院　张　明
广州市中级人民法院　王龙飞　林健涛
深圳市中级人民法院　丁业强
南宁市中级人民法院　周传明
海口市中级人民法院　崔玉坤
成都市中级人民法院　郝廷婷

泸州市中级人民法院　胡　艳
贵阳市中级人民法院　余长智
昆明市中级人民法院　冯丽萍
拉萨市中级人民法院　王　静
西安市中级人民法院　高　伟
兰州市中级人民法院　鲁千晓
西宁市中级人民法院　潘　伟
银川市中级人民法院　周志胜
天津海事法院　董丽娟
上海海事法院　英振坤
广州海事法院　付俊洋
宁波海事法院　孔　昱
青岛海事法院　张　静
厦门海事法院　吴海燕
武汉海事法院　王建新
大连海事法院　刘铁男
北海海事法院　邱德平
海口海事法院　刘本荣

（各法院通讯编辑若有变动，请及时告知中国应用法学研究所，电话：010－67555922 韩笑冬，邮箱：rmfyalx@126.com）